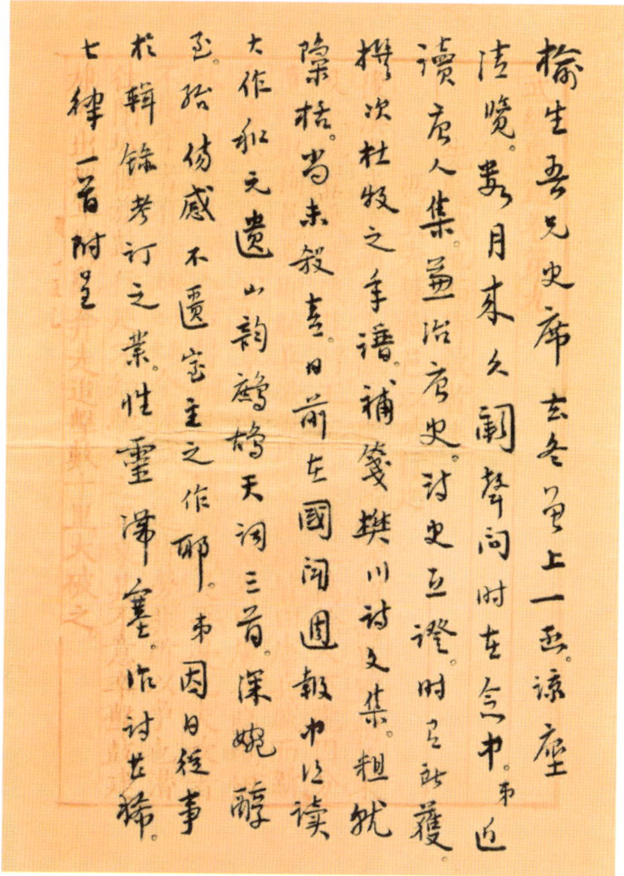
榆生吾兄史席：去冬曾上一函，諒塵法覽。數月來久闕聲問，時在念中。弟近讀唐人集，兼治唐史，詩史互證，時有所獲。擬次杜牧之年譜，補箋樊川詩文集，粗就隱括，尚未殺青。日前在國聞週報中得讀大作和元遺山韻鷓鴣天詞三首，深婉醇至。殆仿感不遇賓主之作耶。弟因日從事於輯錄考訂之業，性靈滯塞，作詩甚稀。七律一首附呈。

与龙榆生书一

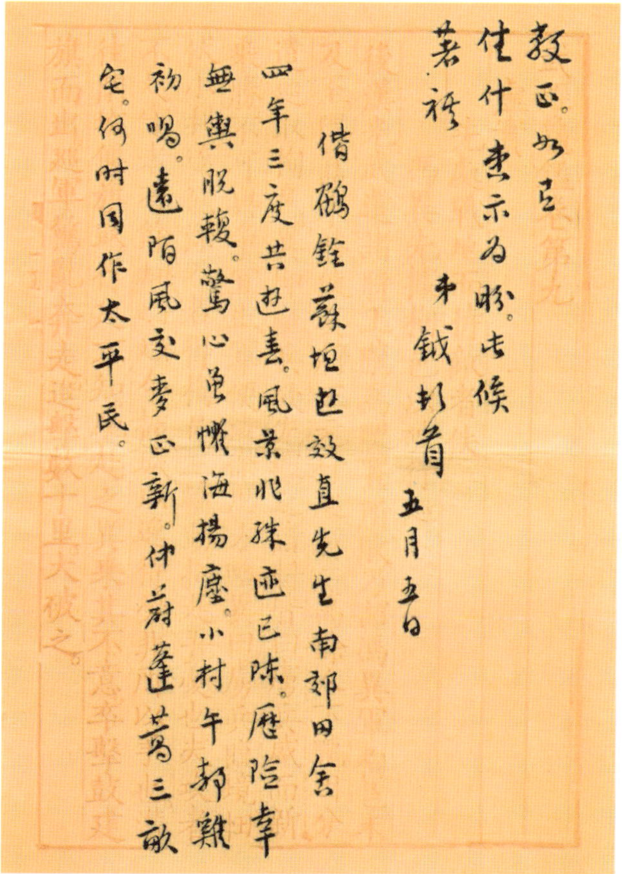

教正。如有
佳什，惠示為盼。专候
著祺
弟 钺 拜首
五月五日

偕鶴銓、蘇垣赴致直先生南郊田舍
四年三度共遊春。風景非殊迹已陳。歷險幸
無輿脫輹。驚心[illegible]懷海揚塵。小村午靜雞
初鳴。遠陌風交麥正新。仲蔚蓬蒿三畝
宅。何時同作太平民。

与龙榆生书二

碎金文丛

冰茧庵论学书札

（上）

缪　钺 著

缪元朗 整理

商务印书馆
创于1897 The Commercial Press

2018年·北京

图书在版编目(CIP)数据

冰茧庵论学书札.上/缪钺著;缪元朗整理.—北京:商务印书馆,2014(2018.5重印)
(碎金文丛)
ISBN 978-7-100-10709-9

Ⅰ.①冰… Ⅱ.①缪… ②缪… Ⅲ.①缪钺(1904～1995)—书信集 Ⅳ.①K825.81

中国版本图书馆CIP数据核字(2014)第208765号

碎金文丛
冰茧庵论学书札(上)
缪　钺　著
缪元朗　整理

商　务　印　书　馆　出　版
(北京王府井大街36号　邮政编码100710)
商　务　印　书　馆　发　行
北　京　冠　中　印　刷　厂　印　刷
ISBN 978-7-100-10709-9

2014年10月第1版　　开本 787×1092 1/32
2018年5月北京第2次印刷　　印张14　插页2
定价:45.00元

出版说明

学问一事，见微而知著，虽片言鳞爪，却浑然一体。及今观之，札记、书信、日记等传统书写方式，更是散发出无定向、碎片化的后现代气息。钱锺书先生便将自己的读书笔记题为“碎金”，凸显其特殊的价值。

文丛取名“碎金”，意在辑零碎而显真知，并与“中华现代学术名著丛书”相映衬。丛书所录，非为诸名家正襟危坐写就的学术著作，而是其随性挥洒或点滴积累的小品文章。分为治学随笔、学林散记、日记书信与口述自传等系列，多为后人精心整理或坊间经年未见的佳作。希望这些短小而精美、灵性而深邃、言简而隽永的吉光片羽，能帮助读者领略名家学者的点滴妙悟、雅趣文字，一窥学术经典背后的丰富人生。

商务印书馆编辑部

凡　例

1. 本集书信以收信人为单位，而其先后之编排则以本集中收信人所收到的第一封书札的时间为序。

2. 本集书札，含1950年代以前的书信，均采用现行标点符号断句标点。

3. 将原信中的双行小字改为小字加括号。其他格式均照原信的传统写法，包括尊称、谦称、空格、换行顶格等。

4. 对书札中疑似的误字、脱衍，均不径改，而以出注的方式加以说明。

5. 对书信中的人物简称等酌加注释。

6. 绝大多数原信，只署月日，未署年份。整理时将确定的年份加括号置于月日之前。

7. 书信的来源，如其原件、原件底稿、照片、复写件、复印件、扫描件，或由收信人提供，或录自报刊书籍以及网站，均在信末加括号注明。

目 录

与章士钊书

一

……《甲寅》重刊，誉满天下，谤亦满天下。彼与先生异趣者，鲜能正辞驳难，惟伺小隙，蹈微瑕，出佻薄之语而加讥刺。荀卿曰："有争气者勿与辩也。"又曰："君子絜其辩而同焉者，合矣。善其言而类焉者，应矣。"蕲先生勿与较一时意气，而惟声应气求，广集海内外闳识方闻之士，相与砥砺研讨，积之以饫学，持之以毅力。正名当辞，以申白吾说，涉然而精，俛然而类，差然而齐，如悬衡然，此日重则彼日轻。天下人非尽盲瞽者，必将影附响合，蔚成风气，岂不盛哉！此业望先生之成之也。舍弟锺前上一书，语多失检，请勿介意。……缪钺保定西河沿二十二号十一月九日

（《甲寅周刊》第1卷第26号"通讯"，1926年11月9日。）

二

……前岁曾有芜笺，辱蒙省览，浮辞鄙意，无当伟怀。嗣因丛感百端，复欲有所陈述，疏懒因循，操翰旋止。适会停刊，遂致中辍。今《甲寅》继起，蚀日重明，凡属同心，忭慰无量。读三十六期，知先生方于撰述馀暇，研讨《论衡》。王充绝学，久湮尘土。近人习于浅尝肤受之风，虽震其说之惊创，稍稍称道之，然终无大裨。先生以精邃之思，治深美之籍，阐发微义，昭宣士林，庶几仲任之子云乎。乃观近数期，先生与人往复，似殊注意于校勘考订。钺窃以为治学者，宜以闳识孤怀，旁搜远绍，校同异，辨根枝，执其纲纪，则以简御繁；泛其波流，则由博返约。呼吸千载，卓然撢古人之用心。而居今之世，文轨沟通，尤宜取吾先哲遗宝，散漫者条理之，幽隐者阐扬之，发潜德之耀，增邦国之荣。若夫校订训诂，乃学术之蘧庐，可一宿而不可久留，纵研之至深，不为造极。譬如自沪赴都，秣陵、历下，为所必经。然若终身徘徊于秦淮河边、大明湖畔，访六朝之遗迹，挹山水之灵光，即使选胜搜奇，纤悉不漏，亦只可为抵宁抵济而已，岂可谓已抵都乎？恒持此义，讥评清儒，以为唯休宁戴君，濯汉暴阳，邈不可及；会稽章氏，亦嘉禾秀出，颖竖群伦。馀则虽如高邮王氏父子，吾未敢许其为成学。钺甚愿先生为戴、章，不欲先生为王氏。甚愿先生能取《论衡》，剥肤存液，本逻辑妙术，加以推阐，选为一书，使仲任之学，大明于世，承学之士，均受沾溉，不欲先生谨为一《论衡集解》，高者视孙仲容《墨子间诂》，下者仿佛王益吾庄荀集解〔一〕而已也。又《甲寅》"通讯"一栏，博致众义，随事发摅，通人己之情，广应求之效。至善！至善！而钺又希先生特辟一栏，使天下学子，皆得条举疑难，广征解析；鸿生硕彦，亦可藉资研讨，发布心得。本以文会友之意，免独学寡闻之苦，施者受者，两有所裨。据地无多，为益甚宏。去岁友人李君杏南，曾建此议，嗜学之士，必多同心。先生肯惠而许之乎？……缪钺保定西河沿 二月二十一日

（《甲寅周刊》第1卷第44号"通讯"，1927年2月26日。）

〔一〕指王氏所著《庄子集解》、《荀子集解》。

与《学衡》编者书

神州厄运，百事殂落。文化深黯，尤为大忧。即以文学论，晢人之长，清澄细腻，毫分釐析，抉择入微，婉达衷情，曲肖物状，如水银泻地，无孔不入，如游丝袅空，缠绵无绝。而评衡之作，尤多善言。此固学人所同感。吾宗邦近虽不竞，然以数千年之蕴积，其璀璨之光，要自有不能掩没者。譬如梨柚异味，而同悦于口；施嫱殊色，而同美于魂。不可以国势强弱横生轩轾也。故居今之世，尊人尊己，举无一当。惟有镜照衡权，撷长弃短，镕冶为崭然之真新文学，兼蓄新质，而能存故美，庶几得之。自三五巨子，以肤受末学，投国人嗜奇趋易之心，登高一呼，得名而去，使后生嚣嚣然狂走不已，其弊既为识者所洞鉴矣。而鸿生硕彦，湛溺旧闻，墨守故矩，傲然自尊，于西人之作，一切闭拒，以为绝不可相谋，斯亦未为得也。荀卿有言："万物异则莫不相为蔽。"今哗众取宠之士，既蔽于今，蔽于浅矣，而老师宿儒，抱残守缺，又不免蔽于古，蔽于博。闳达不出，孰通其邮，此千钧之责，惟冀　诸君子负之，而华夏文运，亦将于斯卜盛衰焉。然则钺之所以景慕　高明者，又岂独声应气求之感而已哉。

（原载《学衡》第59期，1926年11月。

原标题为《与〈学衡〉编者书（节录）》。）

与龙榆生书

榆生吾兄史席：去冬曾上一函，谅尘
清览。数月来久阙声问，时在念中。弟近读唐人集，兼治唐史，诗史互证，时有所获。撰次《杜牧之年谱》、《补笺樊川诗文集》，粗就檃括，尚未杀青。日前在《国闻周报》中得读大作和元遗山韵《鹧鸪天》词三首，深婉醇至，殆伤感不匮室主之作耶。弟因日从事于辑录考订之业，性灵滞塞，作诗甚稀，七律一首附呈
教正。如有
佳什，惠示为盼。此候
著祺

弟钱　顿首　五月五日

（原载张晖：《龙榆生先生年谱》卷二，学林出版社 2001 年 5 月版，第 82 页。系于 1937 年。又见龙沐勋等著，张寿平辑释：《近代词人手札墨迹》（中），（台北）"中央研究院"中国文哲研究所 2005 年 11 月版，第 552—553 页。张寿平按："此民国二十六年五月五日札"。）

与郭斌龢书

一

洽周吾兄史席：半载以来，音问疏阔，时切驰念，近惟
兴居佳胜为慰。自卢案发生，保定即风鹤频惊，弟家以人口众多，初无迁避之意，及平津失陷，保定已成国防前线，敌机一日数至，且投弹轰炸，人心震恐，纷纷迁移。弟不得已，亦于仓卒中携家南下，甫抵豫中，而淞沪告警，全家老弱困滞汴郑，幸遇故人薛效宽，慨然以居宅相假，异乡漂泊，暂得安居，可谓“穷途仗友生”矣。北平诸友迄无音问，吾
兄处亦得雨僧兄消息否？至为忧念。弟穷愁之中，惟以杜诗遣日，亦略有所作，容后抄寄。报载敌机数扰南京，
尊处不致〔一〕受惊否？极念极念。杜诗云“留滞才难尽，

〔一〕“致”，疑当作“知”。

艰危气益增”，愿与
兄共勉之。乱离未已，幸
时惠音问为祷。此颂
近安

弟缪　钺顿首　（一九三七年）八月廿九日

赐函请　寄　开封　鹿角胡同　三号　后院。

（原信扫描件，由郭喜孙先生提供。下同。）

二

洽周吾兄史席：上月廿三日，在汴曾上一函，谅登
签室。弟于上月杪因友人之介，暂来信阳师范任教。信阳为淮河流域，风土稍近江南，城西、南两方颇多山水之胜，尚未暇往游。秋季多雨，淅沥终日，远客殊乡，倍增闷损。浙大已移往天目山上课否？近见报载清华教授多人已至长沙，不知雨僧兄在内否？迩来北方战局虽稍坏，而国际形势于我颇利，要看我国自己之努力如何，以弱胜强，端在坚贞而已。《国命》已刊行否？请赐寄此间为盼。馀俟续陈，此颂
铎安

弟钺顿首　（一九三七年）十月十二日

赐书请　寄　河南　信阳　师范第一院。

三

洽周吾兄史席：自杭州失守，闻浙江大学迁移赣省，惟未能确悉何地，吾

兄行止，时在念中。近得雨僧兄自滇南来书，言浙大移至泰和，

兄仍都讲其间，差以为慰。　宝眷旧居无锡乡间，今亦随兄在赣否？抑更西移于安全地带？弟自去岁秋间来信阳任教，延续至今，半载以来，校事繁忙，心绪忧苦，读书不多，殊愧亭林、梨洲患难为学之义，惟于古人忧时悯乱之诗词领略较为深透，此又非关问学矣。近日豫东战事日紧，信阳亦警讯频传，校中于本月中旬考试结束，弟即拟奉　母入蜀，暂依　家叔（家叔随上海交通总行迁至重庆）。"傅燮之但悲身世，无处求生；袁安之每念王室，自然流涕。"正可为今日写照矣。平生师友流转四方，不知何日得睹中兴，从容欢聚也。此颂

教祉

弟钺顿首　（一九三八年）六月六日

赐函如不能于本月十五、六号以前到达此间，则请　寄重庆打铜街交通银行缪士衡先生转。

四

洽周吾兄教席：奉到七月九日

手书，敬悉种切。弟于六月十四日自信阳奉　母登程，在汉口、宜昌候船，留滞于七月廿九日始抵重庆，诚令人复兴“蜀道难”之叹矣。峡江景物，得以饱览，山水奇峻，天下壮观，略足慰旅途之苦也。（郦道元《水经注》所谓“非亭午夜分，不见曦月”者，峡江中实无此等处，殆艺增之词，又一路亦未闻猿啼，盖古多猿，而今鲜矣。）到重庆后，卜居于一药店楼上一廛之地，暂足容身。弟违难一年，转徙万里，困居巴渝，势难坐食。此间中央大学招新生甚多，闻暑假后尚须增聘国文教师，吾

兄于中大文学院中如有挚友，乞函托推荐。重庆他校或文化机构，吾

兄如有知交，亦乞代为进行，俾弟获一教席，以为仰事俯畜之资，不胜感盼。辱在至交，故敢烦黩。《国命》在信阳时仅收到三期，寄重庆者尚未递到。　大作容收到后细读。此覆，即颂

著祺

弟钱顿首　（一九三八年）八月十九日

赐函乞　仍寄重庆　打铜街　交通银行缪士衡先生转交为妥。

五

洽周吾兄史席：

近十年来，世变多故，海内知交，声问疏阔。弟时念　左右，每欲奉候　兴居，惟传闻吾　兄已离去小粉桥，另迁新宅，而地址不详。近承　惠赐英译毛主席诗词一册，自南京大学外文系寄来，因作此札，寄南大外文系，谅可转呈　玄览也。

弟双目患白内障已八年，逐渐加重，近来书报均难阅读，必要者倩人朗诵而静听之，不复能有所撰述，指导进修教师及研究生，均凭口授。　家母于六八年弃养。弟与内子均年逾七旬，身体尚可。大儿慈明仍在川大教书，小儿玄明任四川电视台记者，其馀子女均在外地。吾　兄及　嫂夫人谅均身体健康，诸侄辈在何处工作？

雨僧兄去年冬在泾阳原籍病逝，极可伤痛。弟作挽诗一首，以志哀思，附函呈　正。视觉极模糊，故字迹疏拙，尚乞　鉴谅。专此，敬颂

著祉

弟缪　钺启　（一九七八年）十月廿日

嫂夫人均此致候。

六

洽周吾兄史席：接奉　惠书，反复诵读，不忍释手，情词恳挚，宛如在遵义亲切晤谈时也。吾　兄高龄康健，从事译著，青松不老，绝业能传，敬佩敬佩。　尊撰联语，隽永可诵。廖慕禹君中道殂谢，殊堪伤惜。拙稿挽雨僧兄诗，蒙　兄不弃，视同己作，极为感慰，即另写一幅，由吾两人署名，附函寄奉　惠存。六十年代初期，弟立志撰述，颇有成书，而近十馀年来，旧业荒芜，坠绪难理。《杜牧传》一稿，幸由人民文学出版社保存未失，已付刊印。兹寄奉一册，敬乞　教正。弟病目难医，今后将不复能有所撰著，此区区覆瓿之资，亦聊存纪念而已。《杜牧年谱》补订稿，亦存人民文学出版社中，正待刊印。附寄七律一首，以申眷念之怀。病目为累，写字艰难，勉作此札，言不尽意，江云东望，无任依依。专此，敬承

著祉

弟缪　钺启　（一九七八年）十二月十一日

嫂夫人前均此致候。

七

洽周吾兄史席：

春间奉到　惠书，敬悉种切。近半年中，弟目疾又加重，视物一片模糊，不能看字写字，故久稽裁覆。此信由弟口述，小孙元朗代写，尚乞鉴谅。

来函询及舍亲杨君、刘君情况，兹奉告如下：杨君仍任美国哈佛大学教授，七四年、七七年两次携舍妹同归祖国探亲，七四年夏，弟曾赴京会晤，七七年，弟因目疾加重，未能赴京，命儿子慈明代往。刘君之远，自七四年患哮喘病，长期卧床，七八年八月逝世。此数年中，舍妹调护病人，操持家务，极为辛苦，今其诸子女升学就业，均已得所。

日前，《重庆日报》载西南师范学院为雨僧兄开追悼会，平反昭雪，悼辞对雨僧兄平生学行，评价甚高，符合事实，雨僧兄有灵，亦可以稍慰矣。

三儿方明（天津师范学院化学系副教授）去年考中出国进修之科技生，今年四月赴伦敦，将在牛津研究一年，在剑桥研究一年，其专业为分子生物，堪以告慰。

今年四月间，日本著名汉学家吉川幸次郎率访华团来蓉，曾同游杜甫草堂，次日又来川大讲学。吉川先生归国后，寄诗相念，弟和诗一首，另纸录呈　教正。

十载沧桑，衰年病目，默念往事，历历在怀，数十年前与吾兄京华同游、浙大讲学之乐，邈不可得，弥增深慨矣。专此，敬颂

著祉

弟缪　钺口述　元朗代写（一九七九年）八月十二日

嫂夫人前均此致候。

八

洽周吾兄史席：捧读　赐札，快如觌面。承　示尊译柏拉图《理想国》“说明”，言简意精，自道甘苦，想见功力之深邃，译文之精当。昔人评鸠摩罗什所译梵文佛经：“其文约而诣，其旨婉而彰，微远之言，于兹显然。”今吾　兄所译古希腊文哲理名著，将可以媲美前修矣，甚佩甚佩。弟右眼施行手术后，视力略有好转，配戴眼镜，可以勉强看字写字，但仍觉昏花，且不能持久，久则目睛酸胀，然较诸去年为佳，亦聊可自慰也。吾　兄指示小儿慈明，谓学英文应多读古典名著，非博古不能通今，此真至理名言。近来大学外文系教学，只注重现代外语之听与说，古典文学课程甚少，师资力量亦弱，实是不正常现象。回

忆以前北大、清华、浙大、中大等校外文系教学质量，相去甚远矣，为之兴叹。近作小诗二首，并照片一张，附函寄奉，以慰远念。专此奉覆，敬颂

著祉

弟缪　钺启　（一九八〇年）九月九日

慈明附笔请安

嫂夫人前问安。

诸侄清吉。

九

洽周吾兄史席：

去年十月，舍妹自宁来蓉，详述吾　兄及嫂夫人近况佳胜，甚慰积年契阔之思。前乘舍妹返宁之便，谨备薄物，以奉　清娱，略表远道相念之意，固不足道也。

近接舍妹来函，云，吾　兄所译柏拉图《理想国》一书已峻事，即将刊行问世，嘱弟撰序言一篇。弟对古希腊哲人之书虽梼昧无知，然与　兄相交五十年，道义切劘，风雨急而不辍其音，霜雪零而不渝其色，今　兄以耄耋之年，成此不朽之译著，弟得以抒写芜辞，附名卷中，陈述吾　兄之志业学诣、襟期抱负以及吾二人交谊之真挚，非

惟义不敢辞，亦且引为荣幸者矣。

序言结构，先综述《理想国》及柏氏之学之高度价值、深远影响，以及吾　兄翻译之甘苦（此两方面，请　兄写一较详之资料寄示，以便融入序言中），然后叙写吾二人五十年之交谊以及吾　兄之志业学诣，庶几情文相生，斐然可诵。

至于文体，弟意即用吾辈平日所蕲向之“新文言”，保存传统文章中之“雅言”与情趣，而又融合西欧近日文章中严密之逻辑与灵活之句法。至于题诗，五言排律拘束于声律、对偶、用典等，达意不畅，七言歌行较为适宜。弟近年来用文言所写序言两篇（《〈迦陵论诗丛稿〉题记》、《战国策考辨序》）、七古两首（纪念杜甫诞辰歌行、题张志岳《铸新集》），均附呈　教正。　兄认为此种体制合适否。

专此，敬承

著祉，并贺

年禧

弟缪　钺拜上　（一九八四年）元月六日

嫂夫人前均此问安

（原信复写件，家藏。）

十

洽周吾兄著席：

奉到　惠札，循诵感慰。奖饰之言，所谓“惠子知我”也。

兹遵　嘱将“序言”第二段修改补充，改稿另纸抄录附上，请　审正。如此段改稿可用，弟即拟将全文清抄寄上，作为定稿，将来付印书馆发排。有数事奉询，请　兄函示。

一、尊译全稿，不知是用繁体字或简化字，直行写或横行写。请　明示，以便抄“序言”稿时保持一致。

二、沃姆（“姆”字汉译不雅，是否可改为“模”）与白璧德两先生之英文姓名，请　写出示知，以便在文中加括弧补入。

专此，即颂

春禧

弟缪　钺拜上　（一九八四年）二月十四日

嫂夫人前问安。

（原信底稿，家藏。）

十一

洽周吾兄有道：

接奉　赐札，敬悉种切。

“序言”照　尊嘱修订，写成清稿一份，寄奉　惠督。抄清稿时，对原稿个别字与句又稍有改易，使其益臻妥帖。

专此，即颂

著祉

弟缪　钺拜上　（一九八四年）三月一日

嫂夫人前问安。

（原信扫描件，由郭喜孙先生提供。下同。）

十二

洽周吾兄史席：

久未通候，时切驰思。春节将临，遥惟　道履康宁，兴居曼福。

去年十一月中，令外孙刘景修君来访，道及吾　兄远道相念之意，并藉悉　尊况，甚为感慰。

弟迩来工作仍甚繁忙，只可量力而行。拙著《冰茧庵丛稿》，最近已在上海古籍出版社印出。据责任编辑来函说，已按照弟以前函嘱，出版后即直接寄奉吾　兄之册，先乞　教正。谅早蒙　惠督矣。

八四年弟为吾　兄所撰之译著序言，《群言》（民盟中央所办杂志）编辑部最近来函说，拟在该刊发表。弟已抄一清稿寄去。在抄写时，对个别辞句又稍有修改，使其益为妥善。

近作短文一篇、小诗一首，并附　指正。

专此，敬贺

春禧

弟缪　钺拜上　（一九八六年）元月三十日

嫂夫人前均此致候。

喜孙侄清吉。

十三

洽周吾兄道席：

久疏笺候，时切驰念。前年冬间，令亲刘景修君来访，藉悉　尊况。其后传说吾　兄乔迁，但不知新址所在，故未能通函。近得舍妹来函，言曾奉访吾　兄新居，并告知地址门牌，故修此函奉候。

舍妹函中道及吾　兄与嫂夫人身体都好，闻之甚以为慰。　尊译《理想国》一书，商务印书馆已印出，弟托人在北京购得一册。拜读之后，深佩吾　兄译笔精审。惟此书并未印拙撰序文，或者商务馆印此类汉译名著例不刊序文之故也。

弟近来体气渐衰，视力衰退，双脚僵化，惟思清闲少事，但学校规定，博士生导师不得退休，故只得量力而行。现在培养博士生四名，其中一名已于三月中通过答辩，取得学位。弟与加拿大籍华裔学者叶嘉莹教授合撰之《灵谿词说》已交付上海古籍出版社，正在排印中。全书共四十一篇，约四十万字。待印出后，将函嘱该社直接寄奉吾　兄一册，以乞　指正。弟主编之《北朝会要》，仍在进行中。

远道难以相晤，望　兄颐养天和。附上最近照片一张，聊当面对也。

专此，敬颂

康安

弟缪　钺拜上　（1987年）5月27日

嫂夫人前问安。

喜孙侄清吉。

与吴宓书

一

雨僧吾兄史席：奉到　手教并拜读　大作二首，藉悉　近况兼见忧时悯乱之怀，至以为慰。弟自去岁华北战起，即携家南下，流寓汴中。旋以友人薛君之介，来信阳师范任教。上学期考毕，复归汴，当时津浦北段战事失利，汴中风鹤频惊，弟遂奉　母携儿复来信阳暂住。时局如再紧时，可移于豫西小县。校中已开学，除上课外，尚施行所谓特种训练，忙碌异常，日无暇晷。此次外患之烈，几为有史以来所未有，五胡乱华、金元侵宋，恐未足相拟。痛舟藏之去壑，惧栋折之无时。半载以来，心境极苦，目击心忧，所积诗料甚众，惟多未能酝酿成篇，仅成短章数首，附呈　教正。弟最近仍留此间任课。不拟他往，以后行止恐将随时局之变化而定。洽周兄去岁曾数次通函，自浙战失利，浙大西移之后，即未通音问，吾　兄如得其消息，尚

望　惠示。文旌移滇之后，亦望　时赐德音，以慰乱离相念之怀。此覆，即颂

近祉

弟钱顿首　（一九三八年）二月十九日

（原信扫描件，由郭喜孙先生提供。下同。）

二

雨僧吾兄史席：二月中奉到

惠札并　大作，曾覆一书，附诗数首，寄长沙，不知已蒙

青及否？前得昆明友人来书，言吾

兄已到昆明，又有赴蒙自之讯，未审

行踪如何？至以为念。此间开课三月，除上课外，尚有特种训练、救亡工作，终日忙碌，几无暇晷。洽周兄处久无消息，浙大不知迁往江西何地？吾

兄近得其音问否？石荪兄近在何地？孟劬先生有书来，言燕大仍开课，惟黄昏晚霞非朝暾可比。叔明兄想仍蛰居海滨，今年亦未通声闻。丧乱以来，平生师友流转四方，不知何日得复睹中兴，从容欢聚也。便中幸

赐德音为盼。此颂

近祉

弟钱顿首　（一九三八年）五月十九日

与陈槃、劳榦书

一

槃庵先生史席：承
示 尊著古近体诗，深秀馨逸，而七绝尤清超醇美，近姜白石。三复盥诵，敬佩无斁。宜山穷荒，意兴萧索，故半载以来，吟咏无多，另纸写录，谨乞
指正。浙大决迁云南建水，建水距昆明匪遥，异日冀有机缘得展良觌，并聆
清论也。专此，敬承
撰祺

缪　钺顿首　（一九三九年）四月十二日

（原信复印件，由王汎森、陈鸿森先生提供。下同。）

二

槃庵先生史席：承　示大作。清新幽逸，拜读至佩。近作数首，附呈　指正。又春间　惠书早已奉悉，致以中兄札已转递。以中近应湖南独立师范学院之聘，将由沪赴蓝田也。专此，敬承

著祉

弟钺顿首　（一九三九年）十月廿八日

厚宣、之屏两弟，均乞　代为致候。

三

槃庵先生撰席：前在宜山，接奉

惠札及　大作，拜诵至佩。　劳君诗亦极清逸，与　台从相伯仲，想见平日切磋倡和之雅，所谓“德不孤，必有邻”者邪。自南宁失守，粤西震动，浙大仓卒北迁，校址究择何地尚未定，师生多暂集都匀，等候消息。钺于本月十四日抵此，寄居逆旅，无所事事，日与友人游荡市中。王静安诗云：“出门惘惘知何适，白日昭昭每易昏。但解购书那计读，且消今日敢论旬。”颇是写钺近况也。近作小诗数首，附呈

郢正。专此，敬承
著祉

弟钺顿首 （一九三九年）十二月十九日

四

槃庵先生史席：辱损
嘉命，兼读 大诗，灵隽幽婉，极深佩服。钺两月以来，随校北迁，入蜀奉 母，鲂鱼赪尾，宁处不遑。近校中弦诵如恒，而钺卜居亦定，劳生颠沛，汔可小休。遵义虽子尹故乡，而郑莫遗风，销歇已尽，且云多昼晦，高不胜寒，亦复令人闷损。惟警报甚少，差可安读耳。近作印稿二纸，写稿一纸，并呈
郢正。
先生劬学烝业，谅必撰述日新，不知何日得造膝一谈，以慰向慕之怀也。专此，敬承
近祉

弟钺顿首 （一九四〇年）三月二十日

五

榘庵先生著席：辱

书及　诗，欣慰无量。

大作以玉谿之瑰丽，兼简斋之清劲，次联尤为沉郁顿挫，浣诵无斁。弟月初患胃疾，参以时疫，卧床半月，委顿殊甚。近已痊愈，惟尚不能进油腻也。此间因补课之故，上课至八月中旬，本星期考试，考毕放假。暑后定十一月四日开课，可得两月休息也。中央研究院拟迁四川何地？近作数首，附呈

吟正。专覆，敬承

兴居曼福

弟钺顿首　（一九四〇年）八月廿四日

六

榘庵先生史席：奉到

手简，承

示治疗胃疾之腹部运动法，至深感荷，当试行之。假中多暇，以暑后将授“词选”，故每日编讲稿数页，以为遣日之资。曩在开封河南大学授长短句，曾有选本，遍征宋人

笔记短书，于本事、评语搜罗颇富。违难南下，稿弃于家。丧乱三年，播迁万里。惠施历物，无复五车；杜林漆书，惟馀一卷。今兹辑录，采获尠资。惟斲轮之手，弥悟急徐；饮水之鱼，自知冷暖。识解或较胜于昔日耳。张孟劬先生时有函来，其文集及词集均付剞劂。近寄示七绝一首，托兴深婉，殆讥出仕伪庭者。录呈

清览。专此，敬承

著安

弟钱顿首　（一九四〇年）九月二十日

七

槩庵先生著席：自

文旌北移，久阙声问，翘首天末，怀思无已。顷奉

惠简，敬审

安抵南溪，从事撰述，至以为慰。西蜀山水清美，弟廿七年暑中，违难入峡，曾小住江安，郊野独游，江亭闲坐，颇有杜老诗中意境。南溪谅亦仿佛也。

大作古今体诗，幽秀清健，似更得江山之助。浣诵至佩。弟随例授课，了无足陈，惟闭户读书，时遘佳趣。此间文学院将出《集刊》，弟撰《周代之雅言》一文并旧作《杜牧

之年谱》，均于其中发表，待印出后就正
有道。近作小文一篇，诗词数首，附呈　郢正。孟劬先生近两三月未有书来，其文集、词集不知是否刊成也？专覆，
敬承
春祺

弟钱顿首　（一九四一年）二月廿三日

八

槃庵尊兄先生吟席：奉
书及诗，浣诵欣忭。何意芜辞，辱承
盛藻。芳悱幽邈，《骚》、《辩》之遗。愧流波之雅引，感钟期之赏音。聊贡短章，
敬酬
清旨。拙作《周代之雅言》印稿一份，另封寄呈
諟正。专此，顺颂
著祺

弟钱顿首　（一九四一年）三月廿四日

九

槊庵尊兄先生史席：前承

惠简及两次　寄诗，拜读至慰。

台从入蜀后诸作，尤为清峻秀异，岂得江山之助耶。近作小诗二首，录奉

清娱。专此，敬承

撰祺

弟钱顿首　（一九四一年）五月十九日

之屏弟惠函已悉，晤面时乞　代候。

十

槊庵尊兄先生著席：五月十九日寄书及诗，谅尘

玄览。暑热，惟

动静多祉。此间校课已结束，下星期考试，考毕放假，可以小休。假中拟细读《三国志》、《晋书》、南、北《史》，盖迩来治中古文学史颇有兴趣也。拙作《杜牧之年谱》卷上已印妥，另封寄正〔一〕

〔一〕"正"，疑当作"呈"。

谡正。《浙大文院集刊》第一集亦已出版，贵所当由校中寄赠也。近作小诗两首，附函录奉

清娱。专此，敬承

夏安

弟钺顿首　（一九四一年）七月二日

之屏弟乞　代候。《杜牧之年谱》卷上一册另封寄上。

十一

槃庵道兄撰席：两奉

手示并　大诗，沉健清美，浣诵至佩。题拙诗七律，改句虽更工链，然原作亦极清新自然，弟意仍喜原作，未审

尊见何如?

来示嘱为　张君作书，弟素乏临池之功，承

命惭悚，勉书数行奉上，乞

转呈　张君，幸恕鄙拙。上月

惠书，曾提及欲求赵尧生先生法书事，弟与尧生先生素无往还，此间有两三友人为蜀人，或曾居成都者，询之亦不识尧老，愧无以应

命。此间天气已凉，静室独坐，闻庭梧落叶之声，尤感秋意。蜀中不知何如?章实斋谓秋凉气爽，灯火可亲，最宜

于著书。想
兄撰述当日富也。肃覆，敬承
秋祺

弟钱顿首　（一九四一年）九月十二日

附致　之屏弟一札，乞
费神转递

十二

槃庵尊兄撰席：奉
书及诗，拜诵至慰。　杂诗七首，境高味醇。弟尤喜诵四、五两首，极有同感也。此间开课匝月，尚不甚劳。张晓峰兄其昀办《思想与时代》月刊，弟嘱张兄按期寄
尊处一份，第一、二期想均递到，乞　兄与　之屏弟共阅之。张兄偶来征稿，弟不善为论政之文，仅润饰旧作论诗词稿一二篇以塞责，第三期中有弟《论词》一文（第三期日内即可印出），乞
教正为盼。近作诗词三首，录奉
清娱。专此，敬颂
吟祉

弟钱顿首　（一九四一年）十一月十一日

之屏弟均此致候。

十三

槃庵尊兄撰席：前接　大作印稿一纸，顷又奉

手毕，拜诵欣慰。　赐寄五律及　贞一先生和作，馨逸恻隐，《骚》、《辩》之遗。贞一先生诗，曩在亡友章俊之兄处曾得拜读（俊之兄与俞大纲先生相熟），心敬已久，远承　惠贶，感慰弥深。南溪僻邑，得　两公倡和其间，可为山川生色也。勉步原韵，奉和一首，另笺录尘

教正。　尊作《红棉》诸绝，幽隽怨抑，情味深美。弟曾居羊城，谙其风物，雒诵　雅制，弥念旧游。专覆，敬承

吟祉

弟钺顿首　（一九四一年）十二月七日

十四

槃庵尊兄著席：损

书及诗，拜读欣佩。《思想与时代》第三期久已出版，不知

尊处何以漏寄，当向社中一询，嘱其补寄。拙作《论词》抽印本附函呈上一份，请

兄与　贞一先生指正。曩闻

大著《左氏春秋义例辨》付商务印书馆刊印，不知已印出否？此次香港失陷不致受影响否？此间正举行期考，考毕放假，又可小休矣。近作一首，录呈

吟正。肃覆，敬颂

撰祺

弟钱顿首　（一九四二年）二月五日

十五

檗庵尊兄、贞一先生著席：二月五日曾肃一笺，并拙著《论词》印稿，谅登

记室。顷承

贞一先生惠赐　大著两篇，均已拜读。《汉简所见之边郡制度》考证精审，足订王静安说之疏漏。《论鲁西画像三石》谓车耳作輢上反出，辀作半圆形，解疑释惑，为阮氏诤臣，而论后汉尚名节之故一段，尤为透辟，当于人心。敬佩敬佩。此间于三月二日开课，弦诵如恒。近与知友数人办一《文史》副刊，由方杰人兄主编（方君名豪，治中西交通史，在浙大授学），在《益世报》发表，月出两期，第一、二两期已出版，附函寄奉

清娱。

两兄如有短篇考证文字，肯　赐下以光篇幅，极所感盼。肃此，敬承

吟祉

弟钱拜上　（一九四二年）三月十八日

十六

槃庵尊兄著席：

手示及　大诗，均已拜诵。弟前寄一函，致

兄及　贞一先生，嗣又寄拙稿《杜牧之年谱》下卷，

兄与　贞一先生各一份（贞一先生处并附寄上卷），谅均达

玄览。前阅《大公报》，知　贞一先生赴敦煌，不知已成行否？吾

兄迩来有何述造，时望

惠示。此间校中于月初开运动会，故又可得数日休息。肃此，顺颂

吟祉

弟钱敬白　（一九四二年）五月五日

十七

椝庵尊兄史席：五月中曾奉一笺，六月间又托之屏弟呈上
拙作两首，谅蒙
惠督。暑热，惟
道履宁和为慰。此间已放假，可得两月休息。遵义地高多雨，不至十分酷热，尚宜读书。前闻《历史语言研究所集刊》今夏可以在重庆印出，不知已出版否？弟近作短文两篇，刊于《益世报·文史》副刊中，附函寄呈吾
兄及　贞一先生教正。如有
佳制，望　时时惠示。肃此，顺颂
著祉

弟钱敬白　（一九四二年）七月五日

贞一先生均此致候。

附赠　之屏弟《文史》副刊两纸，乞
费神转交为感。

十八

椝庵吾兄左右：五月曾上一笺，并《文史》副刊，谅登
记室。顷奉

手简及　大诗印稿，拜诵欣佩。　贞一先生已抵敦煌，其通讯处望
惠示。
尊著论谶纬文，极愿拜读。吾
兄如有札记短文，肯　赐下为《文史》副刊光篇幅，至所感盼。肃覆，敬承
著安

弟钺再拜　（一九四二年）七月八日

十九

槃庵尊兄著席：　手示及　大诗均诵悉，蒙
惠允为《文史》副刊撰稿，至感。　赐下贞一先生《西北考古通讯》两则，已交方杰人兄，下期十四期即刊出。以后《通讯》，尚乞　时时惠赐。四言诗，汉魏晋人所作，多患板重，惟陶公数篇，称心而言，有清腴之致。
尊制新俊渊永，希踪元亮，玩诵无斁。此间于九月中旬上课，《文史》副刊第十、十一、十二三期附上。肃覆，敬承。
吟祉

弟钺拜上　（一九四二年）八月廿六日

二十

檠庵尊兄著席：九月十七日曾肃一笺，并挂号寄《文史》副刊第十四期十叶，谅登

记室。冬寒，惟

瑶馔佳鬯，撰著多娱。顷于《责善》第二卷第二十三期中读　大文《左氏春秋义例辨自叙》两首，非但翰藻之美，并见识解之卓，及功力之勤，敬佩无斁。此书闻已付商务印书馆刊印，而因乱中辍。

尊处谅有副本，不知最近仍可在渝付印否？弟极望　大著早日问世，可以嘉惠士林也。吾国先秦学术历史，固赖汉人之解说笺注，及网罗纂录，以传于后。然因汉人附会妄说，失其本真，而遂锢蔽二千年之人心者，亦复不少。自两宋以还，迄于清末，虽不乏明识之士，时发其覆，而囿于时代，仍多言之未尽。近人摆脱顾忌，潜思远瞩，益觉气象一新。　贵所十馀年之努力，于中国学术有建立标准之功。今日虽仍或有少数乡曲庸腐之士，抱残守缺，党同妒真，然日炳中天，残雾自散，亦不足虑也。《文史》副刊十五至二十期，另封寄奉。　贞一先生《考古通讯》仍有可

惠示者否？肃此，敬承

吟祉

弟钺拜上　（一九四二年）十一月廿九日

二十一

檗庵吾兄侍者：自　文旌南旋，久无音问，思慕之忱，与日俱积。顷奉　惠札，喜可知也。　赐示大诗，浣诵佩慰。纪行感事之作，弥多沉哀激楚之音。“天与情亲聊不负，众中行乐久无诗”，冥思独往，极似晦闻先生《蒹葭楼集》中佳句。弟尤爱《柳州谒子厚祠》“蕉荔丹黄犹此日，江山寥寂不逢君。”寄慨沉至，韵味绵邈。因忆弟廿七年初至宜山，谒山谷祠诗云：“山谷祠堂野径微，肃瞻石像仰容徽。高文千古垂曦月，钩党当年各是非。幸免陆沉伤故国，独怜才大老荒圻。衣冠寂寞留遗冢，斜日荒林鸦乱飞。”似与　尊诗有笙磬同音之处也。　尊著《敦煌唐咸通钞本三备残卷解题》及《古谶纬书录解题四种》，早已拜读，抉微发隐，精实密栗。至佩至佩。弟暑中作《论辛稼轩词》、《论李义山诗》、《王静安与叔本华》诸文，刊于《思想与时代》第二十三五六诸期中，社中想仍按期寄奉，至希　指正。去年冬间作《〈诗〉三百篇纂辑考》一文，刊于此间《文院集刊》第三集中，另封寄上抽印本一册，敬乞　教正。近作数首，别纸录奉

清娱。肃覆，顺颂

著祉

弟钱拜上　（一九四三年）九月三十日

附致　之屏弟一札，乞　费神转交。

贞一先生已由敦煌归来否？另封寄上拙著一册，乞　转交并　代为致候。

二十二

槃庵 贞一 尊兄史席：接奉

惠简，拜诵佩慰。拙著辱蒙

奖饰，愧不敢承。

槃庵兄指示，《王制》所载“天子五年一巡狩”，命大师陈诗，以观民风，为西周盛时之制。《公羊》何注“侯国献诗”，乃后王之制，补衰之法。推勘精密，俟拙稿改订时，当遵照补入。《〈人间词〉序》，弟终疑为静安自撰，托名于樊志厚者，因其见解及文笔皆极似静安也，未审　槃庵兄以为如何？

槃庵兄题晁公武石刻古文《尚书》残字诗风骨遒健。

贞一兄西北之行获得古物多否？叙行役，记风土，谅

多　佳什也。《思想与时代》第廿三期，弟处已无馀册，当询之社中，如有馀册，当补寄一本。近作小诗二首，短序一篇，附呈
郢正。肃覆，敬承
吟祉

弟钱拜上　（一九四三年）十二月三十日

之屏弟乞　代候，来函已收到，蒙　录《野客丛书》李翺事见示，谢谢。

二十三

槃庵贞一两兄道席：去年十二月三十日曾寄一函并拙作诗文，谅尘
玄览。献岁发春，惟
撰述多娱，兴居曼福。寒假三周，匆匆而逝，此间已于十四日上课。日前游城外桃溪寺，偶成小诗一首，录呈
郢正。《思想与时代》第廿三期曾嘱社中寄上一册，谅早达矣。肃此，敬承
吟祉

弟钱拜上　（一九四四年）二月廿一日

之屏弟均候。

二十四

檠庵吾兄史席：二月廿一日曾寄一函，谅尘

玄览。顷奉

惠简并　贞一兄大诗，拜诵佩慰。

尊论古者实有遒人采诗之制，并谓何休所言，适为班《志》作注脚，推勘精密，启牖良深。惟尚需进而研求者，即此采诗之制，为侯国自置采诗之官，采其本国之诗而献于王朝耶？抑王朝遣采诗之官直至各侯国采诗耶？鄙意则倾向于前说，以为侯国自采其诗（《王制》疏亦如此说）。王朝亦有采诗之官，则仅采王畿之诗（如《小雅》中之《黄鸟》、《我行其野》、《采绿》等，乃西周王畿内所采得者，《王风》乃东周王畿内所采得者）。盖古时王朝与各侯国之关系并不能如秦汉以后朝廷之与郡县也。至如汉武帝立乐府采歌谣，自是汉制，不能谓周代亦即如此。《国语》所谓"公卿至于列士献诗"，乃别为一事，与采诗无涉。采诗者采他人之作，献诗者献自己之诗。《左・昭十二年传》谓周穆王欲周行天下，祭公谋父作《祈招》之诗，以止王心，即献诗之例。大、小《雅》中亦有可征者。《小雅・节南山》云："家父作诵，以究王讻。"《大雅・民劳》云："王欲玉女，是用大谏"，是诸诗之作皆献之时王，以为讽谏之用也。（《国语》所谓：

“天子听政，使公卿至于列士献诗。”又：“王者德政既成，又听于民，于是乎使工诵谏于朝，在列者献诗。”乃王者表示政治开明之态度，而公卿列士有诗则献，无诗则否，并非如采诗之事，乃一定之制也）。略贡梼昧，不审有当于万一否？先秦载籍，十传一二，古制黯晦，考信为难，望能奉手细论，面相违覆，庶几愚妄之见，更得　高明之裁正也。肃覆，敬承

著祉

弟钱拜上　（一九四四年）三月十二日

附致　贞一兄一札，乞　转致。

二十五

槃庵
贞一两兄史席：四月杪　手示及　大诗均拜读。弟近为赁屋事所扰，三月之中移居两次，心绪不宁，故久稽裁覆，至以为歉。拙撰《评郭著〈屈原研究〉》，陈义谫陋，辱蒙　槃庵兄奖饰，并启示数端，至感。关于屈原生年问题，弟尚有一疑义，前撰拙文时未著于篇，愿奉质于　高明。《离骚》：“摄提贞于孟陬兮，惟庚寅吾以降。”王逸据《尔雅》解“摄提”为“太岁在寅”，后人因此更进而推算屈原所生之寅年，而结果不同。若据《史记·天官书》，摄提格乃星名，在大角两旁，《离骚》之摄提可能指星，与

寅年无涉。此义朱子已发之。晚近学者或谓摄提格乃木星，非大角两旁之星。因中国星宿之名多与印度有关，印度名木星为 Cartica，与摄提格音近也。然摄提无论为木星或大角两旁之星，总之乃星名，则古今人之据“太岁在寅”推算屈原生年者，皆失去根据也。惟屈原自叙其降生之年，何为举此摄提星，此又一需要解释之问题。 两兄于此有何卓见？ 槃庵兄茶花诗秾丽似飞卿，赠梁方仲诗气骨清奇。 贞一兄诸作清拔沉至，浣诵至佩。弟半年未作诗，近得五古一首，附呈 诓正，专覆，敬颂

著祉

弟钱拜上 （一九四四年）八月二日

之屏弟均此致候。

二十六

槃庵吾兄史席： 手书、大诗及 尊著《谶纬释名》、《谶纬溯原（上）》两篇，均奉悉。 尊著谓谶纬异名同实，谶先于纬，谶本于邹衍书所谓“验”，其后方士化之。儒生以谶附经，因名之为“纬”。又推论谶纬中迷妄怪诞之思想，皆原于邹衍及燕齐海上之方士。探赜索隐，义据通深，三复浣诵，旷若发朦。敬佩敬佩。弟尝谓邹衍乃吾国古代

学术思想史上极值得注意之人物。盖先秦诸子虽立说各殊，然大多崇理智，破迷信。惟墨子明鬼，邹衍言阴阳五行，天人征应，保存初民迷信之观念。然后期墨家受辩者影响，注重逻辑之思辨，仍归于理智，而邹衍之徒，则流为燕齐方士，于迷信之思，变本加厉。西汉号为尊儒，而实则邹衍一派迷妄之思想附托经义，弥漫当世，与先秦儒家相违。（战国末，儒家大师如荀卿，深恶巫祝禨祥，作《天论篇》，破除迷信，最足见儒家重理智之态度。）后人研读经书，多假资于汉人之说，习而不察，受其锢蔽。故与其谓汉以后孔子之学统为刘歆所篡，毋宁谓孔子之学统为邹衍所篡。　尊著论证精详，诚研治两汉学术之杰作也。浙大一切如恒，寒假期满，明日开课。寇军犯粤，　贵乡多风鹤之警，极可忧念。惟望美军早日在中国海岸登陆，救吾民于倒悬也。拙著《颜之推年谱》近在《真理杂志》第四期中刊出，贵所谅有此期刊，乞

赐览观，并加指正为祷。小诗二首，录奉

清娱。肃覆，敬承

著祉

弟钱拜上　（一九四五年）二月二十日

附致　贞一兄一札，乞　费神转交。

之屏弟均此致候，日前奉覆一函，谅早达矣。

二十七

槃庵尊兄道席：奉到

惠札及　大著《古谶纬书录解题（二）》、《古谶纬全佚书存目解题（一）》，于群书中探寻线索，钩沉发覆，运思之细，识断之精，敬佩无斁。弟近治先秦学术，以为《吕氏春秋》一书兼备百家之言，不啻先秦诸子之总汇，先秦学术中种种问题多可在吕书中寻得线索。弟拟用分析之法，研究吕氏宾客著书之情形及用心，追溯其资料之来源，察勘其中学说承受融会之迹，并评其得失利病，而推论其对后世之影响。拟先撰单篇论文，然后合为一书，已成《〈吕氏春秋〉中之音乐理论》及《先秦书中老子史料之检讨》，近正拟撰《〈吕氏春秋〉与〈山海经〉》。吾

兄治先秦两汉学术，撰著精卓，惜山川阻隔，不得面晤承　教也。浙大竺校长近自杭州归来，言浙大东归之期须俟明年。暑假前得北平消息，张孟劬先生于日本投降前归道山。八载艰贞，竟不得见神州之光复，而弟北归有期，亦不能再侍几杖。追惟平昔知遇，怆恸何已，当时即口占挽联云："学术畅章实斋之流便坐接微言谁为传薪承绝业；身世与元遗山相近野亭存故献老看沉陆痛神州。"嗣又撰挽诗四首，录呈　教正。小词一阕，附博　一粲。

肃覆，敬承

著祺

弟钱拜上　（一九四五年）十二月一日

贞一兄均此致候。

附致　之屏弟一札，乞　费神饬交。

二十八

槃庵尊兄道席：去年十二月曾上一函，谅蒙

惠督。春日暄妍，惟

撰述多娱为慰。浙大校课即将结束，师生均筹备东归。弟拟奉　母携儿北赴保定，一家团聚（内子携两儿居保定）。惟平汉路自元氏至安阳一段，迄未修复，北归不得，只得暂居遵义，俟八九月再启程，届时平汉路或能畅通也。论者谓复员之难，过于逃难，良可叹慨。

贵所何时东迁？近作小诗两首，附呈

郢正。肃此，敬承

著祺

弟钱拜上　（一九四六年）四月六日

贞一兄、之屏弟均此致候。

之屏弟二月来一函已收悉，请转告。

二十九

檠庵吾兄史席：

手书及　大诗早已诵悉，挽孟劬翁诗尤为沉镣悽怆，至深佩服。弟以大局未定，北归道阻，而杭州物价腾踊，难以安居，故向浙大请假一年，赴成都小住。已应华西大学之聘（任中文系教授兼中国文化研究所研究员），本月中旬即启程赴蓉，俟到蓉后再函告。成都友人来函，谓成都安定舒适，物价低廉，为今日全国惟一乐土，而华西坝环境优美，不减清华。故弟决意奉　母西行。拙作数首，附呈

教正。肃覆，敬承

著祺

弟钱拜上　（一九四六年）七月五日

贞一兄均此致候。

附致　之屏弟一札，乞　费神饬交。

三十

檠庵吾兄史席：顷奉

惠札并　大著《汉光武与所谓赤伏符》及《谶纬释名叙说》两篇，拜读佩慰。承

嘱探询四川省立图书馆所藏古谶纬辑本，日前访蒙文通先

生，询及此书购自何处，蒙先生言馆中无此书，恐系马君误记。弟去年秋冬间撰《〈吕氏春秋〉撰著考》，并补改旧作《〈吕氏春秋〉中之音乐理论》两文，均将发表于《中国文化研究汇刊》中，正在付印，印毕当寄奉
教正。迩来致力在六朝文史方面。清人治《文选》者，多注意于声韵、训诂、名物、典制诸端，弟拟用文史互证之法研究《文选》中诸名篇，论其旁涉之意义，发其隐微之旨，或可为"选学"开一新途径。成都景象略似北平，在今日国内，尚为物价低廉、生活较适之地，差可安居，读书撰述。惟僻居内地，求书不易，风气亦稍闭塞耳。厚宣弟已赴济南，研究齐鲁大学藏于济南之甲骨文（抗战期间未遗失）。近作诗词两首，附呈
斧削。《读曹植〈洛神赋〉》印稿一篇，并呈
谡正。肃覆，敬颂
著祉

弟钺拜上　（一九四七年）三月三日

三十一

檠庵 贞一 两兄道席：久疏笺敬，迩惟　动止曼福，撰著多娱，为颂为慰。弟居蓉一载，生活尚适，暑后仍在川大、华大

两校任教。拙稿两篇印就，另封航挂，寄呈　教正。春间所作诗词各一首，附录笺尾，以博　一粲。其馀近况，详近致之屏弟诸札中。肃此，敬承

著祉

弟钱拜上　（一九四七年）八月八日

三十二

槃庵吾兄道席：　惠书及　大著一册均奉悉。《公矢鱼于棠说》，数年前在“史语所集刊”中曾拜读，今重加补订，更为详密。“矢鱼”之为“射鱼”，经吾　兄疏通证明，可成定说，而论及古礼俗之衍变，尤征通识。《杞子用夷贬爵辨》，亦可破讲《春秋》者拘泥书法之囿见。惟关于“侯”、“男”二字之解释，略可商榷。“侯”字，卜辞作，象张布矢集，其中与《说文》“射侯”意合，此乃“侯”字朔义。封建爵名所以用“侯”者，盖取其有武力，能以弓矢御侮。《孝经援神契》“侯者，候也，所以守蕃。”殆后起引申之旨。至于“男”字，《说文》从力田，而卜辞作，说者谓象耒形，非“力”字。男从耒，在田间，示耕作之义，亦颇近情理。古人造字，取义偏重具体，抽象之旨多系后来引申。此两事不知可供　采择否？拙著辱蒙　奖

饰，愧不敢承。指示两端，至深感佩。第一事诚如尊论，《吕览》中有与《荀子》辞句相通者，如必认为出于李斯之手，未免拘泥。将来改订时，再将此处语气加以变易。第二事牵涉较广。《周易》跻于六经之列，由于汉人，近来学者有主张此说者，并非弟之创见。弟对此问题曾加研讨，颇觉此说可信。拙著《吕览撰著考》并非专论此问题，故未多举证据，仅在括弧内注明"关于此问题，近来学者论述颇详，兹略言之，举证不备。"吾　兄惠示诸节，弟亦曾留意，兹粗陈鄙见。《荀子·劝学》、《儒效》两篇以《诗》、《书》、《礼》、《乐》、《春秋》并举者三次，且曰"在天地之间者毕矣"，而不及《周易》，可见荀子心目中认为儒家经典仅《诗》、《书》、《礼》、《乐》、《春秋》，并无《周易》。至于《大略》篇谓"善为《诗》者不说，善为《易》者不占，善为《礼》者不相"，虽以《诗》、《易》、《礼》并举，然只随意标揭，与《劝学》、《儒效》两篇郑重例举《诗》、《书》、《礼》、《乐》、《春秋》者不同，且《大略》篇杂记短语不相通贯，其中容有汉人羼入者，故杨倞注《荀子》，移易篇第，列于卷末。如考荀卿意见，《大略》篇可信之程度自不如《劝学》、《儒效》也。先秦书中以《诗》、《书》、《礼》、《乐》并称者甚多，荀子则称《诗》、《书》、《礼》、《乐》、《春秋》，至于称《诗》、《书》、《礼》、

《乐》、《易》、《春秋》者只有《庄子·天运》、《天下》两篇，而细按之，则均有问题。《天下》篇曰：

其明而在数度者，旧法世传之史，尚多有之。

其在于《诗》、《书》、《礼》、《乐》者，邹鲁之士缙绅先生多能明之，《诗》以道志，《书》以道事，《礼》以道行，《乐》以道和，《易》以道阴阳，《春秋》以道名分。

其数散于天下而设于中国者，百家之学时或称而道之。

"《诗》以道志"以下二十七字，可能是后人注语误入正文，马叙伦《庄子义证》、吕思勉《燕石札记》均持此说。盖上文只言《诗》、《书》、《礼》、《乐》，而此处增《易》、《春秋》，前后不合，如删此二十七字，上下文脉甚顺也。《天运》篇曰："孔子谓老聃曰：'丘治《诗》、《书》、《礼》、《乐》、《易》、《春秋》六经，（中略）以奸者七十二君。'"闻一多作《七十二》一文（《国文月刊》廿二期）谓汉人书中多言"七十二"，七十二乃一年三百六十日之五等分数，此数字乃由五行思想演化而成之一种术语，其通行在汉代。故古人本无一定之数字，及与七十二相近之数字，汉人皆改为七十二。闻氏之说甚确。《天运》篇此节既有"七十二"之语，可见亦汉人之撰，非先秦之文。（古子书诸篇时有杂凑而成者，一篇之文，非必出于一人之手，《天运》篇非必尽为汉人之作，至少此节应出于汉人，因其有“七十二”之语，“七十二”在先秦书中几未尝有也。）故《庄子》书中此二事，不足为先秦有“六经”说之证。至于　尊札所引《慎子》书中之语，据钱熙祚所辑《慎子逸文》：

《诗》，往志也；《书》，往诰也；《春秋》，往事也。（《意林》。又《经义考》引此文，下云“至于《易》则吾心，阴阳消息备焉。”未见所出，当考。）

《意林》所引《慎子》之文，只言《诗》、《书》、《春秋》，至于“《易》则吾心……”云云，见于《经义考》，所引谅亦后人所增入矣。拉杂书此，以当面论，是否有当，更乞　裁正为幸。小诗一首，附录笺尾，以博　一粲。肃覆，敬颂

撰祺

弟钱拜上　（一九四七年）十月十七日

三十三

檗庵吾兄道席：两奉　惠书及　大著，拜诵感慰。大著《侯与射侯》（已遵嘱将改稿粘贴）辨析详审，至佩。已交徐中舒兄刊入川大史学系主编之《史学论丛》。　大诗馨逸婉

笃，三复无斁。此间两校均已开课，弟任课依旧，尚不累。上月因咳嗽剧烈，震破肺中血管，吐鲜血数口，经医生打针又休养三星期，已痊愈矣。 贞一兄词，渊美宏约，颇近正中。弟病中作小诗一首，附呈 吟正。肃覆，敬颂

著祉

弟钺拜上 （一九四七年）十一月九日

三十四

槃庵吾兄道席：承两次 惠寄 大著论文五篇，拜读敬佩。谶纬之学盛行于两汉，对于当时政治及学术思想关系甚大，惜纬书久佚，撢索不易，前人偶有论及，多随意指点，语焉不详。吾 兄掇拾遗文，考证阐发，用思精而用力勤，将来关于此类之论文，可以集为一编，亦如张皋文之治虞氏《易》，为千载绝业。甚休甚休。《汉晋遗简偶述》，如安石碎金，亦多精光。此间已放假，成都夏日不甚热，可以读书。弟暑后在华大仍授“诗词”，在川大授“魏晋南北朝史”及“中国学术思想史”，假中拟略整讲稿。去年所撰《文选赋笺》四短篇近已印出，附函寄上一册，请 兄与 贞一兄同赐教正。两月前接之屏弟函，言将赴英研究，即启程。后得南京熟人来函，言之屏弟尚留京未动身。本

月初致之屏一函，迄未得覆，不知之屏弟已启程赴英否？又前寄一诗，复略有改易，再录笺末，乞　郢削。肃覆，敬颂

著祉

弟钱拜上　（一九四八年）七月二十七日

贞一兄同此致候。

三十五

槃庵吾兄：

海峡睽隔，时劳梦想。顷奉　惠寄《疏桐高馆诗》，三复循诵，快如晤面，欣慰何极。其中引及拙稿，尤深感激。回忆当年吾　兄在南溪李庄时，诗简往返之乐，恍如隔世，言之增慨。

弟年近九旬，体气虚弱，神智消歇，几如残废之人。近来惟求养生，带病延年。撰著之业，力不从心。

暇时不废吟咏，新旧稿数首，附呈　郢正。海天东望，不尽依依。此颂

著祺

弟缪　钱拜上　1992年10月5日

与刘永济书

一

弘度长兄史席：暌隔
光仪，倏已数月，相去日远，寤寐增劳。自闻嘉州空袭，深以吾
兄为念。冀
文旌或在中途，尚未到达。顷读
致洽兄手书，始悉抵嘉两日，即遇空袭，幸人物均安，可谓吉人天相也。移寓乡间，谅可安全，闻之甚慰。此间近两月中，警讯频繁，且空袭三次（七月廿一日一次、八月廿八日一次、九月十五日一次），损失虽微而人心震恐，居民多避于岩穴，朝出暮归。弟与洽兄全家亦居石洞数日，憔悴忧伤，几无乐生之趣。洽兄近徙宅中涧村，距城十馀里，空袭无虞，而上课不便。弟移去与否，尚未定。（弟假中寄居燕山村洽兄寓中，近仍居此。晓峰兄亦尚未移居。）浙大择地失宜，

不能自拔，徙薪无策，烂额堪忧，令人闷损。“中国文学系课程”，教部竟依浅人所拟，正式颁布，殊属非宜。弟拟与洽兄商酌，依

尊函所示，联合同志诸校据理力争。否则，吾等惟有独行其志，盖上庠讲习本可各自发抒，教部似亦不能强加裁制也。弟于吾

兄闻声相慕，已逾十载，山城聚首，深慰素心。方期赏奇析疑，长共晨夕，而

文旌远赴西蜀，离索之感，悁结于中。尚乞

不弃僻远，时惠德音，既慰契阔之思，兼得攻错之美。诚能共扶正学，著于后世，则百年易尽，天地无穷，今日之交，乃非偶然，离散之故，又不足言也。近作小诗数首，附呈

教正。丧乱未宁，诸希

为道珍卫。肃此，敬承

撰祺，并颂

潭第百福

弟钱顿首　（一九三九年）九月十七日

昌群兄乞代致候。

洽兄附笔请安。

（原信复印件，由程千帆先生提供。下同。）

二

弘度长兄史席：八月中曾上一笺，谅尘
玄览。近连读吾
兄致迪生、洽周两兄书，藉悉
尊况，并诵　大作，皆雄深雅健。弟尤爱“绮罗兴废外，歌酒生死间”等句，最为沉痛。尝与洽周共论今世词人如
吾
兄者，必卓然可传也。闻蜀中米价日涨，资生不易，殊可虑。此间开课已匝月矣。近作小诗一首，附呈
郢正。专此，敬承
铎安

弟钱顿首　（一九四〇年）十一月三十日

三

弘度长兄道席：前承
惠书并　大词《浣溪沙》二首，近又从洽兄处拜读《月下笛》、《念奴娇》、《鹊踏枝》诸新作，钦佩无已。
兄词皆发于哀乐之深，称心而言，风格遒上，有掉臂游行之乐，使读者吟玩讽味，如见其伤时怨生、悲往追来之感。

又词中凄艳与沉健，鲜能兼美，
兄独浑合为一，此皆古人所难者。《鹊踏枝》于正中、永叔之外，自辟境界；《念奴娇》咏燕，苍凉悲咽，怆怀身世，与梅溪异曲同工。弟尤爱"电络灯竿"三句，运用新材料，别有意味。弟近年来教学相长，于此事弥谙甘苦，惟自愧才弱，不足以发之，故每诵
兄作，弥深钦慰也。此间于十月十三日开课，弟授"词选"、"中国文学史"及"各体文习作"（指导学生五人），尚不甚累。秋凉夜永，灯火可亲，觍缕书此，聊当晤语。近作三首，附呈教正。肃此，敬承
著祺

弟钺顿首　（一九四一年）十月廿九日

四

弘度长兄著席：去岁十月二十九日曾肃一笺，并拙作诗词数首，谅尘
玄览。天寒，惟
道履宁佳。弟本期授"中国文学史"，偶撰补充讲稿，已成《王粲行年考》及《何晏王弼事辑》两篇，另封寄呈
教正。建安七子，仲宣特秀，足以代表一时风气。何晏、

王弼开正始清谈之风，言语之美，影响文章，而名理之文，亦奠基于此时。故辑诸人行事，粗加考释，以为异日立论之资。篇中有疏舛处，乞
指示为盼。近又撰《论词》一文，刊布于《思想与时代》月刊中，附函寄上，就正
方家。小诗一首，并奉
清娱。此间再上课一周，即举行考试。碌碌半载，又可小休矣。专此，敬承
吟祉

弟钱顿首　（一九四二年）一月廿二日

五

弘度学长著席：一月廿二日曾上一笺及拙著《论词》印稿，另封寄文学史补充讲稿《王粲行年考》、《何晏王弼事辑》两篇，谅均蒙
玄览。顷奉
手示，敬谂种切。吾
兄以硕学重望长武大文院，领袖群伦，建树风气，以湘人而兴蜀学，可以上继湘绮遗躅，弟等远道闻之，同深欢忭。尊论屈赋二事，极佩卓识。《九章》自《思美人》以下，

殆均非屈原所作，故扬子云《畔牢愁》所仿，自《惜诵》至《怀沙》而止，盖仅以此五篇为真也。吾

兄疑《国殇》不应列入《九歌》中，甚是。《九歌》以“九”标名，实则是十一篇，数目不合，末篇《礼魂》为诸祀所通用之送神之曲（王夫之说），可以不计，而尚有十篇，若去《国殇》，则恰为九篇，合于《九歌》之名。尊论可谓能发千载之覆者。惟谓《国殇》即太史公所谓之《招魂》，弟尚有疑义。窃以为，太史公所言之《招魂》，即今《楚辞》中之《招魂》，乃屈原作，非宋玉作。近与友人研讨，获一新证。盖《招魂》属屈或属宋，为千载未决之问题。弟尝反覆研寻，觉篇中藻饰之辞，难施考证，惟“乱”辞中写楚王射猎“路贯庐江兮左长薄”一句，可为探讨之资。盖宋玉在屈原之后，非同时。（宋玉为屈原弟子之说，见于王逸《九辩》注，《史记》、《汉书》所记均不如此，《史记·屈原传》：“楚自屈原之后，宋玉、唐勒、景差之徒皆好辞而以赋见称。”《汉书·艺文志》著录宋玉赋十六篇，班固自注云：“楚人，与唐勒并时，在屈原后。”《汉书·地理志》：“寿春……亦一都会也。始楚贤臣屈原被谗放流，作《离骚》诸赋以自伤悼，后有宋玉、唐勒之属慕而述之，皆以显名。”观《史》、《汉》所述，宋玉对屈原不过“慕而述之”，并非师生。王逸之说，殆出附会。《汉·地志》记宋玉于寿春之下，可见玉之时代，在楚国末年迁都寿春后也。）屈原之时楚都郢，

宋玉之时楚都寿春。《招魂》中所谓“庐江”，究应在何地。如在今湖北，则此文为屈原作；如在今安徽，则为宋玉作。（自汉以后，“庐江”之名著于皖，然同一地名，因古今之异而地望不同，此例甚多。）弟尝以此事询之友人谭季龙兄（谭兄精于地理沿革之学，著述甚多），谭兄覆书谓《招魂》中之“庐”在今湖北宜城县北，其地于《汉志》为中卢县。其说精确可据（谭兄书印稿附上），故《招魂》应属屈原作，不知
高明以为如何。弟授文学史，未印讲义。讲时口授，学生笔记。偶撰单篇，作为补充讲稿。弟近读魏晋间书，于其时学术文章之升降流变颇有所悟，惟尚未能义据通深，发为论著也。洽兄戏言，屡为吾
兄所考，当努力缴卷。梅先生眷属尚在香港，未来遵义。肃覆，敬承
吟祉

弟钱顿首　（一九四二年）二月三日

洽兄附笔致候。

去年十月中曾寄一书并拙作《琵琶仙》、《谒金门》二词，不知已达否？

六

弘度长兄有道：奉到

手示及　大词《浣溪沙》六阕，幽忆怨断，自成馨逸，敬佩无已。武大成立文史研究所，由吾

兄主持风气，甚盛甚盛。军兴以还，学风荒落，人羡贾鬻，士好游谈。吾等今日应培养真正读书种子，庶几数千年学术文章有所寄托。（研究生入院考试、平日督责、毕业考试均应严格。）高明谅以为然也。茅生于美明夏卒业，此君两年以来于词颇致力，兹嘱其录近作十馀首，附呈

尊督，并乞

不吝赐教为幸。弟近作短文两篇，发表于《益世报·文史》副刊中，附函寄呈

教正。此小刊物乃浙大同道数人所办，由方豪兄主编。吾兄如有短文札记肯　赐下，以光篇幅，极所感盼。联大闻有迁移之说，不知确否。雨僧兄拟将书籍运来遵义保存也。暑热，乞

为道珍卫，馀俟续陈。肃覆，敬颂

教祺

弟钱拜上　（一九四二年）七月十九日

七

弘度长兄先生道席：顷奉

惠简，承

示雅制数章，璀璨溢目。

大诗盘空硬语，豪气凌云。弟尤爱乞画一首，写新宁山水，有镌镵造化之妙。赠徐、陈、刘诸君诗，具诙诡兀傲之趣，玩诵无斁。日前洽兄出示

尊著《贵侠篇》，持论闳伟，光焰万丈，今日世风疲懦，宜多有此等文字以振起之。洽兄近作《读儒行》、钱宾四君寄来《论中国文字与文学》，皆发挥中国文化精义，辟近人奇衺偏浅之说，极为光辉笃实。自来世乱学衰之时，必有三五大师以刚贞之质榰柱其间，下启新运，如

兄等数人即其选也。敬佩敬佩。近作小诗一首，录呈

教正。肃覆，敬承

吟祉

弟钱拜上　（一九四三年）五月廿四日

八

弘度长兄史席：四月中奉

惠示及　大作五古一首，稽迟未覆，至歉。顷又奉

手毕并　大词，三复浣诵，快同觌面。

尊词蕃艳其外，醇至其内，极往复低徊、掩抑零乱之致，而其苦衷之万不得已，大都流露于不自知。常与洽兄谭论，自彊村、夔笙诸老辈凋谢，并世词人，惟吾

兄沉健深挚，独树一帜，远非雕绘满眼者所能及。此乃称心而言，非阿好之语也。

尊论考订文人行年一事，弟亦旧有此意。抗战前一二年，弟曾立一志愿，凡古之诗人已有年谱者，其详覈者采用之，不详覈者补正之。无年谱者为之撰年谱。事迹简略不能成谱者，为之撰年表。然后择其精要，依年写录，为历代诗人系年。系年等于各谱表之目录，每条皆精覈有据，大可为读诗考史之助。惟兹事体大，非一人之力所能为，望能有同志数人，通力合作。弟意先致力唐、宋两代，故作《元遗山年谱汇纂》，又撰《杜牧之年谱》。“杜谱”甫写定，而抗战军兴，数载以还，流离万里，求书亟难，文史考订之业，遂无从致力矣。石帚是否白石？弟久蓄疑，吾

兄就吴履斋词中与白石及梦窗往还之迹，证明姜、吴二人

年代相及，可谓拨云雾而见青天。弟嗣后读书，如有可以证成

尊说者，当即奉告。弟近读《诗经·小雅》《采绿》、《白华》、《苕之华》、《何草不黄》诸短篇，其体极似《国风》，而何以列于《小雅》，古人似尚未有恰当之解释。窃以为《南》、《风》、《雅》、《颂》诸诗之区别，不重在歌辞本身之体制与内容，而重在歌时所用之腔调，因乐调不同，施用不同，其歌辞体制亦随之而异。（如《颂》为歌功祀神之乐，故《颂》诗多庄严肃穆，其内容则美盛德之形容，以其成功告于神明。）然亦有同一歌诗可谱入数种乐调者，如《七月》一篇，兼称《豳风》、《豳雅》、《豳颂》。（《周礼·籥章》曾云"龡豳诗"、"龡豳雅"、"龡豳颂"云云。郑氏三分《七月》之诗以当之。朱子则谓《七月》全篇，随事而变，其音节或以为《风》，或以为《雅》，或以为《颂》。）又如《鲁颂》诸诗，颇似《国风》与《小雅》，不似《周颂》，而所以称为"颂"者，殆以《颂》之乐调歌之。（周赐鲁公伯禽以天子之礼乐，故鲁有《颂》，以为庙乐。）《南》与《风》皆地方音乐，（《南》为南国之音，见《吕氏春秋·音初篇》，郑音、宋音、卫音、齐音之名，亦见于《乐记》。）各国民歌（民歌非必尽庶民所作，亦有士大夫仿民歌体裁而作者。）皆用其本国音乐歌之，故称《周南》、《召南》、《卫风》、《郑风》，等等。《雅》为西周王畿之乐（本章太炎《大疋小疋说》），其初

亦一种地方音乐，与郑音、宋音等相似。周人发迹豳岐，建都丰镐，故用其本地音乐为朝会宴飨之乐，（亦如汉高祖，楚人乐楚声，故汉房中乐用楚声。）盖又经音乐专家（太师）加以修正改善，其地位特尊，号为正乐。朝会宴飨之诗，及西周王朝士大夫伤时感事之作，太师均谱入这种乐调，故称为《雅》诗。至如《采绿》、《苕之华》、《何草不黄》等乃西周王畿之民歌，（东周王畿有民歌，如《王风》，则西周王畿亦应有民歌。）自应以其本地音乐（即《雅》）歌之，故不必称为某《风》，而即可以列于《小雅》之中矣。愚见如此，尚乞

高明正之。此间已放暑假，可有三月闲暇，安静读书。近作数首，附呈

教正。肃覆，敬承

撰祺

弟钺顿首　（一九四三年）七月廿六日

九

弘度长兄道席：前奉

惠简并　大词五阕，久稽裁覆，为歉。

尊作思远忧深，弟殊有同感，“此身也似知秋叶，独向高梧策策鸣”。“新词刻意说伤春，谁信伤春情已倦。”何其悽

怆动人耶。八年苦战，方获休止，而内鬩又起。弟颇怀疑吾民族是否尚有复兴与上进之一日也，忧悒无已。浙大竺校长赴杭州尚未归来，原定明年春夏间东返，届时不知是否能成行。此间知友近亦多不如意事，梅公病势转剧，洽兄太夫人于本月四日在故乡仙逝，弟寓中于本月八日夜失盗，舍妹衣物多被窃去。近得北平消息，张孟劬先生于日本投降前归道山，睽隔八年，竟不能复谋一面，弟闻讯后极为伤恸，当即口占挽联云："学术畅章实斋之流便坐接微言谁为传薪承绝业；身世与元遗山相近野亭存故献老看沉陆痛神州。"嗣又撰挽诗四首，以抒哀思，附呈
教正。雨僧兄暑后到嘉定武大讲学，想情况佳胜，晤面时乞
代致拳拳。肃此，敬承
著祉

弟钱拜上　（一九四五年）十一月廿日

十

弘度长兄道席：音尘阻隔，倏馀半载，思念之怀，与日俱积。成都解放后，得雨僧兄书，寄示吾
兄致雨兄函札及新词，三复诵读，得悉

左右迩来心境。成都和平解放，故秩序良好。近三月来，一切均在除旧布新之中。川大组织临时校务管理委员会，调整人事，变化颇大（文、法两院尤甚）。弟仍被续聘为史系专任教授。惟新订规章，不得兼两大学专任，弟因住房及种种方便，故决定以华大教职为专任，而在川大兼课。文史两系课程方面，亦有变动（大抵遵照华北专科以上学校文法两院暂行课程标准）。弟近来研读马列学说诸书籍，尊词所谓“补读平生未见书”者也。洽周兄仍在南京大学任教，浙大变化甚大。近有

佳什，亟望　惠示。肃此，敬颂

教祉

弟钱拜上　（一九五〇年）四月一日

十一

弘度吾兄先生史席：奉到　惠赐大作《沁园春》一首，檃括《招魂》，浑融自然，足见老手斫轮之妙，拜读甚佩。弟近数年中，作诗甚少，去年春间，游杜工部草堂，偶成一律，又曾为友人周君〔一〕题翔凤砚一绝，并写奉　郢正。

〔一〕即周汝昌先生。

近作论杜牧文抽印本，寄千帆先生处，转呈吾　兄，亦乞　严加纠弹，以便改进。肃覆，敬颂
吟祉

弟缪　钺敬白　一九五七年元旦

十二

弘度长兄道席：赐寄　大著《宋代歌舞剧曲录要》及　新词两阕，均收到，谢谢。　大著搜采详博，考释精细，拜读甚佩。《定风波》、《卜算子》两词，皆以新事物写入旧格律中，雄浑苍劲。此间校中庆祝“十月革命”四十周年时，弟亦勉成《水调歌头》一首，录博　一粲。旧作《魏收年谱》，近修改写定，刊载于《川大学报》中，另封寄上抽印本一册，敬乞　教正。肃覆，敬颂
著祉

弟缪　钺谨上　（一九五七年）十一月十九日

与杨联陞、缪钤书

一

莲生吾弟如晤：八月四日曾寄一函并《周代之雅言》一文，谅蒙　青及。吾　弟暑假中读何书？近一月中钺仍编“文学史”讲稿，偶读英文小说自遣。本年大学招考新生，中大、浙大、武汉、西南联大四校合招，国文题为“自述在中学学习国文之经过”，遵义、贵阳、衡阳三区试卷由浙大阅看，共两千本，颇可看出近年来国文教学之情形。湖南省中学甚重国文，广东、广西则较差。应试学生国文程度之普通水准虽低，然亦有出类拔萃者，观其自述，则皆在中学得遇良师。湖南私立雅礼中学学生国文程度均较佳，盖国文教员邵子风君之力，学生多称道之，可见事在人为也。荫麟兄所居距钺寓所甚远，夏日畏热，少出门，故晤面甚稀。李源澄兄（四川人，吾弟想见过其作品）在浙大讲“中古史”、“中国思想史”等课，人甚笃实天真，与钺甚相得。

近应民族文化书院之聘，赴云南大理。（书院乃张君劢所办，澄源兄来信言大理风景极佳，书院中教学、研究亦极自由。）浙大新聘两位讲师。一黎子耀君，武大卒业，治中国经济史，曾作《补后汉书食货志》，荫麟兄颇称赞之；一沈鉴君，清华毕业，不知 弟识其人否？西洋史尚未请到适当人材，张晓峰兄常谈及，望 弟归国后能到浙大授学也。弟如有暇，请为《思想与时代》月刊撰稿。（以书评或报告西洋治汉学之消息为最好，因此种稿件最缺乏也。）母亲仍常苦失眠，形神疲惫，此间产银耳，常常服食，可以补养，惟功效甚缓。拟服西洋参，请 弟在美购少许，置信封中寄来，不知可否？如邮寄不便即作罢可也。《杜牧之年谱》卷上印本较厚，分置三个信封中寄上。馀容续陈，此询

近佳

钱顿首（一九四一年）九月六日

（原信原件，由缪钤女士提供。）

二

莲生吾弟如晤：第十一号、第十二号两航函想均递到矣。七妹又来一函，附致吾 弟一札，因已过重，故用平信寄上。此间开课匝月，一切如恒，惟张荫麟先生病危，医生

均言无救，殊可虑。张先生去年曾一度患血压高，鼻出血，调养月馀始愈。今春身体尚佳，夏间忽又患小便出血，赴贵阳中央医院诊视，医言肾脏、心脏均有病，相当严重，须善养。张先生归后，自觉无甚大病，以为医生过甚其词，饮食仍甚随意。近来忽又转重，入医院已一星期，目光已散，一尺外即不能见人。病发时似颇痛苦，语言亦断续不清晰，每日打两针，不知能挽回否。上月齐鲁大学又来函电，聘钺往任国文系主任，待遇较浙大稍优，并送路费四千元，意甚殷切。钺以公私种种关系，未便脱离浙大，已覆函婉谢矣。齐鲁虽教会学校，近来颇努力提倡中国学术，钱宾四先生在彼处任国学研究所主任。日前与张晓峰先生谈，尚念及吾　弟，言弟归国后，务乞来浙大教书。北方汇款事，家叔近又谋得办法，已汇两次，惟尚未得保寓函，不知如期收到否。钺近读《诗经》、《左传》、《国语》等，颇有意见，不知能发为撰著否。

此询

近祉

钱拜启　（一九四二年）十月廿二日　第十三号函

附七妹一札。

（原信复印件，由杨道申先生提供。下同。）

三

莲生吾弟如晤：去年十一月卅日寄十四号航函，谅已递到。顷接吾　弟十一月廿九日来书，具悉种切。　弟对于廿四史命名之意见，颇新颖有趣。钺治六朝文史粗毕，近拟治唐代，校中有《全唐文》，惟卷帙浩繁，卒业未易。（钺以前读书颇快，近来感觉须稍慢始能深入，始能细思。）《唐文粹》已细看一遍，对于唐代古文运动了解益透彻。尔来物价腾踊，生计奇窘，每月收入如按期领到，仅足吃饭，无钱购衣，偶尔欠发，则有断炊之虞。校中同事，除少数外，均极艰窘，多卖旧衣物贴补，而钺处又无物可卖。慈明寒假后拟休学作事。古人论诗者，谓穷愁益工，钺为贫所迫，生意索然，故亦毫无诗兴。惟觉治考据，以古事为对象，可以忘却现实问题，反为避愁之地。七妹连来两札，附函寄上。此覆，顺颂

近祉

钱拜上　（一九四三年）一月八日　第十五号函

四

莲生吾弟如晤：四月十二日寄十八号航函，附宛妹札，谅

已收到。吾弟三月十八日及廿六日所寄两函，亦均接读，致宛妹札及周万明君札皆寄去。《王粲行年考》蒙吾　弟惠示诸点，甚佳，至感。南北汇款，久无办法，去年　家叔托交行中人多方努力，仍无法通汇，钺寄家叔处之数百元，后均退还，今年由宛妹在平接洽与汪君拨兑八百元（钺寄款八百元至湖南汪君家中，汪君在平拨与宛妹二百元寄保寓）。近来惟希望费君〔一〕所允拨款之事能成功（详情上次函中已言及），否则保寓生活亦颇窘也。宾四先生已归成都。晓峰先生上月至重庆，将于六月初乘飞机赴美，至美后可与吾　弟会晤也。《中央研究院史语研究所集刊》最近印出者哈佛能见到否？中载陈寅恪先生《读莺莺传》一文，颇清新有趣。钺近来读唐人诸书，参以史传，亦时有启悟，惟浙大书籍缺乏，欲撰专篇论文，每苦凭藉不足也。近作五古一首，附录笺末。此覆，即颂

近祉

钺拜上　（一九四三年）五月三十日　第十九号函

〔一〕即费巩先生。

五

莲生弟如晤：去年十一月三十日寄二十三号函（二十二号函亦到否？），附致张晓峰兄一札并宛妹札及小照，谅已递到。近接宛妹函，言家计渐窘，颇望　弟早日归国作事，可以负担家庭经济，不知　弟何时可以取得博士学位也？钺近来颇读西洋哲学书，哲学史已读过两种，秋间读叔本华之书，近读斯宾诺莎之书（均英译本）。读西洋哲学书，能训练思想灵活清晰透彻。以前读宋元明学案等书，仅能识其源流风气，与诸大师思想之本身，未能有透彻而有统系之了解。今再读学案，参以程朱之书，颇能见其理趣脉络，与向时不同矣。近作七律两首，录寄　一阅。近来深悟黄晦闻先生诗之妙处，肺腑之言，自然流露，简淡深隽，毫无火气，如唱老生中之余叔岩，此亦一种极高之境界也。　母亲近来体衰，思得西洋参补养，此间难得佳者，暑中晓峰兄如归国时，请　弟购参少许，托晓峰兄带来，至所感盼。宛妹札附上，此询

近祉

钺拜上　（一九四四年）一月十五日　第二十四号函

（原信原件，由缪钤女士提供。下同。）

六

莲生吾弟如晤：六月四日曾寄一函（第二十六号），谅已递到。日前接五月一日来书，具悉种切。　弟近作诸诗均新俊有味，至以为慰。致七妹札已转寄矣。兹有一事奉恳。谢幼伟兄付铖国币一千元，请　弟在美国代为购书，谢兄开一书单，附函寄上，请　弟在书单中就美金二十五美元（按1 ：40之比例，国币千元合美金二十五元）之范围内，选购七、八种，或稍超过美金八元或十元亦无妨，请　弟垫付，谢兄在此再补款与铖。所购之书，俟明夏晓峰兄及吾弟归国时带回。至于谢兄已付铖之一千元，铖亦请费君函请其戚袁君转拨寄七妹。铖近半年来撰论学论文数篇，均不甚惬意。惟近作两文，一为《论战国晚世新儒家》（与钱宾四先生书）（此新儒家即指作《易传》、《中庸》、《礼运》、《乐记》之一派儒家），一为《荀学与中国文化》〔一〕，尚有新意。近重庆章行严、沈尹默、杨公庶、潘伯鹰等拟合印近人诗，先选二十人，每人三十至五十首，来函征铖同意，铖已允选录军兴以还数年中所作之诗三十馀首付印。去年重庆某文化机构编青年丛书，请铖作《中国史上之民族词人》一书，

〔一〕发表时更名为《论荀学》。

钺作成寄去，约五万字，近已印成（由青年书店出版）。又成都某书店欲为钺印书，钺即集旧作中之论文学者，共得九篇：一《论词》、二《论宋诗》、三《论李易安词》、四《六朝五言诗之流变》、五《〈文选〉与〈玉台新咏〉》、六《论辛稼轩词》、七《论李义山诗》、八《王静安与叔本华》、九《汪容甫诞生二百年纪念》，名曰《缪钺文论甲集》，共约四万言，可印一小册。闻已印成，不久即寄到矣。数年乱离播迁之中，亦略有成绩，稍足自慰也。馀俟续告，此询

近佳

钺拜上　（一九四四年）六月二十六日　第二十七号函

七

莲生弟鉴：四月十八日寄46号函，谅蒙青及。日前晓峰兄转示吾　弟四月十八日来书，具悉种切。吾　弟因家庭经济困难，改就北大教职，晓峰兄当能谅解。钺以北归不得，留滞遵义，而国内局势，不见晴朗，恐三个月后交通仍不能恢复。故有友人为钺筹划，谓钺暂向浙大请假一年，暑后移家成都暂住，生活舒适。俟明夏看大局如何，再定行止。钺将此意函告成都方面友人，近接成都方面友人来函，均盼钺赴蓉。华西大学聘钺为中文系教授兼中国文化

研究所研究员，胡厚宣弟来函言齐鲁大学暑后大概不能返济，亦将聘钺任课，四川大学方面友人亦极愿为钺帮忙，吴雨僧先生来函言："成都在今日为中国惟一之乐土，而华西大学环境优美，不减当年之清华。"力劝钺赴蓉。吴先生函中又言钱宾四先生将任昆明五华研究所〔一〕主任，拟聘钺为研究教授。昆明稍僻远，成都则钺颇拟一游，故暑假后钺十之八九将奉　母赴蓉。又刘之远弟已就中央研究院地质研究所副研究员之聘，暑后将携八妹同赴南京。之远弟拟明年赴美研究经济地理，请　弟探询哈佛是否有此项奖学金，如有，请求时用何种手续，之远弟写就履历一纸，附函奉上。专覆，即颂

近祉

钺拜上　（一九四六年）五月十九日　第四十七号函

八

莲弟如晤：月前奉到由哈佛来书，知　弟回哈佛任讲师。顷又接十一月廿八日　惠简，具悉种切。　弟任联合国语文研究专员，经济较裕，而哈佛允明夏聘弟为助教授，为

〔一〕即五华书院。

梅迪生以后之异数，足征　弟在美声誉日隆，远道闻之，何胜欣慰。附寄美钞五元，已收到，转呈　母亲，嘱笔道谢。又　弟前年所寄西洋参，近亦寄到。　母亲已服用，并致谢忱。此间买补药，如维他命丸等，甚便宜。　弟以后不必再寄药。近两月来，一切顺适。成都物价亦涨，华大待遇亦略调整，自十月份起追加，铖每月收入多五万馀元。十一月中作成关于《吕氏春秋》之论文一篇，长万馀言，即将付印，待印成后，再寄请　惠正。近得浙大同人函，杭州生活甚苦，铖来此犹能安居撰著，尚为得计。此间研究所同事德国人 Frank 君，拟托　弟买《哈佛通报》全份，不知尚能买得否？邮寄方便否？汇款与　弟用何办法？请来函告知，铖再转告 Frank 君。晓峰归国时，带来罗素近著《西洋哲学史》一册，送与谢幼伟兄，此书甚佳，如价钱不贵，邮寄方便时，请　弟买一册寄来，至所感祷。慈明、征明在校半期考试，征明平均分九十五分多，慈明亦得八十九分多，均获奖，征明得两万元，慈明得一万元。近作诗词，附录笺末。此颂

冬祺

钱拜上　（一九四六年）十二月廿五日　第 51 号函

来函　中文请写“四川　成都　华西坝　南台寺　华大宁村　十六号”　收到较快

（原信复印件，由杨道申先生提供。）

九

莲生吾弟如晤：前奉六月十七日　手书，敬悉种切。吾　弟应哈佛副教授之聘，非但荣誉，且可得一良好治学之环境，甚以为慰。钺下学期在华大任中国文化研究所研究员兼教授，在川大则任史学系教授（川大中文系过于守旧，史学系颇开明，系中同人徐中舒、冯汉骥、蒙文通、李哲生〔思纯〕、闻在宥均与钺相熟友好），两处每周授课共十五小时。在华大仍讲"诗选"、"词选"，在川大则授"中国学术思想史"、"中国通史"等课。七月初，成都遭数十年所未有之水灾，钺处地低，屋中水深尺馀，街中水深及胸，颇受惊恐。又闹米荒，米价激增，与京沪等，各种物价亦随之腾踊，幸川大自五月份起追升为二级待遇（华大因经济困窘，仍为第四级待遇），尚可敷衍。上月河南大学校长姚从吾电聘钺为河大中文系主任，多发三个月薪津约五百馀万，作路费，并托钱宾四、郭洽周函劝，其意甚厚。钺本拟应聘，　母亲尤愿赴汴，将来接大嫂等方便。惟交通情形，曾详细打听，南北两路，均甚困难。石荪兄热心发展川大，劝钺留蓉，故钺已去函辞聘。吴保安君已回国否？现在何处？是否已到武大？石荪兄谈及川大少西洋史教授，不知吴君肯赴蓉否？吾弟在美友人中有可推荐者否？洽周兄托购之书，书店已有答覆否？如可购得，务乞　购妥径寄南京。钺所作论文两篇已印毕，待弟到哈佛后再寄。小词一首，附录笺末。此颂

近祉

钺拜上　（一九四七年）八月十三日　55号函

（原信原件，由缪铃女士提供。下同。）

十

莲生弟
七　妹如晤：

二月十三日曾寄一函，谅早达　清览。

方明于二月二十日离蓉回津。他未有信来，据遵明来函转告说，在荷兰订购之仪器已运抵天津，他正忙于布置。在蓉时，川大化学系与方明联系，将送两名研究生、数名教师到他那个晶体化学研究室进修。

春节期间全家在蓉照片，方明带回者尚未冲洗寄来，玄明因忙于在校学习，迄今未能回电视台冲洗。我心中很着急，想尽快能洗出寄给吾　弟、妹一看。

慈明说，他日前已寄去一包宣纸。此种纸是四川夹江所制，在成都容易买。如果合用，慈明可以源源寄去。

我应郭洽周兄之约，为他撰写的柏拉图《理想国》译

本序言，已经脱稿，兹寄上，请　指正。我对于柏拉图之学及翻译甘苦，所知甚少，在这方面无从多说，而与郭洽周兄相交五十年，道义相契，又曾有志于振兴中华文教之业，所以文中大部分叙写吾二人之交谊与志业，这样可以使读者知悉郭兄之为人，而序言亦可以情文相生，增加意趣。

月前，有一位日本青年治汉学者爱甲弘志君来函，他是研究杜牧者，寄来三篇研究杜牧的论文。

《川大学报》本年第一期刊登我的《灵谿词说》续稿，《论苏辛词与庄、骚》、《论陈与义词》、《论张孝祥词》三篇。兹寄奉散页，请　指教。新作小诗二首，纪念赵瓯北逝世一百七十周年。（赵氏后嗣将为瓯北举行纪念，寄来征诗启，故作此应之。启中提到，元任先生乃瓯北之六世孙。）亦附奉　一粲。

慈明一札附上。

专此，即颂

俪祉

兄钹启　（1984年）4月9日

大嫂附笔致候

（原信复印件，由杨道申先生提供。）

十一

莲生弟
七　妹如晤：

月前收到来函，后来又收到　七妹托瞿先生、于先生寄来照片许多张，最近又看到4月21日七妹致征明札。我最近工作特忙（三名硕士生本期卒业），又患伤风咳嗽多日，精神疲惫，故迟未作覆。

先报告一个好消息。八妹之女宛子已考上南京工学院研究生（在职），八妹患白内障成熟，入医院施行手术，情况良好。

吾　弟来蓉时，在川大讲学，题目、时间、方式等，一切由弟自己安排，只是讲题不宜太专太深，以兴趣较广泛为宜。近来国内大学生（包括一部分研究生）水平较低，此亦十年浩劫之后遗症也。

至于吾　弟来蓉住所，有两处可住。一、锦江宾馆，在城中心，距川大约五华里，设备较好，收费较高，外宾来华旅游及工作者均可住。二、川大外专楼，设备不及宾馆，收费较少，但不接待旅游者，而只接待来川大工作者。

国内规定，凡外宾来华，均需有接待单位（吾弟妹74年来华，即是由国际旅行社接待）。吾弟在香港讲学毕赴京，不知由何单位出面接待？如果由北大接待，是否一切费用皆由北大出？由京赴蓉、赴武汉小住期间，用何种方式，是否仍由北大负责或另想办法。请吾弟在京时与北大方面商酌一下。吾弟如果是用探亲旅游的方式来成都，一切自费，由旅行社接待，则比较简单易行（亦须先由北京国际旅行社与四川省旅行社有文件联系）。川大历史系负责人说，吾弟来蓉时，由历史系出面宴请，请讲学，送礼物，安排游览（譬如青城山），均可办，至于整个接待工作，则非历史系力所能及。

国内官僚主义作风，办事拖延，手续繁琐等等，依然存在。

附寄《川大学报》剪页，有我所撰《灵谿词说》续稿。

专此，即颂

俪祉

兄钺拜上　（1985年）5月9日

（原信复印件，由缪钤女士提供。下同。）

十二

莲生弟
七　妹如晤：

收到吾　弟、妹各一函，具悉种切。

吾　弟因行路不慎而跌倒，闻之甚念。伤势不重，调养后，谅容易康复。惟年老腿脚不轻便，行动尤宜小心。我平日出房门行动，都要元朗孙陪伴。

来函提及已收到《战国策考辨》一书。月前所寄《华阳国志校注》，不知已递到否？吾　弟赐寄 *Tun-huang Popular Narratives* 一册，已收到，谢谢。

上次函中提到，遵义市志编委会函嘱我撰写《刘之远传》。我致函八妹，请其提供资料。宛子寄来资料一份，其中大部分都是叙述之远弟于五十年代遭受诬陷，错划为右派，后来平反诸事，而对于之远弟在勘察地质、矿产种种科学活动以及所撰论文题目、主要贡献等，涉及甚少。所以传记还难以下笔。

最近我正忙于为三名硕士研究生组织毕业论文答辩。此后。我不再招收硕士生（由我的助手即是《华阳国志校注》的作者刘君〔一〕去培养），我只培养博士生，略减负担。

小儿玄明读新闻专业大专班今夏毕业，可以取得大专资格。

外曾孙女将十个月了，甚健壮，吃馄饨一顿十个（相

〔一〕即刘琳先生。

当于我的饭量的五分之二，我才吃二十五个）。兹将其最近照片附寄一张。

专此，即颂

俪祉

兄钺拜上　（1985年）6月19日

大嫂嘱笔问好

十三

莲生弟
七 妹 如晤：

两次来函均已收悉。遵医嘱，莲生弟外出远行不能超过三周，故此次在香港讲学十天之后，稍事休息，即返美国，不能回大陆至京、蓉各地。为保重身体，此种安排亦甚妥当，惟惜不能与京、蓉亲人欢聚耳。

此间寓中一切安好。吾弟妹远行劳顿，望保重身体。兄近作，待吾弟归哈佛后再寄奉。专此，即颂

俪祉

兄钺启　（1985年）10月1日

十四

莲生弟
七　妹如晤：

10 月 1 日曾寄一函至香港金先生处转，不知见到否。日前接 10 月 10 日来函，具悉种切。

吾　弟在港讲学时，不慎跌伤，但仍坚持继续讲毕两次，可谓认真负责，兼有忠于学术之勇气，甚可佩慰。据来函说，伤口缝线即将拆除，腿肿全消，12 日即返美。想早已安抵家中矣。

寄来之《钱宾四先生学术文化讲座》纪念册八册，均已收到。在成都诸儿，均已交付。给方明、遵明者，等他们春节回来时交付。此册对于吾　弟生平学历及学术造诣、影响，论述全面切当，读后甚慰。

周策纵先生月前寄示其近作诸诗词，其中有与吾　弟唱和者。此公才情发越，甚有奇气。我作七律一首答之：

> 瑶章天外忽飞来，寂历清秋倦眼开。能贯古今寓孤愤，更于卓荦见奇才。咏怀归趣思陶阮，修史微辞值定哀。便欲与君倾积愫，云涛犹惜阻蓬莱。

我所撰写《灵谿词说》续稿在《川大学报》第三期刊出，此寄上散页，请　指正。

吾　弟、妹此次远行讲学，想甚劳累，归后望注意保养，增进健康。

本月17日，吾曾赴川医医院诊视眼疾，医生谓吾右眼（不能视物者）有角膜炎，开药水两种，又谓吾眼球血管正常，供血充足，无有老年人血管硬化之弊，是可喜者。

我的《冰茧庵丛稿》，上海古籍出版社责任编辑来函说，样书一册已送到编辑室，待大批印出后即寄来。届时当寄奉吾　弟、妹。

曾外孙女小雨已一年零两个月，她智力甚发达，虽不能言（只能简单地叫“爷爷”、“奶奶”、“妈妈”等），但能听懂大人的话，作出正确的反应。其最近照片，等洗出后再寄上。

专此，即颂

俪祉

兄钺启　（1985年）10月22日

大嫂附笔问好

数月前寄上的刘琳著《华阳国志校注》，来信中始终未提到，不知收到否？

十五

莲生弟
七　妹如晤：

两次来函及照片均已收到。

七妹致大嫂札，情感真挚，我与大嫂读后都深受感动。五十馀年的往事，我们都记不清楚了，吾　妹还记得如此清晰。大嫂拟口授征明，写一札与吾　妹。征明赴沪开会，日前始归，忙于校事，尚无暇来家中代写，稍等再作。

莲生弟寄赠《知非集》、《归田叠韵诗》、《画梦词》数种，均已收到。吉川善之先生汉学修养深厚，其所作殊有乾嘉学者遗风，甚可钦佩。今日在中国国内，有此种修养之人已甚少矣，中年以下，差距尤甚。可叹也。萧公权先生之长短句，才情与功力兼至，其《唾馀集》，以长短句译英人小诗，尤有意趣。

田余庆先生日前有信来，谈到在哈佛与吾　弟会晤之事，并寄来照片一张（吾弟、妹与田君夫妇合影者）。此照片，以前吾　弟亦曾相寄。

八妹来函，要我代撰一挽联，悬挂于之远弟骨灰盒旁，用八妹及其子女口气。我撰联寄去，联语如下：

平生以坦荡为怀，论事接人多耿介；

致力于地质之学，著书探矿尽精勤。

自以为尚切合之远弟之生平也。

方明儿月前赴杭州开中国化学会理事会，他新当选为理事。

瑞典Lund大学攻读博士生Roger Greatrex（汉名王罗杰）日前来函说，将于六月初来川大从我研究魏晋史，其论文题目是关于张华《博物志》的。

我的一名博士生吕一飞，今年将毕业，举行论文答辩。其论文题目是《论北朝之鲜卑化及其对隋唐之影响》。初稿已写成，经我批改后再修订，约十馀万字。

七妹函中提到五十馀年前旧事。回想父亲逝世时，我们兄弟姊妹五人。后来五弟、六弟都少年殂谢，而我与七妹、八妹，都能经历世变，至今健在，亦可庆幸喜慰者矣。八妹双目都已施行白内障摘除手术，小女宛子读研究生，将是可造之才。

专此，即颂

俪祉

兄钺启　（1986年）5月7日

大嫂嘱致候

十六

莲生弟
七　妹如晤：

七妹8月19日来函收悉。吾　妹赠与我及大嫂营养费美金120元，甚为感谢。慈明已将此款折合人民币交给我们，共444元。我与大嫂每人分得222元。

来函说，有位陈老先生问候我，要我猜是谁。我想是否陈槃先生。陈槃字槃庵，解放前在中央研究院史语研究所工作，广东人，我经常与他通函论学。解放前，他随“中研院”赴台湾。解放后，即失去联系。陈先生治学谨严，著述甚多，我常想到他。

家中一切安好。小雨于九月二日入幼儿园，因为不习惯，在园中常是哭，大概过些天就好了。

征明儿日前赴京开会归来，见到遵明等。遵明之女刘小冬，暑假后将攻读北大心理学硕士研究生。

我现在仍为准备博士生论文答辩事忙碌。

专覆，即颂

俪祉

兄钺启　（1986年）9月8日

大嫂附笔问候并道谢

（原信复印件，由杨道申先生提供。下同。）

十七

莲生弟
七　妹如晤：

七妹9月22日来函收悉。

恕立甥的大儿考上研究生，小儿子也毕业于大学，有工作，闻之甚慰。吾　妹仍然很忙，望能多有休息娱乐时间。

近来我的事情也多。10月16日参加全国高等院校古籍整理研究工作会议；17日参加四川省社会科学科研成果发奖大会，我的《冰茧庵丛稿》一书获得荣誉奖（全省得荣誉奖者共六人），领到荣誉奖证书一个，大银杯一个（上边刻有我的姓名）。

我与叶嘉莹教授合撰的《灵谿词说》，经过四年的努力，已编次成书，共四十一篇，约三十六万多字，寄与上海古籍出版社。社中负责人说，因为是中外文化交流的科研项目，将从速付印（繁体直行）。待印出后，将寄奉吾　弟指正。

何炳棣先生日前来蓉，他到川大后，邀我晤面（以前未见过）。他说，与吾　弟是清华同学，他晚一班。

北大季羡林、周一良、邓广铭、王永兴及上海复旦之蒋天枢等五位先生发起，拟于1990年刊行《陈寅恪先生纪念论文集》（因为这年是陈寅恪先生诞生一百周年），致函征文，于1988年6月以前交稿。我覆函答应撰写（邓先生日前开会来蓉，也谈及此事）。近数年中，各报纸期刊所载评介陈先生之文相当多，也不乏佳作，如撰写新文，需要有较深刻新颖的见解，我准备将陈先生的著作都重新细读一遍，庶几研讨较深。

日前，寅恪先生之女公子陈流求亦来访，说，广州中山大学将于1988年（陈先生逝世廿周年）在广州中山大学开纪念陈先生的国际学术讨论会，想邀我去参加。我说，年老体衰，近数年中都未尝远出，不能赴广州，我将撰写文章纪念陈先生以应北大方面之约。

近数月中，友人多逝世者。夏瞿禅先生逝世之后（挽诗曾寄奉），王仲荦、吴世昌两先生又归道山。兹将挽王、吴两先生诗另纸录奉，每诵玉樵山人"季重旧游多丧逝，子山新赋极悲哀"之句，怆痛之怀，其何能已。

专此，即颂

俪祉

兄钺拜上　（1986年）10月26日

大嫂附笔致候

照片两帧附上。

十八

莲生弟
七　妹如晤：

十一月十一日手书及七妹札，均奉悉。

来函论及书法。我平日读帖之时多，临池之功少，而平生学书也还是走过曲折的道路，最后选定“二王——初唐褚虞欧薛——赵子昂——文徵明”这一条道路，晚年尤蕲向文氏，盖笔姿相近也。曾作《玉虹鉴真帖残本跋》一文，述及学书心得。兹奉呈　谌正。

承示昔年在日本京都所作一首绝句甚佳。首句应作“半醉席迁更易樽”。“席迁”二字，非但平仄协调，而倒过来用，更显得句势峭拔。吾　弟答吉川诗“横槊豪情泛酒尊”一首亦佳。

挽李方桂先生上联，首二句甚贴切，惟结句“山斗高悬无遗憾”句，末三字意稍质直，且“遗”字应用仄声，改用“留永照”，何如？

承告梁启勋《词学铨衡》，兄尚未见过。当觅购一读。

我近来对于常州派词论家提出的“用无厚入有间”一语论词艺，颇有触悟。董晋卿与周济都提到此语，董氏无有阐释，周氏《宋四家词选目录序论》中略有阐述，谭献亦提到过。我想，借用庄子庖丁解牛“以无厚入有间”一语论词艺，大概是指的词人创作时，透过复杂错综的情势，婉转曲折，以表达其幽微的寄托之思，如庖丁解牛那样。如姜白石之《暗香》、《疏影》，庶几近之。清末蒋敦复其在《芬陀利室词话》中又提出“以有厚入无间”之说，与董、周之说相反。我仔细研寻，蒋氏之说是故弄玄虚，并无意义也。

此颂

俪祉

兄钺拜上　（1987年）12月2日

大嫂附笔问候

恕立、德正两甥清吉。

与叶麐书

石荪吾兄史席：前在宜山，曾一度奉书，两载以还，未修音敬。乱离阻隔，所怀万端，握管沉吟，往往中辍。疏阔之咎，尚希
曲谅。浙大于去年二月间迁至遵义，较宜山警报少，气候佳，可以安心教学。弟授“词选”、“唐宋诗”、“中国文学史”等课，课馀亦偶有撰述，然苦参考书少，凭藉不足，粗发其端，未能深密。近数年中，得郭洽周兄助益，读西洋文学书不少，批评创作似颇获新境。吾　兄近况何似，离乱之感，江山之胜，想词境益进矣。忆曩时故都谭艺，如在天上。西南漂泊，时念
光仪。去岁洽周兄曾向浙大校方推荐吾
兄，冀得聚首，其事未成（因此间教育系已有三位教心理之教授，故一时未有机缘），为之怅怅，不知何时复得促膝论文，如昔日之欢也。拙作《周代之雅言》及《杜牧之年谱》卷上印本两册，另封寄呈

诓正，近作诗词待抄录后奉寄。便中幸

惠数行，以慰远念。如有

佳制，极愿拜读。肃此，敬承

著祺

弟缪　钺顿首　（一九四一年）十月二日

（原信原件，由叶韶令女士提供。）

与方豪书

杰人尊兄史席：顷读《魏书》卷十二《孝静帝纪》："天平四年春正月，禁十五日相偷戏。"相偷戏详况，《魏书》未载，《北史·魏孝静帝纪》无此条，盖以其无关宏旨而删之。按宋洪皓《松漠纪闻》卷上云："全国治盗甚严，每捕获，论罪外，皆七倍责偿。惟正月十六日则纵偷一日以为戏。妻女宝货车马，为人所窃，皆不加刑。是日人皆严备，遇盗至，则笑遣之，既无所获，虽畚镬微物亦携去。妇人至显，入人家，伺主者出接客，则纵其婢妾盗饮器，他日知其主名，或偷者自言，大则以茶食为赎（谓羊酒肴馔之类），次则携壶，小亦打糕取之。亦有先与室女私约，至期而窃去者，女愿留则听之。自契丹以来皆然。今燕亦如此。"魏孝静所禁之相偷戏，殆即此类。《松漠纪闻》所记乃辽金之俗，元魏本鲜卑族，俱出东北方，则所谓相偷戏者，盖东胡之俗欤？魏自孝文帝太和十八年（四九四）迁洛以后，即禁胡服胡语，改定姓氏，力求华化，而此种陋俗至孝静天平四年（五三七）始革，可见用夏变夷之不易。史称孝静“从容沉雅，有孝文风”，其能革除胡俗，亦一证也。魏又有“打簇”戏者，亦在正月十五日夜举行，《北齐书》卷二《神武纪》：“三年（武定）正月甲午，开府仪同三司尒朱文畅……等谋贼神武，因十五日夜打簇，怀刃而入，其党薛季孝以告，并伏诛。”卷四十八《尔朱文畅传》记此事较详，云：“自魏氏旧俗，以正月十五日夜为打竹簇之戏（按《神武纪》作“打簇”，此作“打竹簇”，“竹”字盖涉下文“簇”字竹头而衍，《北史》卷四十八《尔朱文畅传》作“打簇”，无“竹”字），有能中者，即时赏帛，任胄令仲礼藏刀于袴中，因高祖临观，谋为窃发，事捷之后，共奉文畅为主。”史即云魏氏旧俗，殆亦一种胡俗，惟此与相偷戏无关，盖相偷戏在天平四年已被禁止，而“打簇”戏武定三年（五四五）尚举行也。吾兄夙治中西交通史，不知西方诸胡国亦有与此相同或相类之风俗，可征东西诸族往还之迹象者否？愿承教益，以广异闻。肃此，敬颂

著祉

弟缪　钺拜上

（原载《益世报》1943年2月10日《文史》副刊第26期。收入方豪《中外交通史论丛》第一辑，独立出版社1944年版，第215—216页。）

与刘操南书

一

操南吾弟如晤：日前接奉

手书，具悉种切。菊田弟于本月三日赴渝，拟十月初归来。吾弟所作《史记天官书校释》将脱稿，闻之甚慰。作序事钺极愿为之，待读原稿后可着笔。吾

弟潜思笃学，成绩斐然，钺与郭、萧〔一〕两先生言及，均极叹赏，以为浙大毕业同学中未可多觏之人才。王树椒弟治学之精锐，亦与

弟相仿佛，惜其流落蜀中，不能得其一较佳之治学环境，为可念也。暑中多暇，翻检群书，时有所触，惜不得与　弟面论之。"六经"之名，在先秦书籍中仅见于《庄子·天运》篇"孔子谓老聃"一节，钱琢如先生曾向钺谈

〔一〕即郭斌龢、萧璋先生。

及必先考明《天命》篇撰作之时代，始能定六经之名是否为先秦所有。钺近得两证，证明《天运》篇——至少“孔子谓老聃”一节——乃出于汉人之手：（一）“三皇五帝”之名其出甚晚，正式见于政府公文者在秦始皇二十六年（顾颉刚《三皇考》），而《天运》篇数言“三皇五帝”。（二）“七十二”之数字，古书中常见此数字乃由五行思想演化而成之一种术语，盖“七十二”乃一年三百六十日之五等分数也。孔子弟子七十人本为最古之传说，至于改为七十二乃汉人附会五行系统而杜撰者。由“七十二弟子”又生出“干七十二君”之说（闻一多所作《七十二》，见《国文月刊》）。《天运》篇孔子见老聃一节，即言“奸七十二君”，亦可证其为汉人所撰。庄子与惠施同辈友善，而公孙龙年辈颇后，据钱著《诸子系年》，庄子之卒苟年逾七十，公孙龙不过二十馀岁，则庄子卒时，公孙龙之学未成，名亦未显。今庄子书《秋水》、《天下》两篇道及公孙龙，则因此两篇乃出于庄学之徒之手，故无足怪。内七篇世人多信为庄子自撰，其中虽未言及公孙龙之名，然《齐物》篇论曰：“以指喻指之非指，不若以非指喻指之非指也；以马喻马之非马，不若以非马喻马之非马也。”显然驳公孙龙“物无非指而指非指”及“白马非马”之说。又《齐物论》及《德充符》均言“坚白”，且用以谓惠施“坚白”，亦公孙龙之说。“指非指”、“白马非马”、“坚白”，皆公孙龙重要论旨（皃说亦持白马非马说（见《韩非子》），其时代早于公孙龙，此或可为公孙龙前已有白马非马说之证，然指物坚白之说则在公孙龙之前毫无迹象可寻。），庄子何以能预知而批评之，且又何以加于惠施，此均大可疑之处。岂内七篇亦有庄子后学所附入，非尽庄生之言耶？近人论述庄子名学，多谓其兼评惠施、公孙龙两家。钺谓此等处尚当细辨也。又钺近细读《公孙龙子》，除《迹府》篇为伪作外，觉《指物》篇终不可甚解。近人诸注释，虽似言之成理，然细绎之，皆不免附会。盖循诵《指物》篇原文，未见公孙龙确有如今人所言之种种见解。古人文辞简，文法不清楚，多省略，又有传抄传刻之讹误，此篇论旨岂将终古沉霾耶？（《墨经》虽经多人研究，其中不可解处仍甚多。）此覆，即询

近祉

钺拜上　（一九四五年）八月十八日

（原信复印件，由刘文绮女士提供。下同。）

二

操南吾弟如晤：三次来函均奉悉。《王树椒别传》颇能写出树椒为人，文笔亦高简自然，似魏晋间人所作之别传

（如《王弼别传》之类）。彼徒知守八家绳墨者，无此风格也。略有增易，已嘱治平弟录一清稿存此，待抄妥，即将原件寄还。将来印树椒遗著时，可将此传附入。 弟近作诸诗亦清键，颇见进境。又在郭先生处见　弟函，述及《史记天官书校释》体例及心得，甚以为慰。明年东归之后，可将此书付商务出版，弟在学术界可树立地位。志岳先生归永，曾晤面否？暑后一年级国文由志岳先生主持，望　弟善辅之。上月与琢如先生一书，讨论《墨经》撰作时代， 弟可往一阅，不知　弟对此事有何意见。暑中将《墨经》校写一遍，博采众家解释，间下己意，颇能通其条例。《公孙龙子》亦参读，以后拟再用名辩观点读其馀诸子，冀有新获。此询

近佳

钺拜上　（一九四五年）九月十一日

五日寄煃弟〔一〕函谅已达。

郭先生于十三日赴湄。

弟所著《〈海岛算经〉新解》，余文豪君因史学书局暂不能印，寄与袁希文君，袁君日前赴筑，将此书交钺，今暂存钺处。

〔一〕即皇甫煃先生。

三

操南吾弟如晤：久不得吾　弟书，甚以为念。顷奉惠札，具悉种切。吾　弟婚事能得合情理之解决，闻之甚慰，否则遗憾终生，将影响于学问事业也。钺来蓉三月馀，一切顺适，物质、精神两方面，皆较在遵时为佳。华西坝如一大花园，琼楼相望，花树扶疏，俨然战前清华、燕京之景象。成都市区颇繁荣，士女嬉游，生活舒适。钺在此仍授“诗选”、“词选”等课，不甚劳累，故仍有暇时著述，已作论文两篇，长者万馀言，短者三千馀言，将来在华大研究所集刊中发表。此间中文系学生，四个年级，约八十人，态度均温恭，亦颇有好学知用心者。吾　弟从琢如先生治古数学，闻之甚慰，远道惟以此相勉。近作诗词均寄奉　廉先先生，可往一阅。馀俟续告，此询

近佳

钺拜上　（一九四六年）十二月八日

附寄　廉先先生函，请　转交。

慕禹弟来函已收到，请　转告。

四

操南吾弟如晤：

遵义一别，倏逾廿载，虽音问久疏，然昔年论学谈艺之乐，时时往来于怀。顷奉 惠简，三复盥颂，快如觌面。吾 弟二十年来，潜心治学，精进不已，佩慰佩慰。 大著《太史公书春秋十二诸侯事辑》一册，已收读。以《史记》与《左传》互证，旁征先秦西汉诸书，下采宋人清人辩证考释之说，间附己意，订讹补遗，功力深细，诚足为治春秋史事者极有用之参考书。容暇时再细读推勘，如有一得之愚，当贡诸 左右。惟有一事先奉告者：大著中皆用干支纪年。按干支纪年之法，始于东汉行四分历之后（参看胡继勤《时间与历法》一书，"知识丛书"本），司马迁时尚无之。《史记·十二诸侯年表》中之干支纪年，非司马迁原文，乃徐广所注，钱大昕已言之（《廿二史考异》"《史记十二诸侯年表》'庚申共和元年'"条）。鄙意 大著中干支纪年可以删去，以存史公之旧，否则注明干支纪年非史公原文，乃徐广注所补，似较妥当。 大著论《楚辞》两文，亦均有新解。《离骚》"摄提贞于孟陬"句，应从朱子之解释，钺极同意。解放以后，钺僻处西南，虽偶因公至北京开会，而与浙大故人会晤至少，颇思有机缘能作江浙之游，可与

昔年诸旧友谈谶，以慰契阔之怀也。川大近数月中，亦正在进行教改及文化大革命，颇为忙碌。馀俟续陈，专此，

敬颂

著祉

缪　钺启　（一九六六年）五月廿一日

浙大诸友均此致候

五

操南吾弟：

暌违卌载，时念旧游。近年来，因体力不及，赴杭开会之机缘，均已辞谢，故未能一谋良晤，惟常于江浙知友来蓉者，询悉吾　弟工作顺适，德业日新，藉慰远怀。

日前仁平、黄征等五位研究生同志来蓉过访，递到　手书、大作以及　惠贶人参精、藕粉、徽墨、鸡血石章等珍品数种，拜领感谢。

大作均已拜读，足见迩来治学方面广阔、造诣精进。我近来身体尚可，但精力渐衰，工作繁忙，只得量力而行。近四年中，与加拿大籍华裔学者叶嘉莹教授合著之《灵谿词说》，于去年编次成书，已付刊印。又主编《北朝会要》，正在进行中。现在主要工作是培养魏晋南北朝史博士生，

共有四名，其中一名将于今年三月下旬举行学位论文答辩。

近作小诗一首，附呈　吟正。海风有便，时惠德音，此覆，即颂

著祉

缪　钺启　（1987年）3月8日

六

操南同学弟：

一年多以前，承蒙　惠贶，曾覆函致谢。倏忽之间，春秋再度。顷奉　寄来长札，循诵之馀，快如觌面。

吾弟学诣精进，方面广阔，著述宏富，驰誉士林，远道闻之，甚为欣慰。嘱写《史记春秋十二诸侯史事辑证》书名题签，已写毕两份（一竖写，一横写），附上。因书名有十二个字，一行容不下，故写成两行，较为美观。

我近来精神尚好，但体力日衰，双腿软化，行动困难（常怕倾跌），故很少出门，工作均在室中。主要工作即是培养博士生、主编《北朝会要》，与叶嘉莹教授合撰《灵谿词说续编》，其馀不必要之工作，大概辞谢，盖精力不济也。

来函提及，另邮寄　大著四种，尚未到，待收到后，

当细读。

回忆四十年前在宜山、遵义讲习之乐，均为昨梦前尘，诸友星散，且多已下世。数年前，我致友人书云："故交零落，忆南皮之旧游；枯树婆娑，哀子山之新赋。"亦可慨矣。

近作小诗一首附上。此颂

著祉

缪　钺启　（1989年8月31日）

七

操南同学弟：

8月31日曾寄一函，附所书《史记春秋十二诸侯史事辑证》书名题签两份（一直行，一横行），谅尘清览。

顷承惠寄大著印本及复制件〔一〕多种，开缄灿然。稍事浏览，甚感欣慰，足见迩来功力之勤劬也。现正忙于筹备一名博士生论文答辩事，待稍暇，当细读。

偶翻检《联谊诗词》，发现编校中的一个问题。85页所载祝文白《悼畏垒学长》诗，应是三首七律，误排成六首七绝。望在下期出一"更正"。还有，祝先生逝世多年，

〔一〕即复印件。后同。

应标明“遗作”；这三首诗是悼念陈布雷的，所以应注明“解放前194△年作”（我记不清是4几年）。此颂
文安

缪　钺启　（1989年）9月6日

八

操南同学弟：

前蒙惠寄《古文献研究》，谢谢。顷又奉手书及大作，具悉种切。

大作诗词手写稿五首，均有清逸俊拔之致。《无题》诗尤为沉郁苍凉。惟“何如沉潜百年心”句中“潜”字是平声，于诗律不合，改“沉潜”为“忧愤”，何如？又《鹧鸪天》词末二句很好，但“际天”之“际”字，按词律，应用平声，改为“遥天”，何如？《雁荡纪游》诗亦有奇气。印稿诸作，抒情写景，颇多佳什，惟有个别应酬诗，似可不作，“倒爷”一类词语入诗亦不妥，可另换说法。

承嘱为《联谊诗词》供稿，兹选近作诗二首、词四首，另纸抄录，寄供采择。此颂
文安

缪　钺启　（一九八九年）九月廿五日

九

操南同学弟：

江南春暖，遥惟近况清嘉。

惠寄诸书均收悉，谢谢。你的《竺可桢教授与中国古籍研究》一文写得很好。诗词刊校对尚欠细致，拙作《汉宫春》词牌误印成《汉宫秋》。

兹选抄近作诗、词各三首寄上，以供采择。

自从我获得全国高校优秀教学成果特等奖之后，《中国教育报》记者来蓉对我进行采访，写成一篇报道文章，在 3 月 17 日该报发表，题目是：《冰茧——记四川大学历史系教授缪钺》。兹将复制件一份附上。此颂

文安

缪 钺启 （1990 年）4 月 4 日

1987 年，我辑录所撰序跋文章 25 篇，付巴蜀书社，名曰《冰茧庵序跋辑存》，近已印出。另封寄奉一册。

十

操南同学弟：

月前承惠赠大著《古籍与科学》，拜读感慰。

顷奉惠书，快如面晤。吾弟近年来著述丰富，均实事求是，无有空谈，保证科学性，确是难得。

你论诗之见解，我有同感。我一向认为，中华民族是爱好诗的民族，“诗教”是中国文化的精髓。所谓“诗教”，不只是如《礼记·经解》所谓之“温柔敦厚”，而是指孔子所谓“兴、观、群、怨”，也就是诗对于政治、文化、人生所发生之作用与影响。诗应是最美的语言，需要高度的艺术性，才能感动人，如醇醪之使人陶醉。但是如果专注重诗之艺术风格，而忽略其在政治、社会上的效益与作用，则也是不全面的。你撰写《诗经探索》时，谅能阐发此义也。

另惠寄《联谊诗词》六册已收到，谢谢。

兹附上近作诗三首词二首（复写稿都是繁体字，改印简体，谅无困难），以供采择，又附上所撰联语四副，不知可选用否？

及门景蜀慧博士从我学词，颇有清逸之致。兹选录其慢词二首，乞赐指正，如能在《联谊诗词》中刊出，尤所感盼。

我近年体气日衰，但必要之工作仍需料理，只可量力而行。

春寒犹厉，诸希珍卫。此颂

著祉

缪　钺启　（1991年）4月3日

十一

操南吾弟：

奉到九月四日手书，具悉种切。

吾弟治学精进，著述斐然，甚以为慰。《古籍与科学》一书，问世之后，甚获好评。《古籍简报》中有专文评介，我已见到。

寄示“纪念碑文”，立意得体，文笔雅饰峻洁。惟其中个别辞句不妥，已在原稿上加批改，附还，请斟酌。

月前，茅于美弟为交大纪念其尊人唐臣先生事来蓉小住，曾数次来访晤谈，亦多年未晤矣。于美正致力于中西文学比较研究，足以展其所长。吾弟如有开会之便，来蓉欢聚，尤所企盼也。

月前，由北大、川大两古籍所在成都举行宋代文化国际研讨会。我事前撰写《宋代文化浅议》一文，刊载于《川大学报》专刊《宋代文化研究》之中，在会上散发。兹将复制件附上一份。

迩来老境侵寻，弥感疲惫。上月在沙发上取物，不慎，倾跌于地。幸而伤势不重。现在尽量减少工作，多休息，必要之事做一些。暑假前又招收一名博士生，只可量力而行。我主编的《北朝会要》，拖延多年，今年底可望完稿，亦减少一个负担。

多年饱历沧桑，静观世变，更喜读《庄子》、陶诗。昔苏东坡“少读范滂传，晚和渊明诗”，此或亦中国士人必经之途径欤？

拉杂书此，以当晤谈。新秋，惟起居珍卫，著述精进。近作小诗一首，附录以博一粲。

感兴

年来逃世网，人境结吾庐。自热梁鸿灶，宁为封禅书？春秋定褒贬，易象见乘除。蚁聚枯槐梦，阴阴夏木疏。

此颂

文安

缪 钺启 （1991年）9月10日

与张仲浦书

一

欧波吾兄史席：两月前奉到　手书，并　惠赠大诗，拜诵感慰。顷又接　华翰，敬悉种切。弟来蓉四月，诸事顺利。华西大学环境幽雅，与战前之清华、燕京相似，弟在此仍授“诗选”、“词选”两课，并指导“各体文习作”一组，与在浙大时同。课暇从容撰著，足以自娱。成都景物，略似北平，弟来此后结识新友颇多，不乏讨论之乐。物价近亦上涨，然较之江浙一带，仍为低廉，友朋间仍常有宴会。近作诗词，另纸录呈　吟正。（拙诗稿中有关于李澄源兄者，请　兄转示季龙、仲圭两兄同正。）暇时幸　惠佳什，以慰远思。肃此，敬颂

教祉

弟钺拜上　（一九四六年）十二月十日

志岳兄均此致候。

赐函请寄“成都　华西坝　南台寺　华大　宁村　十六号”。

（原信复印件，由朱圆珠女士提供。下同。）

二

仲浦吾兄史席：奉到　手书，快如面晤，足慰十馀年契阔之思。前年　惠赐　大著批判胡适一文，今春　赐寄论韩诗一文，均拜读，深佩钻研之精进。近数年中，因事忙，各地友人通讯甚少。志岳兄处亦久疏音讯，今年夏间得其来书，始知在哈尔滨师院任教。效宽兄病逝消息，初亦不知，去年夏在北京开会，晤谭季龙兄，始获悉。廉老〔一〕退休事，曾蒙函示，惟近两年亦未与廉老通信，不知吾　兄在杭尚有时会晤否？弟自来蓉后，即兼授历史系课程，解放后院系调整，即任川大历史系教授，兼中国史教研组主任。数年来事务忙迫，撰著甚少。浙大诸旧友时在念中，两度赴京开会，曾晤萧仲圭、谭季龙、钱琢如、陈乐素、田德望诸兄。郭洽周兄在南京大学，有病修养，有时通信。回忆黔北山城，朝夕论学，今各处一方，不复能时获诸友切磋之益，何胜惓念。子耀兄及操南弟近况如何？子耀兄去年到沪参加复旦大学学术讨论会，川大图书馆长赵卫邦兄其时亦在复旦，曾与晤谈。操南弟近授何课程？肃覆，敬颂

著祉

弟缪　钱敬白　（一九五七年）十一月廿九日

〔一〕指祝廉先先生。

三

仲浦吾兄史席：屡承　赐示　大著论文，一一拜读，极佩。顷又奉　手简及新诗，三复雒诵，恍如面晤，甚为快慰。吾　兄致力于中国近现代文学，所著《黄遵宪》一书定多高见，出版后当即购读。　大诗清新俊逸，既能融合新思想，而又保持旧诗之风格韵味，惟《普陀山杂诗》中《珍珠塔》一首第二句“昌昌文物贡流沙”，“昌昌”二字连用不妥，不知是否笔误？廉先先生高龄康健，闻之甚慰。近数年中未通声问，不知廉翁仍住杭州里横河桥大河下一〇四号，抑或移居，请　惠示，以便函候。志岳兄常通函，其新著《诗词论析》曾蒙寄示。子耀兄屡寄赐新著论文，均拜读，甚佩，晤面时乞代候并致谢。承　索拙书，年来事忙，临池久疏，又此间不易得佳纸，兹检旧藏高丽绵纸（只有小幅），写拙诗二首，即乞　两正。以后如得佳纸，当再写横幅寄奉也。肃覆，敬颂

吟祉

弟缪　钺谨上　（一九六三年）二月廿三日

赐函请寄　成都　四川大学　留青园　十三号

四

仲浦吾兄史席：三月一日　惠函奉悉。《珍珠塔》诗改作高华浑成，远胜原什。《自天台至黄岩途中口占二绝》亦爽健似东坡。

寄小条幅，试写后，质松浸墨。日前在城中留意物色，在一卖画具店铺中购得米色夹江矾纸，亦可作书，兹用此纸写一横幅，录拙诗四首，附函寄奉

清娱。瞿禅先生亦曾通信，其新作亦读过。川大已开课，钺本期任专门组课“魏晋南北朝史”，每周四小时。肃覆，敬颂

教祉

弟缪　钺启　（一九六三年）三月九日

五

仲浦吾兄史席：接奉　赐札并新诗，敬悉吾　兄今春下乡参加四清工作，在阶级斗争实践中加强锻炼，收获甚丰。　大诗能反映现实，发抒新思，拜读至佩。川大自去年暑期后展开社教运动，历时一年，今已结束。在运动中，辨清学校教育工作中两条道路之问题，治病救人，兴无灭

资，全校师生员工在不同程度上思想觉悟均有所提高，学校精神面貌焕然一新，乃极可喜之事。自本学期起，历史系一年级实行半工半读新制度，学校中设立科学仪器厂，学生一星期作工，一星期读书，课程要少而精，教学质量要求亦高。弟任半工半读新生班“古代汉语”（即以前之“历史文选”），高等学校实行半工半读尚是一种创举，无成规可循，但师生均相信此种新制度乃吾国教育中之大革命，前途无限光明，极愿努力教好学好，创造经验。弟近一年来甚忙，无暇从事撰述，以后拟研究中国土地制度史。胡乔木同志诗词，能表达革命的思想感情，而又保存旧诗词优美之风味意境，诚如　尊论。志岳兄近两年来未通信，　尊处常有信否？子耀兄晤面时乞代致候。肃覆，敬颂

教祉

弟缪　钺谨上　（一九六五年）十月廿四日

与胡厚宣书

一

厚宣吾弟如晤：　手书奉悉。本期《汇刊》稿件大部集齐，即筹备付印，闻在宥先生极愿得吾　弟论文以光篇幅，已专函奉恳。惟有一事，须告　弟者，金大研究所来函言，此次编印《汇刊》，哈佛燕京社取消齐大经费，　弟谅已闻之。惟数年以来，齐鲁与金陵、华西诸研究所密切合作，而《汇刊》中亦屡载吾　弟之文。此次编印，无论齐大是否出经费，此间仍以能刊载　弟文为光宠。　弟近在京、沪、济南见到大批甲骨，整理研究定有新著，极希　惠赐一二，能于二月十五日以前航寄到蓉，尤所感盼。专此，即颂

冬祺

钱拜上　一月十日〔一〕

（原信扫描件，由胡振宇先生提供。下同。）

〔一〕此札无法确定具体年份，约在1940年代后期。

二

厚宣吾弟：

8月22日下午，吾 弟惠临寓所，快谈半日，颇慰廿年阔别之思，极为欣悦，惜所怀犹未尽也。

日前奉到 手札，敬悉吾 弟将有晋祠、云冈之行，为期一周。

9月1日，送舍亲杨先生夫妇离京飞沪。2日、3日，由亲友介绍，赴广安门中医院及城内北大医院诊视眼病，均认为右目虽白内障严重，而尚未成熟，不宜动手术。故我亦不拟在京久留。

数日后，将移居我女儿遵明处，在地安门外北锣鼓巷105号7楼6门302号。吾 弟返京后，请仍用电话与166中学蒋震同志联系，再谋晤谈之机会。蒋同志上午均在校中，下午有时在校，有时因事归家。

我归蓉之期，大约在9月15日之后，弟返京后，尚有晤谈之机会也。此颂

著祉

钱启 （1974年）9月4日

童超同志已来晤面。

三

厚宣吾弟：

杜甫诗云："人生不相见，动如参与商。"自1956年阔别已来，倏将廿载，虽渴思一晤，而苦无机缘。此次来京，得与吾　弟两度长谈，倾泻积愫，其为快慰，何可言宣。日前又蒙设宴款待，情意优渥，至深感谢。席间与巍霄先生、伯宇同志欢然道故，顿令人回忆四十馀年前在保定培德中学时相与讲习之乐也。

吾　弟研治甲骨文与殷商古史，锐进不已，著述丰富，造诣精湛，至深慰佩。

现已托人购买车票，拟于25日启程回成都，将静待目翳成熟，进行医治。再来京华，未谂何日。专函辞行，临颖不胜依依之至。此颂

著祉，并祝

阖第均吉

钱启　（1974年）9月21日

巍霄先生与伯宇同志，晤面时乞代为致候。

四

厚宣吾弟：

月前在京小住，与吾　弟多次往还，诸蒙款接殷勤，待遇优渥，静室畅谈，倾泻胸臆，既慰廿载契阔之思，又追忆四十馀年前讲习之乐，实为此次到京之一大快事。归后寻思，犹饶馀味；感谢之意，非可言宣。

二日下午启程时，又蒙亲临车站相送，并劳馈赠，真所谓“桃花潭水深千尺，不及汪伦送我情”者也。登车后一路顺利，四日上午安抵成都，家中情况一切安好，堪以告慰。

在京时，谈及国内外研治甲骨文商史之情况，深佩吾　弟精进不已，光辉日新。《甲骨文合编》与《甲骨学商史论集》两书，能早日出版，嘉惠士林，尤深企盼。

待目疾成熟，即进行医治，深望效果良好，病眼复明，将可重赴京华，再谋快晤也。

专此布谢，敬颂

著祉

缪　钺启　（1974年）10月7日

桂同志均此致候并道谢。

五

厚宣吾弟：

去年十月初自京返蓉，十月七日曾寄一挂号函，申谢在京时承蒙款待之隆情厚谊，谅早蒙　惠詧。

归来已三个月，眼疾又稍加剧，读书写字，更为困难。近承友人告知，广西出产一种草药，名百花丹，治白内障有特效，已托人访购。

去年在京时，在小女宿舍之空院中与吾　弟合影之像，三儿方明将胶卷带至天津冲洗，因事延迟，最近始洗出寄来。兹附函挂号寄上照片两张，以作纪念。

吾　弟主持之《甲骨文合编》工作，已竣事否？何时付印？历史研究所有何新情况？钺除眼疾外，眠食一切正常，堪慰　远念。专此，敬颂

著祉

缪　钺启　一九七五年一月二日

桂同志均此致候。

六

厚宣吾弟：

去年春间接到　惠书，迟未作覆，至以为歉。

昨日接听广播，知七月二十八日三时许，唐山、丰南一带发生强烈地震，北京亦受到波及，不知吾　弟全家当时曾受惊否？至以为念。幸　惠数行，以释悬系。

自六月下半月以来，地震研究机构预测，成都西方山区大邑县一带将发生地震，是六级左右，成都可能受到波及，但影响不大。迄今已过一个多月，大邑等地并未地震。最近据说地震中心转向灌县北茂汶一带。

我的眼病较七四年时又稍加重，视物更模糊，很难看书写字，常闭目静坐，惟精神尚好，与友人论学谈艺，可以数小时不倦。

《甲骨文合编》工作已竣事否？何时可以出版？专此，即颂

著祉

缪　钺启　（一九七六年）七月三十日

桂同志均此致候。

七

厚宣吾弟：

去年八月中　惠书早已奉悉。

顷接四月六日　来札，惊悉　桂同志不幸因病逝世，至深痛悼。七四年在京时，至　尊寓快谈，蒙　桂同志设馔照像，殷勤接待，回忆音容，宛如昨日。遽闻溘逝，伤恸何极。远道愧无以为礼，兹由邮局汇上人民币二十元，请　代买新鲜水果，奠祭于　桂同志遗像之前，以表微忱。

桂同志温厚雅静，从吾　弟治甲骨学多年，志同道合，造诣优异，在生活上工作上均为极好之伴侣，中道辞世，诚莫大之损失，人生之至悲。惟逝者不可复生，尚望　抑情节哀，保重身体，完成计划中之著述，亦可以慰　桂同志之灵于地下矣。

钺目疾较三年前在京时又稍加重，借放大镜，尚能勉强看书。近又为系中同学讲授专题，每周两次，约讲三周，精神尚好，惟行走不便耳。

如眼病减轻，尚拟赴京一游。吾　弟能有机缘来成都，可以樽酒言欢，畅谈衷曲，何胜企盼。专此奉唁，即颂

著祉

缪　钺启　（一九七七年）四月十二日

八

厚宣吾弟：

四月中旬接奉　手书，惊悉　桂同志不幸逝世，甚为伤痛，当即写一长函慰唁（航空挂号寄出），并汇上人民币二十元，奉请奠敬。迄今月馀，未得覆函，甚以为念。如邮局遗误，尚未递到，请　来函示知，可持收据赴此间邮局查询。

吾　弟年逾六旬，遭此不幸，尚望　宽怀自慰，加意珍摄，以完成甲骨学撰述之大业，慰国内士林之望，至所盼祷。燕山北望，无任怀思。专此，敬承

著祉

缪　钺启　（一九七七年）五月廿六日

九

厚宣吾弟：

奉到　惠书，情词恳挚，三复诵读，感慰深至。回忆弱冠授徒，即与　弟以道业相契，期以远大，五十馀年中，　弟勤苦撢研，于甲骨商史之学造诣精邃，足以信今传后，私心颇引以为庆慰也。

来函谈及　尊著甲骨学论文集将整理出版，极可欣忭。承　嘱撰序事，钺于甲骨学无能为役，愧不敢为，当写一书面题签，以志数十年相契相勉之深谊，留为永念。

舍亲杨先生与舍妹今夏再次回国探亲，取道瑞士，定于七月初飞抵北京。钺因眼病加重，行动困难，不能赴京会晤，已函嘱三儿方明（在天津师范任教）届时赴京，代表我，谒见大姑父、大姑母，以慰天伦之思。

五月中，人民文学出版社两位编辑到蓉，曾来寓中访晤，商谈数事：一、告知拙著《杜牧传》即将出版。（此书稿，十年前即交与出版社，因运动而搁置者）二、询及拙著《杜牧年谱》，将增订本清稿索去，带回北京，云，亦将考虑出版。三、希望我再编写新书，要求先将五七年出版之《杜牧诗选》加以补充修改，重出新版。此事需重新编写，颇费目力，我为眼病所累，尚未敢承诺。

近来身体尚可，惟眼病加重，此札分三次始写完，故行气不贯也。此颂

著祉

缪　钺启　（一九七七年）六月廿三日

十

厚宣吾弟：久未通函，时切驰念。遥惟　近况佳胜，为颂为慰。钺近来身体尚可，惟眼病加重，写字更难，勉力作此短札，未能尽意，一切详情，均托王培真、林小安两君面告。王、林两君勤敏好学，思想开朗，甚可喜也。此颂著祉

缪　钺启　七九年一月三日

十一

厚宣吾弟：

惠函奉悉。我近来眼病加重，看字写字更困难，所以这封回信，由我口述，小孙元朗代笔，尚乞　鉴谅。

此次史学规划会议在成都召开，极望吾　弟南来，得以畅谈衷曲，不料适值吾　弟有沪上之行，未能如愿，至深怅惘。

我因眼病严重，行动困难，故不能进城参加会议，各地来蓉诸友，多来我家中看望，我亦回访一次，均得晤谈，颇为快慰。

来函对我的眼病甚为关怀，介绍赴京或赴沪的治疗办法，极感　盛意。近半年中我曾两度到四川医学院附属医院

诊查，主治医生罗君（熟人）说，将近成熟，他可以实行手术。就近治疗较便也。春寒，诸希　珍摄。专覆，即颂

著祉

缪　钺口述　元朗代笔　（一九七九年）四月十二日

十二

厚宣吾弟：

月前吾　弟来川大小住数日，两次畅谈，倾吐衷曲，宛如当日在保定讲习讨论之乐，倏忽已六十年矣。六十年中，世变翻覆，饱更沧桑，吾二人能得神清体健，从事撰述，不可谓非幸事也。

顷奉　手札，承嘱将昔年题《甲骨学商史论丛》诗重写，并为《甲骨学商史论丛》写封面题签。兹均写毕，附函寄上，即请　惠督为荷。

考古学会今年在成都举行，届时仍盼能来蓉再谋良晤也。此颂

著祉，并贺

春禧

缪　钺启　（1988年）2月27日

振宇安吉。

（原信复写件，家藏。）

与谭其骧书

一

季龙吾兄史席：事冗久未通函，时以为念。华大将由政府接收，哲史系主任蒙思明兄（文通之弟，亦燕大研究院卒业，在美治史六七年，去年归国）拟聘中国史教授，向弟征询人选。弟又推荐吾　兄，思明亦久慕　兄名，极愿延聘，托弟致函道意。成都各大学（华大与川大相同）教授待遇，每月人民币八十馀万至九十馀万（可购米九市石左右）。思明兄为人诚恳负责，极想将系办好，并以中国史为发展重点。除教学以外，再做以新观点研究中国史之工作（弟亦将任中国史课程）。吾　兄如肯来蓉任教，非但学校庆得良师，弟等也获切磋之益。以新观点治中国史，可做之工作甚多，惟不知浙大近来情形如何？暑后史系是否恢复？　兄是否愿来成都？浙大是否肯放　兄离开？　兄如愿来蓉而浙大又肯放行时，则移家西上有何困难？需用路费若干？均乞详示，至所感盼。弟与友人徐中舒、闻在宥、冯汉骥、胡鉴民、赵卫邦诸兄办一学术性副刊，名《学林》（在《工商导报》中刊出），弟任主编之责，已出九期（曾嘱报馆寄兄处一份，不知寄到否），第八期中有拙作一篇，附函寄呈 教正，肃此敬颂

著祉

弟缪 钺拜上 （一九五一年）五月十三日

弟已移居， 赐函请寄 成都 华西大学 南台村。

（原信复印件，由葛剑雄先生提供。下同。）

二

季龙吾兄史席：去年暑中在北京会晤，数次赐谈，足慰十年来契阔之思，别后倏又半载。拙作论杜牧文印出，本拟寄奉 教正，因不知吾 兄仍留京抑已回复旦，故尔稽迟。顷读《历史研究》一九五六年第十一期，载上海筹建历史研究所座谈消息，其中有吾 兄建议，始知

文旌已回上海。不知历史地图事迩来进行如何。钱琢老〔一〕谅仍在京治历算史。拙作论杜牧文另封寄上，乞 赐教正。肃此，敬请

〔一〕即钱琢如先生。

撰安，并颂
潭第百福。

弟缪　钱敬白　（一九五七年）一月八日

厚宣弟晤面时乞代候，论杜牧文日前已寄奉矣。

（原信复印件，由周振鹤先生提供。下同。）

三

季龙吾兄史席：顷奉　赐书，快如面晤。弟所指导之两研究生〔一〕论文，蒙　赐评阅，至感。校中科学处尚未将　尊撰评语见示，近来校中展开社会主义教育运动，研究生论文答辩事暂停，想吾　兄法眼鉴衡，对弟定多启发也。承　索童超论文印稿，另封挂号寄上。前在《中华文史论丛》第五辑中读　尊著《再论鄂君启节地理答黄盛璋》一文，较前更为精审。数年前赵松乔君来成都，向弟言，黄君曾读浙大史地系，惜弟当时未识其人。兄近患高血压症，闻之甚念。望加意调摄，工作不可过劳。拙撰《杜牧传》，将由人民文学出版社出版，待书到后，即将寄呈　教正。肃覆，敬颂
著祉

弟缪　钱谨上　（一九六四年）十一月十日

〔一〕即童超、张祥光先生。

四

季龙吾兄史席：

日前张君至皋自沪上归来，道及　尊况佳胜并殷勤相念之意，至深感慰。顷又奉到　惠寄长函，敬悉阖第情况与吾　兄撰著之业以及诸故人消息，三复诵读，快如面谈，欣忭何极。

弟双目患白内障，于今七年，医药罔效，病与岁增，读书写字，均颇困难，撰述之业，久已废置，虚度岁月，徒增惭恧。惟贱躯尚可，眠食正常，差可告慰　锦注耳。

吾　兄撰述斐然，德业日新，疆域新图，超越前修，敬佩敬佩。尤望能如　来札所言，举平生精诣，写为专书，则诚不朽之盛事矣。去年夏间，闻　文旌将以开会之便，西游蜀中，冀可以樽酒言欢，倾怀话旧，以慰积年契阔之思。后以事阻，未能如愿，殊深怅悒。仍盼异日能有机缘，得谋良晤也。

近十年中，最初因忙于参加运动，后又患目疾，写字不便，故海内知交，通讯甚稀，惟有时赖往来成都之便人互致问候而已。殊有离群索居、孤陋寡闻之感。

弟与　兄相交四十馀年，虽契合甚深，而数更聚散。昔年在广州、遵义相与游从欢谯之乐，论学启迪之益，惓惓于怀，未尝须臾或忘。缅怀旧谊，远念故人，情不能已，口占七律一首，附函呈　正。久不作诗，殊愧词句疏拙也。

眼病为累，写字艰难，勉作此札，未能尽意，海云东望，无任依依。专此奉覆，敬颂

春禧，并祝

阖第曼福

弟缪　钺谨上　（一九七七年）二月廿二日

步青、尚思两先生，晤面时乞代为致候。

五

季龙吾兄史席： 文旌来蓉，甚为快慰，极思倾怀话旧，以慰积年契阔之怀。昨日与中舒兄在校敬候，吾　兄大约以事忙未能贲临。兹托及门刘琳君于听讲之后晋谒　左右，代表弟与中舒兄致欢迎之忱，并送上学会请柬。会晤匪遥，馀俟面罄。肃此，即颂

日祉

弟缪　钺拜上　（一九八二年）四月廿一日

六

季龙吾兄史席：

月前　文旌来蓉，晤谈两次，得慰二十馀年契阔之思，复蒙　厚贶，尤增感纫。惟惜当时弟正忙于草堂开会事，而交通工具又未能妥当安排，因此弗克与吾　兄从容暇豫，细罄衷曲，为可憾耳。

兄离蓉赴渝，乘船东下，饱览三峡风光，想早已安抵沪上矣。弟本拟作一首长篇七古，以寄怀思。写成半篇，颇嫌平直，故又改作两首律诗，冶铸情思，便于浑融。兹写一横幅，附呈　指正并乞存念。

吾　兄虽行路不便，而精神焕发，望加意　珍摄，常保康愉，将能撰著日新，贡献无量，尤所盼祷也。专此，顺颂

著祉

缪　钺拜上　（1982年）7月〔一〕

（原信底稿，家藏。下同。）

〔一〕此札底稿未署具体日期，据先生《发信记录》，发信时间为7月4日。

七

季龙吾兄有道：

去年夏间曾寄奉“寄怀”诗二首，谅早尘　玄览。近惟新春　康娱，撰述日精，为颂为慰。

承　示大著《论五藏山经的地域范围》一文，已仔细拜读。　尊文考覈《五藏山经》所载诸山之方向里距以及所达之地域，并将《山经》与《禹贡》相比较，推论《山经》写作地点与时代。精思卓识，考订详核，足以廓清诸种迷误之说，如拨云雾而见青天，诚有如汪容甫所谓“欲空曲交会之际以求其不可知之事，心目所及，举无疑滞，钩深致隐，思若有神”者，甚佩甚佩。

旧著《诗词散论》，自1948年由开明书店出版之后，在大陆迄未重印。最近上海古籍出版社重付刊印。兹寄奉一册，敬乞　诓正。书中诸文，皆在遵义浙大任教时所撰写，当时虽播迁黔中，而学风朴实，生徒向学之殷，友朋切磋之乐，展卷回思，如温旧梦也。

迩来校中亦昌言改革，惟多年来积重难返之势，改革亦殊不易也。专此，即颂

著祉

弟缪　钺拜上　（一九八三年）二月廿七日

八

季龙吾兄史席：

久未通候，时在念中。遥惟　起居康泰，撰著日新，为颂为慰。

日前方北辰君出示吾　兄手书，对于弟之博士生吕一飞君论文甚为关注，并指示疏失之处，谢谢，已转告吕君。吕君学位论文答辩会于三月廿八日举行，答辩评审委员七人（其中在校外请来者有周一良、田余庆、黄烈三位先生），全票通过，授予吕君博士学位。吕君拟根据各方面评议的意见，将论文修改加工，提高质量。

顷又蒙　赐寄《黄河史论丛》，拜读感谢。吾兄主编此书，所收诸文，谨严切实，不啻一部简明精要的自先秦至清朝的黄河变迁史，将使承学之士深受裨益。　尊文对于先秦黄河故道，除去“禹贡河”、“汉志河”之外，又据众所忽略之《山海经》，钩稽探索，考明尚有“山海河”，乃见于记载的最早一条河道，诚为不刊之论。　尊撰《前言》中驳斥近三十年在研究黄河史问题上附会“政治”，不顾史实之“左”倾谬论，尤为义正词严，足以发聋振聩。其实，多年来，“左”倾谬论弥漫于文史之学，馀弊至今尤未肃清，又不仅治黄河史为然也。

弟近年来精力日衰，而工作仍繁，只可量力而行。指导博士生四名，已有一名毕业，尚馀三名。与叶嘉莹教授合撰之《灵谿词说》，去年编次成书，共四十一篇，约近四十万字，交上海古籍出版社，今年下半年可能印出，届时当嘱该社就近寄奉一册，敬乞　教正。《北朝会要》编纂工作进行迟缓，因无专职人员之故。按计划，应于明年年底完成初稿，恐难以实现也。

江山间阻，会面为难，覼缕书此，聊当晤语。诸希　为道珍摄。专此，敬颂

著祉

弟缪　钺拜上　（1987年）4月13日

（原信复印件，由周振鹤先生提供。下同。）

九

季龙吾兄史席：

去年接奉　惠寄大著《〈中国古代地图集〉序》，通识闳议，读后深受启迪之益。献岁发春，遥惟　兴居佳胜，撰著日新为颂。

兹有一事奉商。弟所指导之博士研究生方北辰君将于今年九月中举行答辩，其论文题目是《论汉魏六朝之江东

世族》，初稿已陆续交来，弟正在批改中。按规定，博士生答辩委员会，必须由校外专家学者主持。弟与系中商酌，拟敬聘吾　兄届时光临主持答辩会，不知　兄能否俯允所请。吾　兄如能来蓉，不但为答辩会增加光彩，且可以畅谈衷曲，纵论学术，乐何如之！　兄如来蓉，可带一位助手陪同侍奉。助手同志往返飞机票及在川大食宿诸费，亦如吾　兄一样，均由川大校方支付。吾　兄斟酌之后，如同意惠临主持答辩会，即请　函示，以后将先寄打印的论文全稿（约在六月中），并由川大校方发正式聘书。

专此奉恳，敬承

著祉

弟缪　钺拜上　（一九八八年）三月七日

十

季龙吾兄史席：

4月1日　手书及　赐寄大著《长水集》二册，均已拜领，谢谢。

吾　兄惠然允诺来蓉主持方北辰博士论文答辩，至深感谢。至于时间问题，弟意将答辩日期提前定于九月上旬，或不至于与历史地理学会时间冲突也。方君论文打印本将

于六月中寄奉　审正；届时川大校方将寄上聘请吾　兄为答辩委员会委员之正式聘书。

尊著《长水集》中诸文，有弟曾读过者，亦有未曾读过者。吾　兄治学，谨严精邃，所论述者，方面即广，或发前修之所未发，或纠正时人之谬说，多已成为不刊之正论。但诸文散见于各报刊中，承学之士觅读不易，此次结集刊行，广泛传布，其嘉惠士林，为功甚大也。

专此奉覆，敬承

著祉

弟缪　钺再拜　（1988年）4月12日

十一

季龙吾兄史席：

五月廿七日手书奉悉。

吾　兄希望方北辰答辩日期订于九月上旬前半。弟与系中商定，答辩日期定于九月五日（星期一）。请　兄携助手于九月二日到蓉，可以休息两三日，与弟从容论学，然后进行答辩，答辩后，　兄即可返沪，准备赴太原。

吾　兄携助手来蓉之飞机票钱，吾　兄如愿垫付，到蓉后由川大归还；否则先函告票价若干，由川大将款汇上。

此两种办法，请　兄选择。

方北辰论文打印全稿及川大正式聘书，均将于六月底或七月初寄奉。吾　兄撰写之评审意见，来蓉时带下即可。

此次方北辰论文答辩委员会，校系决定，由五人组成，聘请吾　兄及黄烈同志（据规定，高教与科研机构各一位）担任，并请吾　兄为主任委员。校内三位委员，则由弟及两位教授担任。

晤谈在即，何胜欣忭。此颂

著祉

弟缪　钺拜上　（1988年）6月12日

十二

季龙吾兄史席：

接奉8月15日自医院寄来　手书，敬悉吾　兄在京开会时因患缺血晕迷症，不赴东北，回沪治疗，经医生检查后，住进医院，大约一月可愈。闻之甚为惦念。大约近年来吾　兄过于劳累所致。病愈之后，尚望注意劳逸结合，保重身体。

吾　兄在病中犹垂念此间博士生答辩之事，甚为感激。弟遵上次赐函所嘱，于8月10日寄上一函至上海淮海中路尊寓，告知此间已对答辩委员另行延聘之事（此函不知是否已经转到医院），请吾　兄放心为祷。

专覆，即颂

痊安

弟缪　钺拜上　（1988年）8月18日

十三

季龙吾兄史席：

去年夏间，接奉吾　兄入医院后赐函，甚为惦念，当即覆函慰问，径寄医院，谅早蒙　惠督。　尊体经治疗后，想早已康复矣。春节将临，遥惟　兴居百福为祷。

及门方北辰君博士论文答辩于去年九月上旬举行。吾　兄评语，曾在会上宣读。答辩后，全票通过，又经校学位委员会通过，取得博士学位，即将提升副教授。知关　锦注，故以奉闻。

弟另一位博士生郑小容，在美国华盛顿大学接受中外联合培养，由该校 Jack L. Dull 教授指导，写成论文英文稿，于去年十月归来。郑生又就原稿补充修改，再写中文稿，经弟批改，日内将可定稿，其题目是《慕容鲜卑汉化问题初探》。拟于今年五、六月间进行答辩。

弟迩来精力渐衰，而琐事仍繁，只可量力而行。专此奉候，并颂

春节之禧

弟缪　钺拜上　（1989年）元月廿九日

十四

季龙吾兄史席：

阳历新年前，奉到赐寄贺年卡，拜领感谢。元月廿二日，接到复旦史地所函告，沪上友好及门人拟于廿四日晚聚会，庆祝吾　兄八十华诞，闻之甚为欣慰。当即于廿三日晨发一贺电祝寿，不知曾及时到达否？献岁发春，遥祝吾　兄尊体康强，撰著日富。

兹介绍川大历史系副主任马德真同志（马同志是弟培养的第一届研究生，于1962年毕业）持函拜谒　左右，敬聆教益，乞　赐洽谈，至所感盼。专此，敬颂

著祉，并贺春禧

弟缪　钺拜上　（一九九〇年）二月一日

与凌道新书

一

道新先生史席：客秋晤别，倏又半载。汝昌先生自渝归来，道及　尊况佳胜，并详述与先生及西师诸友文会之乐，令人神往，惜钺未能躬与其盛也。　惠简及大作律、绝诸诗，均已拜读，清才绮思，仿佛《两当轩集》中逸品，何胜佩慰。本拟作小诗相和，无奈近一月来事务忙迫，诗思滞涩，故迄今未成。嗣后作成，当再寄奉教正。近来整理发扬中国古典文学之工作已展开，北京作家协会特设古典文学部，已在《光明日报》出一双周刊，曰"文学遗产"，亦一可喜之事。肃覆，敬颂

吟祉

弟缪　钺谨白　（一九五四年）三月廿七日

雨僧、石荪、源澄诸兄均此致候。

（原信扫描件，由凌梅生先生提供。下同）

二

道新先生史席：暑中快晤，颇慰夙怀，时序如流，倏又半载。近惟兴居佳胜，为颂为慰。月前曾与汝昌先生通讯，颇有短篇撰著，想身体已康复如恒矣。今秋开学后，川大会议颇减少，近来又多矣，积重难返之势，诚不易骤变也。近作论杜牧一文，在《川大学报》中刊出，另封寄上抽印本四份，请　教正，并乞费神将其馀三份分送雨僧、石荪、源澄诸先生，并代为致候，至所感盼。肃此，敬颂

冬祺

弟缪　钱敬白　（一九五六年）十二月十日

尊夫人傅先生均此致候。

与唐长孺书

一

长孺先生史席：曩读　大著，久钦
硕学，山川间阻，未接　光仪。顷奉
惠书，敬悉种切。高教部委托编写中国史讲义，魏晋南北朝部分由　先生主持，深庆得人，钺当竭其驽骀，追随
左右与昌群先生，共成盛业。　来示言及拟于编写前开小组会一次，至为需要，十一月中，钺可以抽暇赴鄂（十二月中则课多矣），惟是否可乘飞机，据川大领导言："需请示高教部。"如不能乘飞机，则只好乘轮船，故　先生如得昌群先生覆函同意，决定开会日期后（开会日期如能在十一月中旬，似较合适），请早日函示或电示。关于魏晋南北朝史中关键性问题，就管见所及，提出数则，另纸写录，附函寄上。承　赐寄　尊著《论丛》一册，至深感谢，待寄到后，当

仔细拜读，定能受益弘多也。肃此奉覆，敬颂

著祉

弟缪　钺谨上　（一九五五年）九月廿三日

赐函请　寄成都　四川大学　铮园　十一号。

魏晋南北朝史中之关键问题：

1. 魏晋南北朝社会性质的特点

2. 魏晋南北朝民族间的斗争与融合（此中问题较多）

3. 魏晋玄学思想的评价

4. 西晋户调式中“占田”、“课田”问题（占田、课田之意义及其关系，课田与曹魏屯田有无关系）

5. 东晋的租赋制度（资料少而又不易解释）

6. 北魏均田制

7. 西魏北周府兵制（此二问题最好能与编唐史讲义之同志联系）

8. 重要人物之评价（如曹操、诸葛亮等）

（原信照片，由唐刚卯先生提供。下同。）

二

长孺先生史席：上月廿三日曾覆一函，同意十一月中在武大开会事，谅蒙　惠督。　赐寄　大著《论丛》，早已

收到，拜读甚佩。　先生治史精熟，运思深细，所考订与阐发者，均犁然有当于人心，其中如论北朝诸族及西魏北周乡兵与府兵关系诸问题，多有钺平日蓄疑莫能明者，今读　尊著，涣然冰释，快慰无已。召集会议事，不知近来如何决定。如本期召集，仍以十一月中为宜。十二月中旬以后，钺授课将增多，难觅替人，且学期将结束，教研组事繁，外出开会，将有困难也。如何决定，望早日　函示为盼。肃此，敬承

教祉

弟缪　钺谨上　（一九五五年）十月廿五日

三

长孺先生史席：拜读　大著《论丛》后，于十月廿五日曾上一函，谅尘　玄览。近学校转示武大寄来公文，敬悉开会日期订于十一月廿一日至廿五日。钺拟于十一日自成都启程，预计于廿日前可到武汉大学也。会晤匪遥，诸俟面罄。肃此，敬承

著祉

弟缪　钺敬白　（一九五五年）十一月七日

四

长孺先生史席：去岁十二月初归蓉后，曾上一函（合寄　先生与吴于廑先生者），谅蒙　惠詧，前奉　手示，并转示昌群先生札，敬悉种切。汇报稿亦收到。关于魏晋南北朝史论文索引，已由系中辑录，并复写两份，另封由校中寄上，一份存　尊处，一份请　转寄昌群先生。川大学术期刊不完备，故此索引缺漏甚多（关于解放前者所缺尤多），先生与昌群先生如有所补充，亦乞　赐寄一份。　来示提及在编写讲义时，“先拟就每章提要，请各校提意见”一事，用意甚好，不过实行时较有困难。盖提要最好是在讲义编写后写出，始能较完善，否则先写提要，将来自己在编写中即可能意见不同，有所改变，并且寄各校提意见时，而学校甚多，未必皆能及时将意见送来，如果久等，将耽误编写。故鄙意此事似乎不必作硬性规定。尊著讲义已拜读一遍（前一部分早已读过，主要是读后一部分）。将来在讲授与编写讲义时用作参考，如有所见，当函商请益。　大作《魏晋至唐官府作场及官府工程的工匠》一文，甚为精密深入，读后获益良多。山东大学王仲荦先生之讲义已要来。弟现在已开始准备工作，拟先将各种主要原始史料再检查一遍，希望发见能说明问题之主要史料而以前未注意者（例如日前在武大时所谈到之以张邱建《算经》解释户调制中之九品相通，以《惜抱轩集》中跋王羲之尺牍解释土断侨户事），以供编写讲义时采用。徐俟续谈。肃此，敬承

著祉

弟缪　钱敬白　（一九五六年）一月八日

昌群先生札附还。

五

长孺先生史席：两次　惠书及修订之教学大纲均奉悉。五胡十六国既与东晋合为一章，弟愿遵嘱编写第三、四两章。现在先试写第三章第一节中第一小节“东晋建国”，附函寄上，乞　审阅。此种写法及繁简体例等，不知是否合适，请　先生及　昌群先生审阅后多提意见，即请写在稿纸上边，赐还，以便修改。关于绘制历史地图事，已与此间系中李祖桓先生商妥，担任此项工作，为使地图与讲义密切配合，则凡讲义中所提到之重要地名，均需画在地图上。关于三国、西晋、北朝诸时期讲义中所提到之重要地名，请　先生以后编写时即摘录寄下，李先生绘制地图即可以有所根据。川大近来亦在订十二年规划，学生除作学年论文外，又有一部分四年级生提高为毕业论文，又各年级均

成立科学研究小组，教研组须作计划、组织、布置等等工作，故甚为忙碌。　来示谓近患目眚，恐系因工作熬夜之故，弟以前有时工作熬夜，目力脑力均受影响，以后遂不敢迟睡（不超过十一点），宁可早起。中医谓夜间十二点读书撰述最费精力也。望多　休养，当即可康复。馀俟续谈。肃覆，敬承

教祉

弟缪　钺敬白　（一九五六年）四月一日

关于卢循问题，卢循不但任命姚兴之将苟林为南蛮校尉，且早与割据蜀中称藩于姚兴之谯纵勾结，《晋书·桓谦传》："先是谯纵称藩于姚兴，纵与卢循通使，潜相影响"，此事亦说明卢循之行为是违反人民利益。

六

长孺尊兄先生史席：

两载以还，久疏音敬，近惟　履道贞吉，撰述日新，为颂为祷。

日前唐史学会秘书长黄永年君来蓉，与川大历史系商酌筹备本年在成都举行学会年会事宜，大体就绪。日期定于十月下旬。会址将租用空军招待所，房舍整洁，环境幽

静，且距川大不远，来往方便。届时　文旌莅临，可以畅叙离怀，亲承教益，何胜欣盼。

弟右目施行手术之后，带特配眼镜，可以勉强看书写字，但不能持久，久则目睛胀痛。故工作时往往力不从心，此亦无可奈何之事。旧著《诗词散论》，近又重印，寄奉一册，敬乞　诓正。另一册，请　费神转交　于廑先生，并代致问候。专此，敬颂

著祉

缪　钺拜上　（1983年）4月26日

（原信底稿，家藏。）

七

长孺先生史席：

久疏笺敬，时在念中。遥惟　履道贞吉，撰著日新，为颂为慰。

承　赐大著《山居存稿》，拜领感谢。先选读有关隋唐史者数篇，考证阐论，精详深透，足以益人神智，其馀容俟细读，多承教益。

钺迩来体气日衰，工作只能量力而行。前年应巴蜀书社之约，辑录所撰序跋二十馀篇，名曰《冰茧庵序跋辑存》，已于去年秋末印出。兹另封寄上一册，敬乞　教正。

春寒，诸希　珍卫。此颂

著祉

缪　钺拜上　（1990年）3月6日

（原信照片，由唐刚卯先生提供。下同。）

八

长孺尊兄先生史席：

奉到　赐札及为弟祝寿诗，三复捧读，感激涕零。吾　兄久患目疾，乃竟不辞辛劳，亲笔作书，深情如海，感念难尽。回忆五十年代初期，在武汉相识，对于吾　兄人品学问，衷心钦佩。数十年来，吾　兄治史精勤，卓然名家，能得寅恪先生之薪传，而董理注释吐鲁番资料，尤为千秋绝业。弟杂学旁骛，游骑无归，岁月蹉跎，愧无成就。今年近九旬，精力日衰，此后惟有带病延年而已。言之增愧。山川阻隔，晤面难期，惟望保重珍摄，共享期颐之寿。眷念良友之心情，亦如长江东流之无尽也。古人诗云："平生师友酬恩泪，洒向深宵梦里时。"近每诵斯言，益增同感。老病侵寻，言不尽意。书法拙劣，辞句鄙陋，望能见谅于知己如吾　兄者也。此颂

著祉

弟缪　钺再拜　（一九九二年）十月六日

与李必忠书

必忠吾弟如晤：以前两次来信均阅悉。近又奉惠札，具悉种切。凉山调查工作不能尽符在校所定计划，只可能做多少算多少。唐家弘同志明年可能不去，因编纂先秦史资料工作须于明年内交稿也。程贤敏一定去，现在已学彝语。此间工作一切如恒。初开学时，会议减少，维持了三个月，最近开会又多，积重难返之势，诚不易骤变也。钺近两月中患气管炎与肠胃病，幸而本期课尚不多。招考副博士研究生，历史系四个专业中，报考人仅有魏晋南北朝史专业有五人审查合格，而考试结果，成绩均不好，故未取录。梁仲华先生病况迄无好转，已入医院调养，有医生随时诊治，较方便。杨向奎先生赴京时路过成都，曾晤面。黄少荃申请入民盟，已批准。赵卫邦先生赴京开图书馆会议，尚未归来。天寒，诸希　珍

摄。此覆，即颂

冬祺

缪　钱敬白　（一九五六年）十二月十三日

（原信扫描件，由赵胥先生提供。又见赵胥编著：《朴庐珍藏——近现代文人学者墨迹选》，中华书局2013年版，第243—244页。）

与姜长英书

一

长英同学兄：

奉到来函，敬悉种切。

我们相别四十多年，日前你因公来蓉，晤谈两次，畅叙旧事，并一同摄影，以留纪念，诚为难得之欢聚。你离蓉后，又赴京开会，并在京蓉两地图书馆收集资料，大概是关于航空史方面者，祝你在这方面研究日益精进。

你想同亦珩兄合照一张，并将我们前次的照相合印在一起，这个计划很好。至于前次照相底片，即留你处，不必寄还。

所问几个问题，简答如下：（一）岳飞没有到过四川，他所写的《出师表》是何时何地写，无从考索。（二）诸葛亮《后出师表》载于东吴人张俨所著的《默记》（《默记》一书已佚，见于《三国志》裴松之注），就其中思想，与所叙情事，都不像诸葛亮的作品，可能即是张俨伪作，所以陈寿撰《三国志·诸葛亮传》时，只采录《出师表》，而不收《后出师表》。（三）关羽脸色，史无明文，红脸大概是由小说附会而来。（四）马超、黄忠是蜀汉前期名将，廖化是蜀汉后期之将，《三国志》中有传，事迹甚少，地位似不重要。（五）严歆是刘璋的将，在蜀汉时事迹甚少，塑像中无其人，可能因此。

川大将于一月中旬放寒假，现在室外温度最低在零度左右，想较西安为暖也。

肃覆，并祝

新年快乐

弟缪　钺启　（一九六六年）一月一日

（原信照片，由王一江先生提供。）

二

长英学长兄：

惠书奉悉。去年夏间，吾　兄来蓉，惠临舍下，时值外出，未能会晤，失此良机，至为怅歉。

弟所患白内障，自从右眼施行手术后，经过一段时间的稳定，在医院配眼镜（原来是近视变成远视），可以勉强看字写字，但局限性甚大，必须在一定的距离内，且不能持久。

吾　兄亦感觉有白内障，如果程度轻微，可以用药，使它不发展，中医可开药方，西医亦有药水。如果已经严重，则可以施行手术。手术并不繁难，弟施行手术时，约一小时，亦无痛苦。如果医疗过程正常，动手术两星期后即可出院。至于视力恢复程度如何，医生不能预言，要看病人身体的客观条件，不过，总比动手术以前好。

弟近来工作仍是量力而行，培养研究生，指导中年教师编写书籍，亦在校内外作专题讲授。住房已迁移到另一新楼，二层一单元，三间，较去年夏间吾　兄来访时所见到之住房稍宽敞。专此奉覆，顺颂

冬祺

弟缪　钺启　（一九八一年）一月六日

（原信照片，下载自“孔夫子旧书网”。下同。）

三

长英学长兄：

久未通信，时在念中。顷奉　惠札及剪报，拜读感慰。

唐诗讨论会，我并未能亲往参加（因眼病，行动困难，且工作繁忙），只是寄去两首诗。我原来的诗题是《唐诗

讨论会在西安举行，余以病目，未能赴约，小诗代柬，奉呈与会诸公》。报纸发表时，删去了两句。

我的右眼自施行手术配眼镜后，可勉强看字写字，但仍觉模糊，且不能持久，久则胀痛。三月间，国务院古籍整理小组在京开会，我亦未能赴会。

近来校内外工作繁忙，我只能量力为之，尤其是培养研究生工作。去年招收了两名硕士研究生，今年又招收两名硕士生，还要招收一或二名博士生，颇感忙于应接。虽有助手协助，但是有许多事必须躬亲。体力已渐不如前，幸而精神尚可。

我的三儿方明在英国牛津研究晶体化学两年多，于去年归国，撰写了十馀篇论文，均将在国外有关期刊中发表。我的孙子、孙女均于寒假前在川大历史、外文两系毕业，一个留校，一个分在成都一高等学校教英语，对我均可就近照料，堪以告　慰。

吾　兄近来工作忙否？据医生说，老年人患白内障者甚多，只是发展情况不同，如果不迅速发展，则不要紧。吾　兄眼病，如能用药适当控制，可以免动手术。此覆，即颂

大安，并祝

阖第百福

弟缪　钺启　（1982年）4月20日

四

长英学长兄：

久未通信，时在念中。顷奉　惠札并赐寄尊撰关于中国航空史教材，容后仔细拜读。

我的右眼自施行手术后，迄今两年，保持稳定，所以尚能在力所能及的范围内做一些事。近来工作颇忙。81、82两届曾招收硕士研究生五名，今年十一月下旬又将招考博士研究生一名。

你还记得我们小学同班陈通（字仪汾）君吗？数年前，我曾和他通过信，他住在北京。今年暑假，我的小孙元朗（川大历史系77级毕业生，留系工作）赴京，曾去看望陈通君，他的身体还很好，也将近八旬了。

专此奉覆，即颂

教祉

弟缪　钺拜上　（1982年）11月1日

五

长英学长兄：

月前收到　惠寄《航空史研究》二、三集，最近又收

到　赐下《航空史研究》四集，拜读感谢。弟对于这方面向无研究，愧不敢贡献意见。

来示询及川大图书馆中有无解放前之《华西晚报》，我倩人询问，该馆藏有此报。

我指导的硕士生，在最近一年之内将有五人卒业，指导论文甚忙。专覆，即颂

文安

弟缪　钺拜上　（1984年）6月28日

与郑天挺书

一

天挺先生史席：

津沽晤别[一]，时劳怀想。顷奉　惠札，敬悉种切。历史名著选读教材编写事，由　先生主持，深庆得人，极为佩慰。

《三国志选》字数十万之限度，既包括裴注在内，则不宜多选。日前曾致田珏同志一函，尚拟增选数篇，此意见当即取消。原选诸篇总字数，据约略估计，可能稍超过十万，将来再细算一下，如超过太多时，拟删去《钟会传》。

《三国志选前言》初稿已大致草毕，其中分四部分：一、《三国志》作者陈寿之生平；二、《三国志》撰著情况，

[一]《及时学人谈丛》第528页第9行“别”作“前”，误。

书中观点方法之说明与评价（此部分分量最多）；三、裴注评价；四、本书选录标准，所据版本及编选体例。全文约六千馀字，前三部分均已脱稿，惟第四部分需待选目确定，编选完毕后，始能写成。

至于此书命名，鄙意认为，如作为课程之名，可用“中国历史名著选读”，如仅作为书名，则只称某某书选即可，如《春秋左传选》、《三国志选》，似不必再加读字，不知　尊意如何？

请催中华书局早日将标点本《三国志》寄下，即可整理所选诸篇（即用此本，裁下所选诸篇，改正其中断句偶误之处，及排印之误字），并将《前言》补撰毕，誊写清稿，一齐寄奉　教正。肃〔一〕覆，敬颂
著祉

弟缪　钺谨启　（一九六一年）七月廿二日

（原信照片，由郑克晟先生提供。又见郑天挺：《及时学人谈丛》，中华书局2002年版。下同。）

〔一〕《及时学人谈丛》第529页第1行“肃”作“隶”，误。

二

天挺先生史席：本月廿二日，曾上一函，谅蒙　惠督。顷奉廿一日　手示，敬聆一是。《三国志》选目，决依原来所拟，不再增加。《前言》亦遵　嘱缮写清稿，以期能早日寄呈　教正。惟中华书局标点本《三国志》迟迟未寄，影响工作之进行。敬乞　促其早日寄来，则将全书整理完毕，连《前言》一起寄上，尤为方便也。近两周中，此间校内校外均有会，颇为忙碌，明日起放暑假，可以稍暇矣。肃覆，敬颂

著祉

弟缪　钺敬白　（一九六一年）七月三十日

三

天挺先生史席：

七月廿七日　惠书奉悉。七月三十日曾上一函，谅已尘　玄览矣。

《三国志》选本如不拘于字数之限制，则多选两三篇更好，《蜀先主传》、《姜维传》、《吴主孙权传》，均拟遵　嘱选入。（《荀彧传》，《后汉书》选目中已有。）窃意将来开课时，不必

所选者全讲，留一部分使学生自己阅读，亦未尝不可。

拙撰《三国志选前言》，已誊写清稿，另封挂号寄上，敬乞　教正。

中华书局将书寄到后，即可整理全稿寄上。肃覆，敬颂著祉

弟缪　钺谨上　（一九六一年）八月六日

四

天挺先生史席：

八月六日曾上一函，并另封寄上《三国志选前言》稿一份，二十九日又上一函，谅均蒙　惠督。

昨日接田珏同志来信，言中国史学名著选读教材需要加注释。关于注释体例，田同志信中提到讨论议决的三项。结合《三国志选》注释的具体工作，弟考虑到几点意见：

一、《三国志》本文加注，裴注不加注。

二、加注办法，凡应注释之处，在本文中用①、②、③等符号标明，注释即附在每段之后。

三、注音用直音或汉语拼音字母，不用反切，因今日大学历史系学生对于反切掌握上有困难。

四、《三国志》各传中地名、官名甚多，如一一加

注，将不胜其烦，且亦无此必要。根据讨论议决的第一二两项意见，凡关键、必要的加注，否则不注。如《魏武帝纪》："太祖武皇帝，沛国谯人也。""谯"应加注："安徽亳县"，因为它是曹操的籍贯，至于"惟梁国桥玄、南阳何颙异焉"。"梁国"、"南阳"则不加注。普通官名如丞相、御史大夫、刺史、守、令等均不注，特殊官职如《任峻传》之"典农中郎将"则加注。凡加注者均在第一次出现时，以后即不重复。

五、除去对于难解之字与词以及重要之人名、地名、书名、制度、典故等加注之外，遇到整个句子含意隐曲难解者，亦应加注释。（古人注书，亦多如此。）

以上意见，不知是否妥当，敬乞　指示，以便遵循。

上月所寄《前言》稿中说明编选体例，未提到加注释，现在应将此事补入，请将《前言》稿挂号寄还。又加注之后，全书分量将增多，选目拟仍根据初稿所定之十六篇，续增之《蜀先主传》、《姜维传》、《吴主权传》均删去，不知可否。

解放以后，全国各县市撤销、新增、合并、改名等，变动甚多，此种资料，校中无有，以今地名注古地名时，将发生困难。不知北京何处有此种资料，望能觅得一份寄下，以便参考。

既加注释，则全书初稿成后需要再誊写一遍，此事已与校中商洽，准备人力。

以上诸问题，均乞　惠示。肃此，敬颂
著祉

弟缪　钺敬白　（一九六一年）九月二日

五

天挺先生史席：

九月十日、十三日两次赐书均已奉悉。因连日在城内开会，故裁答稽迟，乞　谅。

拙撰《三国志选前言》改称《说明》，交《历史教学》发表，弟均同意。原稿不寄来亦可，弟补写一段，说明注释体例，另纸誊录，附函寄上，请　嘱田同志补贴于拙稿尾末即可。

刘备、孙权、姜维、吕蒙等传，均遵　嘱保存于选目中。

惠书所示剪贴办法，可以节省人力、物力、时间，实胜于重抄全稿，此间系党总支亦甚赞同。惟用剪贴办法，必须两部《三国志》（标点本《三国志》是一纸印两面）。

日前中华书局已寄来一部，请　兄嘱中华书局再寄一部。

至于缴稿期限问题，弟考虑到注释古书是一个烦碎费时间的工作，弟在校事务较多，本期任课两门（无人能代），又负责中国古代教研组事，尚有其他社会活动，进城开会等等，预计从十月初起，暂定八个月，明年五月底缴稿。（数年前弟注释《杜牧诗选》，诗歌多是短篇，分量远较《三国志选》为少，而连抄清稿在内，尚费时九个月。）

肃此奉覆，敬颂

著祉

弟缪　钺谨上　（一九六一年）九月廿三日

《三国志》各传中，难解字句较《史记》、《汉书》少，惟地名太多。弟曾将《魏武帝纪》试注一下，只将与曹操政治军事活动有关之地名加注，其馀不注，弟注了全篇五分之一，而地名即有三十六个，此方面最费时间。

六

天挺先生史席：

久未通讯，冬寒，遥惟　兴居佳胜为慰。顷接田同志来函，言文科教材编选工作组决议，《三国志选》要在三月底交稿，较弟原定计划提前两月，虽颇有困难，但仍当勉力以赴，以期完成。

田同志函中言，因考虑到学生负担过重，历史组各种教材均应压缩字数，此原则弟完全赞成。至于《三国志选》，规定不超过六万字，较原定计划削减甚多，选目须重新厘定。《三国志》与《史记》、《汉书》等有一不同之点，即是附有裴注。《三国志》本文字数并不多，而裴注字数超过本文若干倍（《魏武帝纪》本文不超过五千字，而连裴注合计，则二万四千馀字），选《三国志》时，又决不能删去裴注，如以不超过六万字为限，则原定的二十篇须删去一半，且须删去几个长篇。为便于商讨起见，弟将所选诸篇字数约略估计，写一简表，附函寄上，并提出弟对于去取之初步意见，请　兄卓裁示覆，以便定稿。

篇目删减后，又带来一种麻烦。弟作注释时，是按所选篇目顺序做下去的，凡应加注之地名、制度、词义等，均在初见时作注，以后再出现时，即不复注。如果中间删去几篇，则注稿又须有所增补变动。

以前函中提到，解放后各省市县多所变动，手边无此资料，因此用今地名注古地名时发生问题。此事最近得到解决。上海《辞海》编辑所寄来《辞海》试行本各种分册，地理分册中，各省皆有旧县市一栏，凡一九六一年八、九月以前撤销省并之县市均列其中，作注时，可以有所依据矣。

肃此，敬颂

著祉

弟缪　钺谨上　（一九六二年）〔一〕一月十二日

田珏同志均此致候

七

天挺先生史席：

惠函奉悉。《三国志》选目事，弟又参酌　尊见，决定选十八篇（选目另纸写录附呈），约七万九千字，弟所作注释约一万字，总计全书共约九万字，较六万字的限度虽稍超出，而较弟原定计划（包括《蜀先主传》与《吴主传》，《钟会传》不删节），则已减去四万字矣。　兄如同意，即可定稿。弟将从事于注释初稿之增补修订及誊清工作，然后剪贴。至于标点符号，仍照上次《前言》中所说，不用加于旁边之地名、人名、书名等符号（如____、﹏﹏），以省排印时之麻烦及因位置稍移动而极易发生之错误（闻去

〔一〕《及时学人谈丛》将此札归于 1963 年，从内容及与下函的关系看，应写于 1962 年。

年会议时，中华书局亦曾提出此种要求）。

关于弟下学期工作之安排，系中已作考虑，以保证编写《三国志》选注之时间。弟下期任课两门：一、专题讲授，弟共讲三个专题，均排在五、六月中，其时《三国志》选注早已脱稿。二、选讲《昭明文选》，此课是专为弟所指导之魏晋南北朝史研究生及讲师、助教等而开设者，每两周讲一次，费时不多，仍照计划进行。尚有弟所负责之中国古代史教研组各种事务，则由副系主任多加照管。

中华书局近又寄来标点本《三国志》一部及直行稿纸一百张，可供剪贴及重写《前言》之用。弟水肿病未加重，春暖后即可渐愈，请纾　廑念。肃覆，敬颂

著祉，并贺

春釐

弟缪　钺敬白　（一九六二年）一月廿七日

田珏同志均此致候并贺春节。

八

天挺先生史席：

《魏志》诸传注释，修改已毕，其中一部分补充改正较多者，均另写清稿，并将《魏武帝纪》剪贴竣事。《蜀

志》、《吴志》诸传注释，初稿大部完成，尚待细校一遍，补充修改。

有两个问题，须再商酌，明确决定，以便于工作之进行。

一、关于标点符号问题。为初学阅读方便计，应以保留人名、地名、书名等旁加符号（如______、﹏﹏﹏）为宜，诚如 尊示。好在中华书局版《三国志》标点俱全，均保留不删去（其中个别断句不妥处加以改正），弟所写注释及《前言》中亦照加各种符号，全书一致。惟望将来排版与校对时仔细一些，不致因偶尔上下移动发生错误。

二、关于选目问题。 来示言及，字数限度并不包括弟所作注释在内，上次所计划七万九千字之限度如可再放宽时，弟拟《钟会传》不删节（魏灭蜀是三国时一件大事，钟会檄蜀文亦是一篇佳作，似均应保留），再加入《吴主传》，共计九万馀字，不超过十万，《蜀先主传》则删去，蜀汉前期要事有《诸葛亮传》可以代表。如此决定，是否合适？

弟所以要先决定选目，而对于 赐函所提，将《蜀先主传》、《吴主传》均编入，待审稿时斟酌情况再定取去之办法，有所踌躇者，因为全书各篇注释间有一种联带关系。弟作注体例，凡应加注者，均在第一次出现时加注，以后再出现，非必要时，不再重注。《三国志》中地名甚多，均用此办法。譬如“赤壁”，在《魏武帝纪》中注过，以后《诸葛亮传》、《吴主传》、《周瑜传》中之“赤壁”，即不再注。因此，全书定稿后，若中间抽去一篇，此篇中重要地名之注释在以后各篇重见者亦均无注，将成缺漏也。

肃此奉覆，敬候　明示。敬颂

著祉

弟缪　钺谨上　（一九六二年）二月十三日

九

天挺先生史席：

二月十三日曾上一函。近见《文汇报》载，吾　兄于二月中旬到厦门参加郑成功研究讨论会，计前函到时，　兄已离京，最近谅已会毕北归矣。

前函提出两事：一、为学生阅读方便计，各种标点符号均使用（包括旁加的人名、地名、书名等符号）。此事谅无问题。二、选目照以前所拟定者又稍有变动，即是《钟会传》不删节，《吴主传》保留，《蜀先主传》决删去。　兄意如何，切望裁酌示覆。（《钟会传》不删节，只增多四千馀字，关系不大，《吴主传》如保留，将增多一万五千馀字，是否可以。）

弟最近已将所选《魏志》诸传剪贴完毕，惟《钟会传》尚未剪贴，《蜀志》以后诸传注之修改，亦暂时停顿，须待选目决定后始能进行。因《钟会传》中许多地名重见于《姜维传》，如保留《钟会传》，则《姜维传》中重见之诸地名可以不注，否则即须补入也。《蜀先主传》决删去，则此传中之诸地名见于诸葛亮、陆逊诸传中者亦须补入也。

顷接到《文科教材编选工作近讯》第九期，拜读　大作《关于史料注释的初步意见》一文，考虑周详，斟酌精切，至深敬佩。弟所作《三国志选》之注释，窃幸多与　尊旨相符者（譬如附带给学生一些基本常识、酌采近人研究成果等，弟均注意到。除去注单字与语词外，对于个别句子意思颇费解者，弟亦偶用串讲之法）。史料读物之注释，确有其特点，弟在作注过程中，对于何者应注，何者不应注，以及如何注法始符合历史系学生之需要，其间分寸，极费斟酌，常是反复修改，甚至于已剪贴后，复查时又有个别更动，然终自愧未能惬心贵当也。

肃此，敬颂

著祉

弟缪　钺谨上　（一九六二年）三月二日

十

天挺先生史席：十月八日
赐书奉悉。拙注辱荷
奖饰，愧不敢当。《诸葛亮传》注中，弟忽略营造尺与今市尺不同，蒙
兄代为补正，至深感谢。至于注中少数遗留之汉语拼音字母，亦均删去，以划一体例，弟极　同意。承
询弟对于其他史书有无选注腹稿，极感
关注。弟平日读史，偶作札记，颇有涉及名物制度之考释者，惟未尝准备专为某一史书作注。

年来承出版社之约，曾计划作诗词选注，数年前编写杜牧诗选注出版，〔一〕近又补充修改一遍，以备再版；此后尚拟编写《元遗山诗词选注》，因弟曩日曾撰《元遗山年谱汇纂》，其中资料之收集与问题之考订，可供采用也。承蒙
锦注，故此奉
闻。肃覆，敬颂
著祉

弟缪　钺谨上　（一九六二年）十月十六日

〔一〕即由人民文学出版社1957年出版之《杜牧诗选》。

与中华书局书

一

中华书局编辑部：

最近系中拟定科学研究计划，我想撰写《柳宗元传》（历史丛书选题之一），今年九月开始，一九六二年九月完成。历史丛书由贵编辑部负组织责任，不知《柳宗元传》是否已有其他同志选定。如已约定，则我放弃此计划，如尚无人计划编写，则我可以担任下来。敬乞　惠示为盼。肃此，并致

敬礼

缪　钺启　（一九六一年）六月廿六日

赐函请寄　成都　四川大学　铮园十三号。

（原信照片，下载自“孔夫子旧书网”。下同。）

二

中华书局文学组：

三月廿二日惠书奉悉。去年十二月中，　贵局赵同志与人民文学出版社王同志来我家中，商谈撰写计划，我曾提出拟编写《元好问诗词选》及整理旧作《元遗山年谱汇纂》等，并已列入我所拟的五年——八年的撰写专书计划中。惟现在还不能动手。因为教育部委托编写的教材《三国志选注》正在进行。（此书将来亦由　贵局出版。）而人民文学出版社约定的修改《杜牧诗选》与《杜牧传》稿，亦须先做。（《杜牧传》本应早已完成，因社中提意见后，迟迟至今，未及修改。）

关于《柳宗元传》，我去年春夏间本已拟定计划，于一年之中完成。后来接受了教育部委托编写教材的任务，遂将此计划延迟。俟上述诸书写毕，始能开始撰著。

辱承　锦注，故此奉闻，并致

敬礼

缪　钺启　（一九六二年）四月十二日

三

中华书局古代史组：

四月十八日 惠札奉悉。 贵局编辑《武则天讨论集》，拟收入拙作《关于武则天评价的问题》一文，至感。此文我不拟再作修订，惟去年《光明日报》所刊载者，其中偶有脱落之字与格式不妥处（应顶格而误空两格），兹捡《光明日报》所印拙文一份，用硃笔改正错误，附函寄上，将来请即照此付印，至所盼祷。肃覆，并致

敬礼

缪 钺启 （一九六二年）四月廿五日

（原信扫描件，由赵胥先生提供。）

四

中华书局编辑部：

九月六日及十一日两函均已奉悉， 赐寄新版《三国志》亦收到，谢谢。 拙编《三国志选》正在排印中，十一月可以出版，闻之甚慰。拙撰《前言》中提到初版标点本《三国志》中断句不妥之处，新版既已改正，则《前言》中此部分可以删去，我完全同意。《三国志选》封面题签

是否已计划妥当，如尚未定妥，我自写一题签，附函寄上，不知可采用否？

六日函中谈及约我担任《三国志》中几篇传记之译注工作，本应遵　命，惟以我的科研计划安排甚紧，无从加入，颇以为歉。所嘱由助手执笔一事，可以考虑。惟青年教师中对古汉语有修养者甚少，拟待已出版之《魏征传译注》寄来后，看标准如何，再斟酌奉覆。

近数年中，各出版社与我商洽编写之各种专书，多迟未交稿，甚至于尚未订具体计划。自去年起，始加以安排。拟于五年至八年中编写专书十种左右（包括旧稿之整改）。最近正在修改《杜牧诗选》，准备再版，同时又编辑一部关于魏晋南北朝史的论著集，名曰《读史存稿》，由三联书店出版。此两书稿完成后，拟于近两三年中写三部传记：一、《杜牧传》人民文学出版社约，二、《柳宗元传》贵书局约，三、《北魏孝文帝传》中国青年出版社约。辱承　锦注，故此奉　闻。并致

敬礼

缪　钺启　（一九六二年）九月十八日

（原信照片，下载自“孔夫子旧书网”。下同。）

五

中华书局古代史组：

日前奉到 惠赠《余嘉锡论学杂著》二册，顷又收到 惠赠知识丛书《屈原》一册，至深感谢。三月底曾上一函致 贵书局编辑部，言及年前曾向 贵书局联系，拟撰写《柳宗元传》，近见吴文治先生所撰《柳宗元传》已出版，可以不必重作，拟另编一书，以践前约。我在解放前后所发表的关于中国古代历史和古典文学的论著有许多篇，去年曾将关于魏晋南北朝史的论著编辑了十四篇，名曰《读史存稿》，交三联书店，已于本年三月出版，现在拟将关于中国古典文学的论著亦选辑十馀篇，名曰《文学论丛》，由 贵书局出版，不知是否可以。如蒙同意，即将选目 寄呈审正。此函发出已两月，迄未得覆，或许函未递到。兹再申 前议，请 赐覆为荷。

肃此，并致

敬礼

缪 钺启 （一九六三年）五月廿七日

我所住川大铮园十三号，近已改名为留青园，以后 赐函，请写 四川大学留青园十三号。

六

中华书局《文史》编辑部：

奉到　惠札及寄赠《文史》第十三辑一册，拜领感谢。《文史》复刊后，内容精实，体现了谨严的学风。每期我都阅读，深受裨益，并向研治文史的中青年学人宣扬介绍。

来函奖饰逾量，愧不敢当，承蒙　征稿，尤感　盛意。我因久患目疾，视力衰损。（1980年春，对右眼施行白内障摘除，手术后，戴特配眼镜，能勉强看字，但仍不能持久。）加以工作繁多，忙于应接，故除指导研究室中成员编写书籍之外（去年已将所主编之《三国志选注》交与　贵书局，现在正编写《北朝会要》），偶因应付需要，撰写短文，多是发抒胸中旧蓄，而详征博考，则力不从心。以后俟工作稍暇，如能写出适当文稿，当再寄呈　指教。知关　锦注，故覼缕言之。专此奉覆，并致

敬礼

缪　钺启　（1982年）10月4日

（原信底稿，家藏。）

与钱琢如家属书

琢如先生家属：

顷接中国科学院自然科学史研究室寄来讣告，惊悉琢如先生于本年一月五日逝世，至深痛悼。

抗战期间，我在浙江大学任教八年，与琢如先生时相过从，谈论学术，深获启迪切磋之益。一九五六年夏，赴京开会，亦与琢如先生亲切晤谈，宛如昨日。

琢如先生在数学上造诣精深，解放后，致力于中国数学史之研究，著述斐然，贡献甚大。一旦溘逝，海内学人，同此悲悼；而我追念数十年友谊，潸然泪下，尤不能自已也。专此奉唁，并致

敬礼

缪　钺启　（一九七四年）二月十九日

（原信扫描件，由钱永红先生提供。）

与杨忠平书

一

忠平甥女：

顷接来函及附寄你母亲一函，欣悉你父亲母亲[一]将回国探亲，于八月中旬到京，万里归来，一家团聚，闻之极为快慰。

我与你父亲母亲离别三十多年，平时甚为思念，本想趁此好机会，与你舅母一同赴京，与你父母欢聚畅谈，无奈近半年来，我的眼病甚为严重，几成十分之七八的盲人，与你舅母再四筹思，终觉难以出门远行。详细情况，已写一长札给你父亲母亲，附函寄上，望你转呈。

我自恨眼病为累，失此良机，不能与你父母晤面，辜负你父母对我殷切的期望。心中甚为悲痛。

〔一〕即杨联陞先生、缪铃女士。

附寄上你外祖母生前照相底片，你可以冲洗出来，给你父亲母亲，以留永念。

……

请看第二张信，我又有可能赴京。

八日写毕给你的信及给你父母的长信，尚未发。

九日上午，学校行政部门负责同志来家中说，接到省外事处转来北京有关方面通知，要我与你舅母同赴京见你父母，并言，可以接洽买飞机票。（如无机关介绍，私人难以买到。）

我与你舅母商议，如能买到三叉戟飞机票（每星期有两次，三、六），平稳快速，我们可以赴京，会见你父母，心中甚快。

九日下午，慈明与校中同志同赴外事处，办了我们赴京会见你父母的证件，又持介绍信赴民航局买飞机票（十日的）。民航局中人说，十四日以前的票都卖完了。

现在打算买十七日（星期六）或二十日（星期二）的三叉戟飞机票。如能买到，即可飞京。据说，三叉戟飞机于晚八点到京，买到票后，将打电报给遵明或你来城内民航局办事处来接。

此询

近好

舅父钺又启　（一九七四年）八月十日早

（原载杨联陞：《哈佛遗墨》，蒋力编，

商务印书馆2004年版，第313—315页。）

二

忠平甥女：

……来函谈到，你父亲近来身体恢复健康，精神亦好，闻之甚为欣慰。你写信时，代我问候你父母亲。你父亲提出的一个问题，我的意见如下：

曹操《短歌行》“慨当以慷”，解释为“悲而兼壮”之意，颇为新颖。“慷”字，《说文》作“忼”（以段氏说），忼，从亢得声，亢，高也，亦可以引申为壮健之意。照一般的解释，认为“慨当以慷”是“当以慷慨”的倒装句，以叶韵之故，移慨字于句首。

以上一段，你可以抄下转寄给你父亲。

……

舅父钺手书　（一九七五年）十一月十三日

（同上书，第323—314页。）

三

忠平：

你的来信，慈明已读给我听了，小力、小丰、小方均勤奋学习，闻之甚慰。

你父亲对于我的《杜牧传》中所引《唐书》“数千万顷”一词的解释，论证精细，至深佩慰。你写信时，请代我向你父母问好，并告诉说，我眼病又加重，书报均不能阅读，惟请人朗诵而静听之，元朗可任此事。我招收了数名魏晋南北朝史研究生，有助手三人协助工作。

王叔晖所画仕女，如有印出者，望寄一份来，朱樱之姐想仿画。

此询

近好

舅父钺手书　（一九七八年）十月九日

（同上书，第367—368页。）

四

忠平：

你给慈明的信已收到。

日前余英时先生来蓉，九日晚，到我家看望，转达你父母殷切慰问之意。余先生学识甚佳，晤谈三小时，甚为契合，详情具见我写给你父母的一张信中，附函寄上，望你转寄给你父母。

因为余先生来访，川大很快地给我调整了住房，并布置楼下那一个大间作为接待室。

成都的市场食物供应情况甚好，希望小方、小冬寒假来玩。你与蒋震甥婿想均工作顺利。我招收的四名研究生已入校。

此祝

近好

舅父钺手书　（一九七八年）十一月十五日

（同上书，第368页。）

五

忠平甥女：

最近两月中，我的眼病又加重，写字更难，所以这封信由我口述，元朗代笔。

……最近又收到余英时先生寄来的英译《世说新语》、英译《红楼梦》两种书，非常感谢，请你写信告诉你父亲，请他代我向余先生道谢。并且说中美建交，两国关系更为融洽，希望你父母再回祖国探亲，能来成都共谋欢聚。

我与你舅母近来身体都好，只是我眼病加重，诸多不便。

听说小丰考入北师大历史系，和他哥哥一文一史，甚可喜慰。希望他们勤奋学习。

舅父钺　（一九七九年）二月二日

（同上书，第369页。）

与夏承焘书

一

瞿禅先生史席：

一九七四年二月接奉　手书，承　询拙著《遗山词笺》事，即覆一函，寄杭州大学中文系，不知曾蒙　玄览否。近三年来，遥惟　尊况佳胜，撰著日新。顷接自长沙来札，三复循诵，喜慰无量。

先生以耄耋高龄，体气康健，北游京华，南览湘岳，胜概豪情，欣羡何极。　大作《水调歌头》，逸情云上，豪宕激壮，神似稼轩，敬佩敬佩。在湘中探幽揽胜，谅多新篇，时时赐示，至所盼祷。

弟双目患白内障，于今七年，医药罔效，病与岁增，读书写字，均颇困难，撰述之业，久已废置，虚度岁月，徒增惭恧。惟贱躯尚可，眠食如常，堪以告慰　左右耳。二北先生仍在此间中文系工作，身体尚健。

眼疾为累，作此短札，字迹荒拙，尚乞　鉴谅。湘云南望，不尽依依。

（原信底稿〔一〕，家藏。下同。）

二

瞿禅先生史席：

奉到十五日　手书，敬悉种切。

拙著《遗山词笺》，久未补订。一九六四年初，弟所撰《杜牧传》脱稿（此书人民文学出版社拟于六四年下半年出版，排印清样，弟已亲自校毕，后因社教运动兴起，出版事遂停），人民文学出版社又约定撰写《元遗山传》，弟拟藉此将遗山诗词有关史事者，重新补加考释，以竟前业。旋以社教运动开始，遂尔搁置。今目翳困人，已无能为力矣。

先生如有雅兴，西游成都，将可以尊酒言欢，倾怀谈艺，欣盼何极。锦城名胜，如武侯祠、杜甫草堂，亦可以一游，以增诗趣也。

〔一〕此札底稿无结尾，从内容及与下函的联系来看，应写于 1977 年 2 月上旬。

弟久未作诗，近有寄怀谭季龙先生一律，附函呈　正，以博　一粲。专此奉覆，敬颂

春禧

弟缪　钺启　（一九七七年）二月廿二日

三

瞿禅先生史席：

惠函及　赐寄　大著《瞿髯词》均已收悉，谢谢。

尊词奇情壮采，风格遒上，才华功力两造其极，解放后诸作，推陈出新，境界益进，而平生志节怀抱亦寓于其中，又非徒文采之美而已。反复吟诵，使人神旺。当珍藏箧中，时时欣赏。

致二北先生笺及　大著词稿已转递。二北住校外，其通信处为成都东门外水井街七十三号川大宿舍。

专此奉覆，即颂

著祉

弟缪　钺启　（一九七七年）三月廿七日

四

瞿禅先生史席：

接奉　手翰，拜诵感慰。七九年中弟目疾增剧，几同盲人。去年入医院，对右眼施行白内障摘除手术，戴特配眼镜，能勉强看字写字，但仍不甚清晰，且不能持久。然较之前年，视力转好，亦差可告　慰也。弟近来工作仍是量力而行，主要是培养研究生和指导中年教师编写书籍。小诗一首，附录笺末，以博　一粲。专此奉覆，敬颂
吟祉

弟缪　钺拜上　（一九八一年）三月一日

（原信照片，由赵胥先生提供。又见唐吟方编著：《近现代名人尺牍》，福州美术出版社 2007 年版，第 122 页。）

五

瞿禅先生史席：

惠赐　大作词集，能兼古人数家之长，陶冶熔铸，自创风格，运用旧词体写新事物、新情思，境宇恢宏，而仍保存词体固有之特美，遵守精严之韵律，三复拜读，甚佩，甚佩。近日报刊所载诸词，除极少数较佳者外，多是信笔

直书，无所谓格律、意境、韵味，殊可叹息。读　先生之作，真如于众籁吹万中而聆钧天广乐之音矣。近日校中放假，略可小休，偶作七古一首，附函呈　正。专此，敬颂著祉

缪　钺拜上　（一九八一年）七月廿七日

（原信抄件，家藏。）

六

瞿禅先生有道：

年来久疏笺候，翔华同志时时函告　尊况，藉慰下怀，并数次托其代候　兴居，以表远道相念之意。

近承翔华同志转寄　惠赐大著《姜白石词校注》、《天风阁丛书》之一《饮水词》，拜领感谢。

先生研治白石词数十年，考释、评论、校注、订乐，各方面造诣均极精深，有功前贤，嘉惠后学，不愧为白石后世之扬子云，无任钦佩。此册《校注》，融入先生以前研治之成果，简要精审，当置诸案头，时时吟诵。清人词集，亟待董理，　先生主编《天风阁丛书》，体例谨严，将可以继美《四印斋所刻词》、《彊村丛书》，有功词坛甚巨也。

先生今年八十五岁初度大庆，谨赋诗二首，写一横幅

（因视力衰损，看字模糊，殊愧点画疏拙），寄请翔华同志转呈，敬志祝贺。深望颐养天和，撰著日新，为颂为祷。

近作论山谷、梅溪两家词之小文，刊载于《川大学报》中，亦寄请翔华同志转呈，请 赐教正。

肃此，即颂

著祉

弟缪 钺拜上 （一九八四年）十月九日

（原信复写件，家藏。）

七

瞿禅先生道席：

奉到请柬，敬悉京中友人将于十二月五日集会庆祝
先生八十五岁华诞，想定有一番盛况。弟僻居西蜀，愧未能奉觞上寿，至以为歉。谨修寸笺，遥祝
先生福寿康宁，撰著日新。肃此，敬承
寿祺

弟缪 钺拜上 一九八四年十一月廿日

（原信底稿，家藏。）

与皇甫煃书

皇甫煃同志：

自七四年一度通信，倏忽又已两年多矣。顷读　惠书，至深快慰。

去年八月间松潘地震，成都仅受轻微影响，此后半个月中，人心浮动，防震紧张，但亦平安无事。我身体尚好，旧疾气管炎亦久未复发，唯眼病又较七四年时稍重，仍在访求良方。

四人帮多年猖獗，祸国殃民，对于古典文学教学与研究工作，亦带来极大危害。他们篡改理论，歪曲史事，硬将许多古代作家强分为儒法两派，纳入他们捏造的所谓“儒法斗争”的公式中，褒贬随心，是非颠倒，持论荒谬，使人愤慨。今四人帮已被粉碎，彻底批判，肃清其流毒，古典文学研究工作，又可贯彻二百方针，走向正轨矣。望　吾弟勉之。

范老《中国通史简编》，议论平通，史事翔实，其中唐代文化部分，尤多卓识，极有参考价值。

郭洽周先生处，久未通问，时在念中，吾　弟访谒时，望代致殷切问候之意。葛毅卿君乃昔年华大旧同事，晤面时亦乞代致候。专此奉覆，即颂

教祉

缪　钺启　（一九七七年）三月三日

（原信底稿，家藏。）

与周治平书

治平同学弟：

十载以还，虽久疏音问，而时在念中，日前何同志来蓉，带来　手书并　惠赠腊肉，感谢无量。

展读　惠札，快如面谈。吾　弟工作顺利，儿女长大，各有工作，甚慰下怀。夏瞿禅先生在长沙时，时常晤谈，聆受教益，亦难得之机缘。送别诗情词恳挚。瞿禅先生到京后，已有信来。

钺双目患白内障，于今七年，医治无效，病与岁增，撰述之业，久已废置。幸身体尚好，眠食正常，堪以告慰　远念耳。自七二年川大开始招生，恢复系与教研组之制度，钺仍担任中国古代史教研组组长，但因年老病目，许多工作，不能亲理，惟在家中解答教师之问题，有时为同学作专题讲授而已。

大儿慈明在川大外文系任教，有子女各一人，与钺同住在一院中，可以就近照顾。小儿玄明在成都电视台任摄影记者，住电视台宿舍，常回家来。钺之起居饮食有内子照顾，故生活尚安适。其馀二子一女均在外地工作，假期中亦常回蓉探亲。

吾　弟近来研读史书，闻之甚慰。“前四史”中，《史记》、《汉书》固为纪传体之冠冕，而范晔《后汉书》，表彰气节，讥弹权贵，其识见殆在班固之上，诸序论文亦高美。陈寿《三国志》体例谨严，而史事稍简，裴注博赡，足补其阙。《晋书》稍芜杂，此后可读李延寿南、北《史》，文简事详。

眼病为累，不能看小字写小字，惟时时展玩大字碑帖，偶尔兴到，临写数行。兹寄上节临《兰亭序》一幅，以表远道相念之意。在遵义浙大时相与讲习之乐，宛然如在目前，而转瞬已三十馀年矣，念之惘然。

（原信底稿〔一〕，家藏。）

〔一〕此札底稿无结尾，稿纸上有钢笔另书“七七年三月廿一日”数字。

与吉川幸次郎书

吉川幸次郎先生史席：

春间　文旌来莅，谈诗论学，盍簪之乐，永记弗忘。别后接奉　赐书，敬悉归航安稳，　道履佳盛，极慰下怀。日前又承　寄诗相念，情思恳挚，风格清逸，三复吟诵，爱不忍释。文章千古，得失寸心，虽远隔瀛海，而亲如觌面矣。钺目疾为累，吟咏久疏，勉赋短章，敬酬　雅意，另纸抄录，附函呈　正。海云东望，不尽依依。肃此奉覆，敬颂

著祉

缪　钺谨上　一九七九年八月

（原信底稿，家藏。）

与张志岳书

一

志岳吾兄惠鉴：

华忱之兄转到　惠函及大著，远蒙关注，至深感慰。弟双目患白内障已八年馀，医药无效，逐渐加重，迩来读写俱废，几同盲人，故此札由弟口述，小孙元朗代写，尚乞见谅。

十载已还，久疏声问，缅怀旧谊，时在念中。惠札及致忱之兄札均已听读，吾　兄力疾授学，并从事撰述，甚可敬佩。　大著诸题，弟极感兴趣，暇时当命元朗孙诵读而静听之。

弟虽患目疾，而精神尚好，培养魏晋南北朝史研究生数名，并指导助手教师从事科研工作（如编写《北朝会要》等），不能亲笔撰写，唯凭记忆口说，力不从心，殊自愧也。

数十年中，浙大诸友四散如云，亦间有凋谢者，刘弘度、吴雨僧两先生均已作古，郭洽周先生仍在南京大学从事译著，谭季龙先生在沪，长期卧病，陈乐素先生春间来蓉开会，数次晤谈，曾道及朴山兄新逝、仲浦兄病目诸情况，子耀、君川诸兄均在杭大。振文兄仍在天津任教否？王星贤兄今在何处？衰年病目，闷损无聊，默思往事，历历在怀。知交零落，念季重之旧游；枯树婆娑，哀子山之新赋。言之弥增深慨矣。

去年口占律诗两首，附函呈　正。专此奉覆，即颂
著祉

弟缪　钺口述　元朗代写（一九七九年）八月十六日

（原信复印件，由张安祖先生提供。下同。）

二

志岳吾兄史席：

去年在京欢聚，归来后曾寄一函并诗一首（由弟口述，托人代写），谅早蒙惠督。承　示大著论文，由华忱之兄转来，均已拜读。今年一月中，弟入医院对右眼白内障施行手术，出院后调养数月，配带眼镜，可勉强看书写字，但仍感昏花，且不能持久。但较诸去年在京时，已颇有好转，亦聊可自慰矣。弟近来工作仍是量力而行。最近有四名研究生将毕业，校外亦偶有学术活动，故仍较忙。近作

小诗二首，附呈　哂正。秋凉，惟眠食珍卫。专此，即颂
著祉

弟缪　钱启　（一九八〇年）九月十一日

赵卫邦兄自哈尔滨开会归来，言曾与吾　兄会晤。

三

志岳吾兄惠鉴：

两奉　手书及大诗，三复捧诵，快如觌面。京华小聚，倏又一载矣。吴忠匡先生月前携　尊函绍介，惠临晤谈，甚为忻慰。吴先生朴诚渊雅，学有根柢，嘱写横幅已于日前寄去矣。　大诗见怀之作，情辞肫挚，读后极为感动。第二联改笔较原句为浑融，但鄙意“世事沧桑怜共老”句，“怜”字似以仍用“惊”字为佳，与“沧桑”呼应，隐寓劫后馀生之慨，意味似更深长也。论星贤诗一首，能真切写出星贤兄平生为人，诗亦清空如话，殆所谓绚烂之馀归于平淡者。去年归后曾作一诗奉怀寄上，当时弟目翳甚剧，托人代抄，殊为不恭。今既能勉强写字，再补写一幅寄上。专此奉覆，即承
吟祉

弟缪　钱启　（一九八〇年）十月十六日

四

志岳吾兄左右：

奉到 惠书及大著《诗词论析续集》，拜读甚佩，赠与华忱之、赵卫邦两兄者均已分送矣。 大著中有论述杜诗者数篇，足见吾 兄迩来研治杜诗功力益进。此间于本年四月中成立杜甫研究学会，将与杜甫纪念馆合办刊物，明年希望吾 兄赐寄 新作，以光篇幅，不胜感激。黑龙江早已落雪，乞 眠食珍摄。此覆，即颂

著祉

弟缪 钺启 （一九八〇年）十二月九日

五

志岳吾兄惠鉴：

接奉 手翰，敬悉 尊体违和，入院疗治，已渐好转，仍望静心 调摄，早臻康复。拙著《杜牧年谱》于六四年即写定清稿，十年浩劫，幸未散失，得以刊行。当时尚拟作《樊川文笺证》（仿沈钦韩《王荆公文笺证》之例），今因视力衰损，已无能为力矣。杜甫研究学会将于今年四月中开年会，编一期论文集，下半年将可再出一期。吾 兄

可以就兴之所至，从容撰稿，任何时寄下，均所欢迎也。《草堂》创刊号最近已印出，嘱学会秘书寄奉一册，以呈　玄览。专覆，敬承

痊安

弟缪　钺拜上　（一九八一年）三月十一日

六

志岳先生左右：

春间冯宇君来蓉，道及　尊恙仍在调摄中，甚以为念。近想已康复如常矣。兹有恳者，此间杜甫学会除按期出版《草堂》学刊之外，尚拟编印一本集刊，极望能得　大作以增光彩。集刊集稿期在今年岁末明年春初，内容以论述杜诗承前启后之作用为主。　先生平日精研魏晋南北朝诗，如能撰一文阐论杜子美对六朝诗继承创新之关系，极所欣盼。近作七古一首，附函呈　正。专此，敬颂

著祉

缪　钺拜上　（一九八一年）七月廿八日

忠匡先生
冯宇同志　均此致候。

七

志岳先生史席：

月前奉到　手札及赐示大著两篇，均已拜读。其中论古代文学发展与语言之关系一文尤为持论闳通，可以破除近人偏诐之见，甚佩。

承蒙　惠允为《草堂》集刊撰稿，至为感谢，将为此刊增添光彩。

来示谈及拟将　尊著在四川人民出版社出版。钺已向社中探询，据云，近来积稿颇多，八二年出版计划已订妥，暂时难以接受新稿。俟有其他机缘，再当奉告。

开学伊始，琐事颇多，匆匆作覆，馀俟续陈。小诗一首，录奉　一粲，此颂

教祉

缪　钺拜上　（一九八一年）九月十二日

《草堂》第二期已印出，已嘱编委会寄奉一册。

八

志岳先生史席：

奉到　惠书，敬悉种切。　尊体经医治后，逐渐康

复，闻之甚慰。　大著将由黑龙江出版社刊行，可以嘉惠士林。承　嘱写封面题签，写毕附函寄上，不知适用否，请　卓裁。

大作论杜诗文稿，学会同人均极欣盼，望能如期　赐下。

钺近来校内外工作甚多，只有量力而行，今年准备招研究生三名，评卷事尚未完，不知是否能招收足额。中央第三十七号文件想已见到。大量整理出版古书，是大好事。近作小诗，附呈　粲正。此颂

痊安

缪　钺拜上　（一九八一年）十月廿四日

九

志岳先生史席：

两次　惠书及大作论文稿均已奉悉。　先生在医院养疾期间，犹不惜精力为《草堂》学刊撰文，极感厚谊。

赐示诸诗，清逸醖藉，与　先生以往所作似又别具风格。　大作《略论杜甫对魏晋南北朝诗歌的继承与发展》，已仔细拜读。持论精辟透彻，具见通识。我仅就抄稿中之误字、脱文以及标点符号之不妥者加以改正。此稿定于明年上半年之《草堂》学刊中印出，将为学刊增添光彩也。

附寄我与吉川幸次郎先生赠答诗手写稿复制件一纸。今年春夏间，日本东京举行汉学会议，我的学生尹君〔一〕适在日本讲学，参加此会，向我要作品。我来不及写论文，故将与吉川先生赠答诗三首写一横幅寄去，作为纪念，因吉川先生生前即是此汉学会会长也。会中将此写稿复制散发给与会者，并寄我一份。因友朋中多索阅者，故我又在川大复制多份。

近来校中甚重视培养研究生之工作，明年要招收数种〔二〕研究生，将甚忙碌。

此间有浙大校友会，曾来寓告知，明年浙大将庆祝建校 85 周年，征集诗文。 先生如有兴趣撰写诗篇，可寄杭州浙大校庆筹委会办公室，定受欢迎也。我也准备写诗寄去。

尊体康复后，尚望平时加意调摄。专此布谢，即颂

著祉

缪　钺拜上　（1981 年）12 月 16 日

〔一〕即尹协祚先生。

〔二〕“种”，疑当作“名”。

十

志岳先生史席：

惠书及　大诗早已拜读，因事忙，迟未作覆为歉。

尊撰论杜诗一文，已编入《草堂》学刊第三集中，放在第一篇（《光明日报》曾刊载目录）。正在排印中，待出版后即寄奉　左右。

寄示祝贺浙大校庆诗，甚得体。钺亦作五律四首寄去。兹嘱人抄一清稿附呈　指正。

日前“古籍整理小组”来函，通知在北京开会（3月7日开始）。钺因校内外工作繁忙，加以迩来血压升高，心脏血管有两处输血不畅，不宜乘飞机，故已去函请假，仅将对“规划”意见寄去。

钺去年招研究生二名。今年任务亦重，将招硕士生二名，博士研究生一或二名。专此，敬承

吟祉

缪　钺拜上　（1982年）3月11日

十一

志岳先生惠鉴：

惠札及赐诗，均已奉悉。

辱承远道赐寄祝寿诗，拜诵感慰。钺生于清光绪三十年甲辰（1904），以虚岁计，今年七十九岁。 先生预示吉兆，感激无已。

今年四月，在草堂举行纪念杜甫诞辰大会，继开学会，甚盼 文旌戾止，藉增光采，且可以杯酒欢谈，以慰离索，而 尊体未尽康复，难以远行，当亦未敢勉乞。好在学会每年举行年会一次，明年四月间，望能南来一游也。

今年三月中，国务院古籍整理小组在京召开会议，钺本拟前往。后因会期推迟，与钺校中工作时间上发生矛盾，又加以近来医生检查，血压升高，心血管供血不足，故只得请假，将对"九年规划"之建议写成书面寄去。

近作七律四首，附呈 吟正。专此奉覆，即颂

著祉

缪 钺拜上 （1982年）4月11日

十二

志岳先生史席：

数月以来，未曾笺候。新春将届，遥惟　兴居佳胜，撰述日丰，为颂为慰。

旧著《诗词散论》，自1948年出版以后，在大陆迄未重印。最近上海古籍出版社重付刊印。兹寄上一册，请　诶正。书中诸文，皆是抗战期中任教浙大时所撰写。当时虽僻处黔中，而山川清峻，生徒向学之殷，友朋盍簪之乐，展卷回思，如温旧梦也。

近半年中工作颇忙。去年冬间又招收攻读博士研究生一名，现在合计有研究生六人矣。最近两年中将不再招收，恐精力不及也，视力仍差，不能久用。专此，敬承
著祺，并祝
潭第百福

缪　钺拜上　（一九八三年）元月三十日

十三

志岳先生史席：

一月下旬曾寄上拙著《诗词散论》重印本一册，谅早

蒙　惠督。

日前接奉　大著《铸新集》，所选录者虽少而精，反覆吟诵，爱不忍释。诗作情辞恳恻，具见师友间风义之笃厚，又不仅诗笔清健而已也。谨赋七言长句一首，另纸录呈，敬酬　嘉贶。

开学伊始，工作颇忙，匆此布谢，即颂

吟祉

缪　钺拜上　（1983年）3月10日

十四

志岳先生：

日前奉到　惠赐大著《铸新集》，曾覆一函，并奉酬七古一首，于3月10日寄出，谅尘　玄览。

二月十八日　手书，三月十四日始收到，不知此函何以在途中如此迟滞。新作两诗均佳，惟寄建安文学座谈会诗第二首“接丽谯”三字似稍生涩，改为“据上游”，如何？

近得黎子耀兄函，言驾吾兄于去年冬日遽归道山，殊增“季重旧游多丧逝”之谈〔一〕。函中又言及仲浦君患病

〔一〕“谈”，疑当作“叹”。

事，远道闻之，深为惓念。昔年黔中诸友盍簪之乐，今日思之，如在天上矣。

近作《迦陵论诗丛稿〔一〕》一文，在《中国社会科学》双月刊本年第二期发表。哈师大谅有此期刊，暇时望　赐读为幸。此颂

吟祉

缪　钺拜上　（1983年）3月20日

十五

志岳先生左右：

三月二十日曾上函札，谅早蒙　青及。月前接奉三月廿二日　惠简，具悉种切。

大作和章，情辞恳挚，气骨苍劲，惟个别音节有可商榷者，如“风物异”，可易为“风光异”（此种七古体可适当用律诗句调）；“墓草芊芊几度霜”句，可改为“芊芊墓草几度霜”，与上句合读，更为协调；“泰山”句声调哑，可改为“江河泰岳共高长”。以上管见，不知是否妥当，乞　卓裁。

〔一〕此处脱“题记”二字。

先生拟撰写《先秦文学简史》，望能早日脱稿，以嘉惠士林。窃以为，《诗》、《骚》为吾国文学两大源渊，近三十年来，在“左”倾思潮影响下，未能发其精蕴，望　尊著能正本清源也。近作《〈迦陵论诗丛稿〉题记》抽印本，附呈　诿正。专此，敬承

著祉

缪　钺拜上　（1983年）4月25日

十六

志岳先生史席：

月前奉到　手书及　尊撰“自传”抽印本，均已拜读。暑热，惟起居佳胜为祝。

本学期即将结束，工作稍忙。叶嘉莹先生根据中加文化交流协定，与钺继续进行学术合作，撰写《灵谿词说》，于五月中返归祖国。先应复旦大学之聘，赴沪讲学一周，于六月初来蓉，与钺商讨撰写计划。吾二人所写《词说》，已完成之初稿，陆续在《川大学报》发表了五期（约四万馀字）。兹将学报最近一期刊载之拙作《词说》，附呈　诿正。叶先生最近在蓉写毕《词说》（论南唐中主李璟兼谈南唐词风）约九千字，将在下一期学报中刊出。估计全书

将达二十馀万字，上海古籍出版社预约刊行。

钺近半年中，整理旧稿，除去在《诗词散论》、《读史存稿》所收之二十馀篇论文之外，又在解放前后发表于各报刊中数十篇作品之中，选取二十七篇，名曰《冰茧庵丛稿》，由上海古籍出版社承印，于本年第三季度付排。如能于明年印出，当寄奉　指正。

专此奉覆，即颂

撰安

缪　钺拜上　（1983年）7月4日

吴中匡先生寄示所著《史记太史公自序注说会纂》一册。兹附寄《川大学报》一册，中附一札，请　费神转致吴先生。

十七

志岳先生吟席：

奉到八月七日　手书及　大作五律。拜读甚慰。　大作清峻老鍊，足见诗境之日进矣。

杜甫学会将于明年举行学术讨论会（在何月尚未定，大约在四月），集中讨论杜甫夔州时诗，希望先生能撰写论述杜甫夔州诗之文章赐下，为论集增光。　尊体健康情况近来如何，有佳兴远行否？如能惠临蓉城，既参加学会讨论，又可以畅叙夙怀，尤所欣盼也。

今年十月中，唐史学会在成都举行年会，川大历史系为举办单位之一，又作为东道主，正忙于筹备工作。钺作祝贺年会诗一首，兹寄上复印稿，请 谌正。此颂

撰安

缪 钺拜上 （1983年）9月14日

十八

志岳先生：

月前奉到 手书，敬悉迩来 尊体违和，正在疗养，因此未能于今春来蓉会晤，殊感怅悒。尚望珍摄调护，康复如常，将来仍不乏南来之机缘也。

郭洽周兄竭数年之力，据古希腊文本迻译柏拉图《理想国》一书已脱稿，将付商务印书馆印行，驰函相告，嘱为作序。我写成序言一篇，兹将复写稿附函呈 正。

兹文不多述译著，而着重叙写郭兄之学诣志业以及吾二人相交之笃，庶几读郭兄译著者可以想见其为人，而文中亦可有情文相生之趣。 先生在浙大授学多年，对郭兄与钺均相知甚切，当可知文中所言皆实录也。

去年十二月六日香港《大公报》刊载一篇报道文章，介绍我与叶嘉莹教授合撰《灵谿词说》事，尚简明扼要。兹附函寄上复制品一纸，请　赐览观。

初开学事忙，匆匆覆此，敬颂

痊安

缪　钺拜上　（一九八四年）二月廿八日

（原信复写件，家藏。）

十九

志岳先生：

六月十六日　手书并大作均奉悉。

先生《先秦文学史》已脱稿，并正拟撰写深入论述屈原《离骚》之专文，闻之甚慰。屈原为吾国最早又最伟大之文学家，志洁行芳，对后世文学影响极大。端赖　鸿笔，阐发幽光。

根据中加社科院之协定，叶嘉莹教授于五月十一日由京来蓉，与我继续合作，撰写《灵谿词说》，为期六周，已于日前飞京，即返加拿大。在此期间，除讨论已写成的诸文外，叶先生写新稿三篇，我写了两篇，共计约四万字。并商定计划，预计 85 年底，将论唐五代两宋词部分之《词说》全部写成，编排整理为《灵谿词说》上册，先付古籍出版社[一]印出。叶先生初到时，我询及在哈尔滨时曾否与　左右晤谈（以前我常向叶谈到我们在浙大同事多年相契之谊），叶先生说，因为先生身体不适，未能晤谈，失此良机，殊为可惜。

《川大学报》第二期已出版，兹寄奉一册。此期中有叶先生所撰《词说》论柳永词之文三篇。文中就柳永家世传统、政治抱负、生平遭遇、特殊性格，综论柳永思想中儒学传统之用世之志及其爱好新兴歌词的浪漫性格两者冲突中所造成的一生悲剧；又论述柳永词多方面之成就及其与东坡词之微妙关系，而其"有唐人高处"的开拓之词风影响东坡。文中广征史事，义据通深，与仅凭直觉做空泛评赏者不同。

近作小诗一首及四月中杜甫学会开幕词印稿，并呈　指正。专此奉覆，敬祝

身体健康

缪　钺拜上　（1984年）6月28日

拙著《冰茧庵丛稿》，由上海古籍出版社承印，已出预告，将于今年10月出版，届时将嘱出版社直接寄　左右指正。钺又及

（原信抄件，家藏。）

〔一〕即上海古籍出版社。

二十

志岳先生左右：

久未通候，时在念中。去年有两名　先生指导之研究生来蓉访晤，藉悉　尊况。顷奉手简，快如面晤。

尊体渐衰，此亦自然规律。钺年来亦感精力不及，容易疲倦，颇思摆脱一些工作。所指导之硕士生五名，今夏即毕业完竣，以后不再招收硕士生，只培养博士生（已有三名），可以减少负担。白内障成熟后即可施行手术，手术不难，亦无甚痛苦，效果常是良好。哈尔滨谅有医院可以施行这种手术。惟施行手术后，须静养两三个月才能工作耳。钺右眼施行手术迄今五年馀，基本保持稳定。

浙大旧友黄尊生兄隐居香港，年逾九十，而精力尚佳，年前寄示其新作《述怀》诗，钺作七古一篇报之，述及浙大旧事。兹寄呈　指正。

云天万里，北望依依，诸希为道珍摄。专此顺颂

撰祺

缪　钺拜上　（1985年）4月23日

（原信复印件，由张安祖先生提供。下同。）

二十一

志岳先生：

去年 贵高足来蓉访晤，藉悉 尊况，时在念中。日前接奉 手札，快如面晤。年来 尊体违和，三次入医院治疗，尚希时时珍卫，颐养天和。

数月前 赐寄尊撰《论李清照词》一文，早已拜读。最近又蒙 惠赠大著《先秦文学简史》，拜领感慰。此书体例爽洁，言简意赅，是 先生多年教学科研之结晶，超出于近年一般教材之上，将深有裨于治先秦文学者。

钺近年精力渐衰，而工作仍繁，只可量力而行。与叶嘉莹教授合撰之《灵谿词说》，经四年之努力，全书已脱稿，即将编次成书，交出版社付印。

小诗二首，附呈 吟正。专此，顺颂

著祉

缪 钺拜上 （1986年）10月8日

二十二

志岳先生：

久未通函，时以为念。顷奉一月廿日 手示，具

悉　先生住院治疗，各种病况，均见轻减，甚以为慰。望更加强调摄，庶几体气更可康复。　惠示近作《祝黑龙江诗社成立》诗，清疏可诵。

我近来精力亦不如前，只能摆脱一些不必要的事情，勉力于主要者。我已不再招收硕士生，现在只培养四名博士生，其中一名定于今年三月举行毕业论文答辩。与叶嘉莹教授合撰之《灵谿词说》，去年编次成书，约四十万字，交付上海古籍出版社刊行，今年可以出书，届时当寄奉一册，请　指正。《北朝会要》之编纂工作，仍在进行。小诗一首，附呈　吟正。此颂

春禧

缪　钺拜上　（一九八七年）二月八日

二十三

志岳先生：

接奉　手书，恍如面晤，反覆循诵，殊慰远怀。

尊体医治，迄未能完全康复，此亦老年人之自然规律。尚望开怀颐养，常使心情愉悦。钺迩来体气亦衰，双腿僵化，步履艰难，看书写字，容易疲倦，写稿经常出现笔误，经旁人发觉始知，此亦无可奈何者也。

大作两诗，气格清健，颇耐吟诵。

贵省自去年刊行《江西诗词》期刊，提倡风雅。数月前，钺寄去诗词数首，在最近出版的第五期中，刊出七古两首，其中有答谢先生寄赠《铸新集》一首。钺所以寄投此诗者，拟借以存江西乡邦文献，亦以见吾两人数十年之交谊也。钺并已函告该刊编辑同志，可向　先生索稿，因本省名家支持，可为该刊增光也。《江西诗词》第五期，另封寄上。

钺与叶嘉莹教授合撰之《灵谿词说》（论唐宋词部分），付上海古籍出版社刊印，今年十二月中可以出书。届时当函请该社直接寄奉一册，以乞　指正。以后尚拟合撰续集。

近作诗词各一首，附呈　吟正。

专覆，敬颂

著祺

缪　钺拜上　（1987年）8月28日

二十四

志岳先生：

八月下旬曾寄一函，附近作诗词，又另封寄《江西诗词》一册，谅早尘　清览。

近接南京大学讣告，郭洽周兄遽归道山，五十年金石之交，一旦幽明永隔，其为怆痛，如何可言。作挽诗一首以寄哀思，附呈　郢正。

专此，敬承

著祉

缪　钺拜上　（一九八七年）九月二十六日

二十五

志岳先生史席：

久疏笺候，时在念中。奉到去年十二月三十日手书，情辞恳挚，循诵感慰。惟以春节前后，酬接繁忙，稽覆为歉。

先生老年多病，此是自然规律。我近来双腿软化，站立不稳，行动困难。元月十七日，国务院、国家教委在京召开全国高校优秀教学成果奖颁奖大会。事前通知川大，要我赴京出席。我年老体衰，不能远行，川大林校长代我出席颁奖大会。我获得国家级特等奖，堪以告慰。

近来工作，只能量力而行，不必要者都辞谢了。只是指导博士生，履行科研计划。继续与叶先生合撰《灵谿词说》续集，撰成之文稿，分别发表在《川大学报》或其他期刊之中。拙著《冰茧庵序跋辑存》，最近由巴蜀书社印出。另封寄上一册呈正。

北国风寒，诸希珍卫。此颂

春禧

缪　钺启　庚午人日〔一〕

二十六

志岳先生史席：

去年春间惠书早已奉读，顷又接手示并大诗，甚为快慰。大诗气格苍劲，“挹注”二字可用。

去年春夏以后，即为及门博士生景蜀慧修改论文，定稿，并准备答辩会事，甚为忙碌（川大于去年成立“三国史研究中心”，我任主任，也增加一些琐事）。景君论文题目是“魏晋诗人与政治”，用诗史互证之法，论析深至，国内专家如谭季龙、周一良诸位先生都给予高度评价，认为能别开生面，为近年来魏晋南北朝史博士论文中之上品。于今年3月22日通过答辩，建议授予史学博士学位。

我近来体气衰惫，不如以前，但仍需从事于一些必要

〔一〕即1990年2月2日。

之工作。《北朝会要》文稿，今年底全部写成，审稿工作艰巨，将由副主编刘琳同志任之。《灵谿词说》续集，我已发表了十馀篇，叶嘉莹教授亦发表了四、五篇，须超过二十篇后始能编成付印。《骈枝集序》短文，已先在《文献》1991 年第一期中刊出，亦怀旧之篇也。

年岁老迈，涉世亦深，读陶渊明集更深有体会。窃以为在中国古代士人中，渊明兼综儒、道，寓愤激入世之壮怀于冲夷淡泊之中，在“真风告退，大伪斯兴”之世，实为最高之修养。昔山谷谓东坡“少读范滂传，晚和渊明诗”，我亦有同感也。

先生近年来体气亦衰，望善自珍摄，颐养天和。如多读渊明诗文，亦可有裨于养生之道也。

年前所作《叶嘉莹〈迦陵诗词稿〉序》，最近在《中国文化》第三期中刊出。兹寄上复制件一份，乞诓正。小诗三首，并呈郢正。专覆，即承

道安

缪　钺拜上　（1991 年）4 月 12 日

二十七

志岳先生：

惠函及大作，均已拜读。

先生在养病期间，精神较好时，仍能执笔为文，阐发精义，读后甚慰。

钺去年亦曾作《陶渊明“好读书，不求甚解”新释》文稿，将在《中国文化》期刊第五期中发表。（此期刊在北京、香港、台北三地同时印行，容量甚广，编辑部在北京。不知在哈市学术机构中能常见到此刊物否。）文中认为，渊明《五柳先生传》乃晚年所作，此言亦有为而发。

钺迩来精神尚好，惟腿力日衰，几不能下楼。惟求清心省事，以临晋人帖、读渊明诗自遣。11月初，将在成都举行三国史国际研讨会。我是主办人之一，撰《研究三国史的重要意义》一篇发言稿，已印出，将在会上散发。兹附寄一份，呈正。此颂

痊安

缪　钺拜上　（1991年）9月28日

二十八

志岳先生：

来函奉悉。近一年来，我常写一些《诗话》在《四川政协报》发表。12月21日该报所载《冰茧庵诗话》(九)，即记述先生与我唱和之作。兹寄上剪报一纸，以奉清娱，可以为怀旧之资也。此颂

吟祉，并贺

新年之禧

缪　钺拜上　(1991年)12月24日

与程千帆书

一

千帆先生史席：

接奉　手书，拜诵感慰。前岁蒙　赐寄　尊夫人子苾先生《涉江诗词稿》，清隽馨逸，自成一家。时钺病目十载，视力模糊，未即奉覆，深觉歉仄。去年对右眼白内障施行摘除手术，戴特配眼镜，能勉强看字写字，差堪告　慰。弘度先生学问气节卓尔不群，与钺相交数十年，风义笃厚。在十年浩劫中含冤逝世，极可伤痛，得　先生大笔，撰述佳传，足以慰其在天之灵。　征询轶事，待回忆后当札录奉寄。董理旧稿事，辱承　关注，因视力衰损，读写均难，故尚未遑从事也。回忆廿馀年前，在武汉、北京与　先生及诸友谈艺论学，意气发扬，而十载沧桑，风云变异，侵寻老病，素业荒疏。故交零落，念南皮之旧游；枯树婆娑，哀子山之新赋。抚今思昔，亦良可慨矣。今年

三月，杜甫研究学会举行年会，闻已发请柬，敬邀　文旌，极望　拨冗惠临，得谋快晤也。小诗一首，附呈　哂正。专此，即颂

春禧

弟缪　钺拜上　（一九八〇年）一月廿八日

（原信复印件，由巩本栋先生提供。）

二

千帆先生史席：

捧诵　手翰、大诗，并蒙　惠赐尊著《唐代进士行卷与文学》及尊夫人遗著《宋词赏析》，至深感谢。　尊著阐述唐代进士行卷各种情况及其与科举制度、文学发展之关系，取材详赡，论析精覈，昔日读唐人诸集，所疑滞不明者，读　尊著后，均可涣然冰释。甚佩，甚佩。弟旧作诗词中，赠与弘度翁者数首，亦可略见其生平。兹倩人抄录，寄呈　玄览。专覆，并颂

吟祉

弟缪　钺拜上　（一九八一年）二月廿五日

三

千帆先生史席：

久未通候，时在念中。顷奉　手书及大作，拜诵感慰。　大作论杜子美《饮中八仙歌》，认为此诗标志杜子美清醒的现实主义之起点，见微知著，义据通深，极佩卓识。尊著《古诗考索》即将问世，定多精义，惠允寄赠，先致谢意。

钺近年来，视力衰损，工作繁忙，黾勉以赴，时虞不及。年前整理旧作二十馀篇，集为《冰茧庵丛稿》，付上海古籍出版社刊印。去岁秋冬间，该社出版通讯中已有评价文章，并预告出版日期为八四年十月，而至今尚未出书，盖印刷厂延迟之故。早已函嘱责任编辑，《丛稿》出书后，即直接寄奉　左右以求指正。

叶嘉莹先生与钺合作分写《灵谿词说》，已完成唐宋词部分五分之三，尚在继续撰写中。

唐圭璋先生将主编《唐宋词鉴赏指南》，自是词坛盛举。承　嘱撰稿，尚有困难。去年春间，上海辞书出版社拟编辑《唐宋词鉴赏辞典》，嘱写辞条，钺允诺写十馀篇（每篇约千馀字，体例要求与《唐宋词鉴赏指南》相似），荏苒一年，尚未竣事。已写成者既不便一稿两投，而又无有精力时间另撰新稿，不得已之苦衷，尚乞　鉴谅，并请转告圭璋先生，代致歉忱。

江苏古籍出版社已将“《唐宋词鉴赏指南》编写体例”寄来，当另作函答覆。

近作七古一首，附呈　指正。专此奉覆，敬承

著祺

缪　钺拜上　（1985年）3月20日

四

千帆先生：

久疏函候，遥惟　兴居佳胜为慰。

赐赠　大作《校雠广义·目录编》，拜领感谢。由　先生指导与贵高足徐君合著之《校雠广义·目录编》，通贯古今，博采众说，对目录学进行全面论述，补前修之未备，示后学以津梁，诚为有功士林之书。

春初曾作小诗一首，附呈　哂正。专此，敬承

著祺

缪　钺拜上　（一九八九年）八月十三日

五

千帆先生史席：

新年伊始，遥惟　兴居佳胜，撰述日新。

惠书及大作，均已奉读。王瑶先生忧郁逝世，海内人士同此悲悼。　大作《浣溪沙》二首，悼念亡友，幽咽怨断，诚为张皋文所谓感物造端，兴于微言，以相感发，可以道贤人君子幽约怨悱不能自言之情者，洵属倚声之上乘也。

钺近来体气渐衰，而本职工作仍繁，只得黾勉从事。去年所作小诗三首，附呈　正律。此覆，即颂
新年之禧

缪　钺再拜　（一九九〇年）元月八日

六

千帆先生史席：

承示　大著《殷石臞教授墓铭》及《唐音阁吟稿序》两文，均已拜读。《殷铭》典雅庄重，有齐梁遗韵；《唐音阁吟稿序》追溯师承，弥见亲切。两文均极耐吟诵。钺迩来指导博士生论文，赋小诗一首，另纸录呈　郢正。专覆，敬颂
著祉

缪　钺再拜　（一九九〇年）六月十日

七

千帆先生史席：

前奉　手示，并大作《赵少咸先生遗书序》，非但文辞峻洁，而惓念师门，足征风义之笃，拜读甚佩。

钺少读史书，慕顾亭林之为人，有激浊扬清之志。长更世变，波谲云诡，始知书生之见，迂远而阔于世情。迩来读陶渊明诗，更有所悟。昔黄山谷谓东坡“少读范滂传，晚和渊明诗”。坡公殆亦深有会于此旨欤。作《拟古》一首抒怀，并《浣溪沙》小词，并呈　郢正。

去冬撰《历代蜀词全辑题记》一文，近已在《文献》中刊出，寄上复制品一份，请　諟正。肃覆，敬承
著祉

缪　钺再拜　（1990年）8月26日

八

千帆先生史席：

9月5日手书及大诗，早已奉悉。顷又蒙　赐寄数十年前钺致弘度先生书札、诗词稿复制件数十通，拜领感谢。《闲堂自述》亦拜读。

钺致友人书札，多未存稿。此次重读诸复制件，恍如隔世。其中诗词，亦有未存稿者，可以补入也。弘度先生致钺书札及诗词，“文革”期间，虽经骚乱、播迁，但大部分幸尚保存，数年前，曾复制寄交茂舒。

来函所示四十年代　尊作五古一首，道出阮、陶心事，实获我心。窃以为司马子长作屈、贾合传，真是千古卓识。屈原、贾谊之高才伟抱及其坎坷之遭遇（直道不容），是很有代表性的。中国二千年来优秀士人大抵都是屈、贾类型，阮、陶二公亦屈、贾之流也。近作《拟古》诗一首，发抒此旨，附呈　指正，此诗虽称心而言，而辞语质直，乏冲夷之趣。

尊撰绝句《独携》五首，堪称诗史，悼念王瑶先生一绝，尤为沉痛感人。读《闲堂自述》，具见　先生平生治学之艰贞历程及精深造诣。

近作《虞美人》词一首，附呈　正律。此颂

著祉

缪　钺拜上　（1990年）10月5日

九

千帆先生史席：

数月前，承蒙惠赐大著《被开拓的诗世界》一书，拜读之后，因琐事丛脞，稽迟未覆为歉。近又蒙赐赠大著《程千帆诗论选集》及与吴新雷先生合著之《两宋文学史》，拜领感谢，并请代向吴先生致谢。

大著数种，均系多年积蓄之精深学诣之表现，所谓深造自得，厚积而薄发者，读之诚能益人神智。同时，又可以看出。在三十年极“左”思潮影响之下，怀瑾握玉高才卓识之士如先生者所经过之坎坷历程及坚忍不拔之操，更使人感佩无极也。

钺迩来体气日衰，时感疲惫，除去承担少数必要工作（如培养博士生、主编《北朝会要》）之外，惟愿清心省事，以临晋人法书，读陶渊明诗自娱。近作小诗二首，附录呈正。专此，敬颂

著祉

缪　钺拜上　（1991年）9月22日

十

千帆先生史席：

十月十七日手书，早已读悉。事忙稽覆为歉。

大作《读斸戏斋诗杂记》及重九感怀诗，均已　拜读。感怀诗健笔纵横，寄慨深至。

惠简所示尊著《〔一〕宋文学史》中疏漏之处，均遵嘱在原书中改正。迩来出版社校对不细，时有误植。《〔二〕宋文学史》93 页 3 行，“照耀乾坤四百卷”。“卷”字应是“春”字之误植。又 135 页 13 行，“王安石希望苏轼在南京定居”。按“南京”应作“建康”，盖宋代之“南京”在今河南商丘，非今之南京市也。

迩来又细读　先生与吴新雷先生合著之《两宋文学史》，资料翔实，考订精细，体系紧密，而识解宏通，评价平允，尤为特色，与时下流行之文学史诸书，拘泥于僵化理论模式与极“左”观点者迥乎不同。第其品格，殆与鲁迅《中国小说史略》相近。

来函建议，钺与弘度先生书札论学之语辑录成册，以

〔一〕此处脱“两”字。
〔二〕此处脱“两”字。

备付刊，至感　厚意。待稍暇，当从事于此。

近作短文一篇，附呈　诓正。冬寒，伏乞为道珍摄。

此颂

著祉

缪　钺拜上　（1991 年）11 月 8 日，立冬日

与王仲荦书

一

仲荦先生史席：

去年春间蓉城会晤，极慰夙怀。日前刘统、薛贻康两君持　尊札来访，道及左右殷勤相念之意，至深感慰。刘、薛两君，勤敏好学，善于深思，足见　先生教导之有方。两君游览成都附近名胜古迹之后，已于四月二十八日启程赴渝矣。

两月前蒙　赐寄大著《魏晋南北朝史》。前日又接到　赐寄大著《北周六典》。　先生著述斐然，极可敬佩，识见功力，两擅胜场。《北周六典》钩稽考证，翔实精覈，在治学方法上，足为士林树立楷模。

去年岁末，弟目疾增剧，几同盲人。今年一月入医院对右眼施行白内障摘除手术，视力较前略有好转，借助放大镜可勉强看字，但仍不能书写，故此札由弟口述，倩人

代写，不恭之处，尚乞鉴谅。专此，敬颂
著祉

弟缪　钺启　（一九八〇年）五月二日

（原信底稿，家藏。下同。）

二

仲荦先生惠鉴：

久疏笺候，遥惟　兴居佳胜，撰述日新，为颂为祷。日前上海人民出版社寄来　惠赠　大著《魏晋南北朝史》下册，谢谢。　尊著取材弘博，论析深细，而文化部分尤为精彩（晚近撰断代史者对此方面往往简略），拜读甚佩。拙著《杜牧年谱》补订本于六四年写定清稿，十年浩劫，幸未散失，最近由人民文学出版社刊印，月前曾函嘱社中寄奉先生一册，敬乞　教正，谅已尘　玄览矣。弟右眼于去年施行摘除白内障手术，戴特配眼镜，可以勉强看字写字，但仍不甚清晰，且不能持久。专此，敬承
著祉

弟缪　钺拜上　（一九八一年）三月十三日

三

仲荦先生惠鉴：

奉到惠札并　大著《北周地理志》、《西崑酬唱集注》，谢谢。先生兼治文史、功力深至，极为敬佩。近因事忙，故仅读一部分（以后当再细读全书）。《〈北周地理志〉前言》，详述治学甘苦，谨严之风，足矫时弊。钺平日读史，对于北周地理蓄疑之处，检阅有关条目，亦得以冰融雪释。注西崑酬唱诗，不仅注明典故，且结合作者生平，阐发诗中微旨，尤为可贵。孟伦先生来蓉，道及左右远道相念之意，至深感慰。赠蒲孝荣君之《北周地理志》已转致矣。读《〈西崑酬唱集注〉前言》，知先生亦喜李义山诗，与钺有同嗜，去年冬间所作七律一首，附呈　指正。专此奉覆，即颂

著祉

弟缪　钺拜上　（1981年）4月26日

四

仲荦尊兄先生史席：

秋气转凉，遥惟　兴居佳胜为慰。弟所指导之四名研

究生由教师朱大有、杨耀坤两君率领外出参观实习，途经济上，嘱其晋谒　崇阶，敬聆　清诲，乞不吝　赐教，极所感盼。学会事已筹备就绪，十月中　文旌贲临成都，可以一罄积愫也。专此奉恳，敬承

著祉

弟缪　钺拜上　（一九八三年）八月廿二日

薛贻康同志均此致候。

（原信复印件，由郑宜秀女士提供。）

五

仲荦尊兄先生史席：

别来匝月，想早已安抵济南矣。

蓉城史会，相聚旬日，得慰积年契阔之思，惟惜会务丛脞，未能从容论学，多承　教益。将来如有机缘，文旌于春秋佳日，乘兴西游，在川大讲学，庶几可以数共晨夕也。

在成都时，曾谈及钺及叶嘉莹教授合撰《灵谿词说》之事。最近《川大学报》丛刊《唐宋文学论丛》已印出，其中有叶先生所撰《〈灵谿词说〉前言》，说明撰写此书之缘起、意图、体例、作法、特点等等。兹寄奉一册，请　赐览观。另有拙作《论刘因词》小文，亦请　指正。

专此，即颂

著祉

弟缪　钺拜上　（1983年）12月11日

尊夫人前均此致候

（原信抄件，家藏。下同。）

与周汝昌书

汝昌先生史席：

日前齐儆同志来寓，道及　左右殷勤相念之意，至深感慰。去年弟目翳增剧，几同盲人。今年一月间，赴医院治疗，右眼施行手术，视力较前略有好转（左目翳障如故），配眼镜后可勉强作字，但仍昏花吃力，且历时稍多，即觉酸痛。兹勉力写此札，以慰悬系。字迹疏拙，殊增惭悚。　先生迩来著述斐然，誉满中外。远赴美国参与红学盛会，远道闻之，极为欢忭。弟近来一切情况均详告齐君，托其面述。临颖北望，不尽依依。敬颂

撰祺，并祝

潭第百福

弟缪　钺启　（一九八〇年）八月九日

（原信照片，由周伦玲女士提供。）

与黄永年书

一

永年同志：

日前奉到　惠札及赐寄唐史学会论文数十篇。承　嘱圈选二十篇左右，将出版论文集。此次大会论文，佳作甚多，拜读敬佩。我圈选二十三篇，选择标准，不知是否恰当，尚乞　裁酌。专覆，即颂

著祉

缪　钺启　（一九八零年）十二月一日

念海先生均此致候。

（原信复印件，由黄寿成先生提供。下同。）

二

永年先生惠鉴：

赐书及大著两篇，均已奉悉。《唐代两税法杂考》、论李勣二文，论证精密，切合事情，拜读之后，平日读唐史时久蓄胸中之疑难问题得以冰融雪释，甚佩甚佩。 贵校经教育部批示，成立唐史研究所， 史筱苏先生以硕学重望出任所长，又有绩学之士如 先生者为之辅翼，定能探研深邃，撰著日新，可喜可贺。 来示谓拟聘李必忠君兼任研究人员，已转告李君，甚感盛意。李君在川大历史系任教三十年，成绩显著，去年由学校决定，提升为副教授，已呈报省高教局以俟批准。钺久患目疾，视力衰损，难以翻检群书，操笔撰写，正在辅导研究室中数位中年教师编写《北朝会要》、《三国志选注》，偶有所获，亦写成论文。以后希望常与 贵所联系，多承 教益。专此奉覆，敬颂

著祉

缪 钺拜上 （一九八一年）三月廿四日

筱苏先生处请代致问候。

李必忠君嘱笔致候

两位先生。

三

永年先生：

顷奉　手书，敬悉种切。必忠、贤华两君于本月三日启程，由重庆乘船东下，估计八日或九日可达扬州，出席年会。小诗代简，写在诗笺上，另有推荐李必忠君代我出席理事会及推荐陈贤华君代我出席年会各一纸，均由必忠转致　左右。近作七古一首，附呈　指正。专覆，即颂

台绥

缪　钺拜上　（一九八一年）十一月二日

四

永年先生左右：

日前李君必忠自扬州归来，道及唐史学会年会盛况，甚以为慰。李君并转交　惠赠宜兴瓷壶及粉条，谢谢。近来此间正举行七九级研究生毕业论文答辩，并筹划明年招研究生及授予学位诸问题，工作较忙。钺与日本吉川幸次郎先生赠答诗三首，手写稿寄至日本东京汉学会，曾蒙复制，寄来一份。因友人多索阅者，故又在川大复制。兹附

函寄上两份，赠与　左右及筱苏先生。专此布谢，并颂
著祉

缪　钺拜上　（一九八一年）十二月十三日

筱苏先生均此致候。

五

永年同志：

四月二日　手书奉悉。

两月前，谢元鲁君自西安返蓉，带到　赐函及惠贶三彩磁骆驼，拜领感谢。　大作纪念令亲童书业先生一文，亦已拜读。

日前陈贤华君自西安归来，道及曾晤　左右及筱苏先生，并言　文旌将于四月中莅蓉，共商筹备唐史年会之事，甚为欣盼。

四月中，我与陈君均在校中，望早日　启程南下。来蓉后，住川大招待所，不成问题，陈君可通知系办公室安排也。快晤非遥，诸俟面罄。此颂
台绥

缪　钺拜上　（一九八三年）四月六日

筱苏先生均此致候。

与李埏书

幼舟先生史席：

暌隔廿载，觌面末由，播州旧游，时萦梦寐。日前文旌来蓉，论学道故，得慰积年契阔之思，欣忭何极。顷奉手翰，拜读感慰。钺所讲唐诗宋词，陈义粗浅。承索录音，弥增惭恧。已嘱胡昭曦君办理，一切手续，均与贵校进修教师颜君联系，敬乞释念。近作小诗三首，写一横幅，附呈两正。目视昏花，殊愧点画之疏拙也。专此奉覆，即颂

著祉

弟缪　钺拜上　（一九八〇年）十二月廿一日

（原信底稿，家藏。）

与贺麟书

一

自昭先生惠鉴：

前年京华快晤，极慰夙怀。顷奉　惠札，拜诵欣忭。拙著《杜牧年谱》，乃“文革”前写定之旧稿，因目力衰损，此次出版前亦未能修改，辱承　奖饰，愧不敢当。去年弟右眼施行白内障摘除手术，戴特配眼镜，勉强可看书写字，但仍不甚清晰，且不能持久。雨僧先生学问文章，高风亮节，均足以信今传后，弟当就所知者疏记之，如“记轶事”之文体，不敢作为传记，因所知不完备也。一九四四年，弟赠雨僧五言长律一首，综述其平生及彼此交谊，兹倩人抄录，并挽诗，附函寄呈玄览。专此奉覆，敬承

著祉

弟缪　钺拜上　（一九八一年）二月十五日

（原信底稿，家藏。下同。）

二

自昭吾兄：

去年五月中，吾　兄应邀来川大讲学，数次晤谈，足慰积年契阔之思。春节将临，遥惟道履康宁，兴居曼福。

接奉　手札并　大著《现代西方哲学讲演集》，拜领感谢。此书乃吾　兄多年来研治现代西方哲学深造自得之作，当仔细研读，定多裨益。

弟迩来工作头绪仍然繁多，勉力以赴，时虞不及。近作短文一篇，附呈　教正，专此奉覆，敬承

著祉，并贺

春禧

弟缪　钺拜上　（一九八六年）元月廿六日

尊夫人前均此致候。

拙著《冰茧庵丛稿》，最近在上海古籍出版社出版，弟以前曾函嘱该社，出版后即直接寄奉吾　兄一册，以便先承　指教。谅已收到矣。

与谢国桢书

刚主吾兄史席：

接奉手书并大著《明清野史笔记概述》一文，博识洽闻，拜读甚佩。尊体偶尔违和，闻之甚念，想近已康复如恒矣。前年蓉城小聚，倏已两载，光阴流逝，良晤难期，极望吾兄能于春秋佳日重来成都，住川大校中讲学，可以朝夕盘桓，畅谈文史，如六三年时也。企盼企盼。专此奉覆，敬承

著祉

弟缪　钺拜上　（1981年）3月20日

（原信底稿，家藏。）

与茅于美书

一

于美吾弟如晤：

两次来书均已奉悉。美国方面同意吾弟赴彼邦从事中美文学比较研究，闻之甚慰。回忆四十年前在遵义浙大时，相与讲习讨论，期望殷切，而岁月推移，世变多故，十年浩劫，幸获健存，今弟更得以发抒所长，扬声异域，追忆曩年赠诗“已感芳菲劳永念，不辞风雨植灵根”之句，欣慰交集矣。陈寅恪先生著述近年陆续刊印，已出《寒柳堂文集》、《金明馆丛稿》、《柳如是别传》。望弟能细读，可以深获裨益。陈先生治学以文史互证，识解精辟，《柳如是别传》，功力尤为深至，此书以钱、柳为主线，论述明末清初江浙地区之文风士气，表扬柳如是从事抗清复明之业，以一弱女子而有“三户亡秦之志，《九章》、《哀郢》

之辞”，尤为可贵也。拉杂书此，聊当晤谈。此颂
吟祉

缪　钺启　（1981 年）3 月 27 日

（原信底稿，家藏。）

二

于美吾弟：

月前吕一飞君自京归来，谈到曾与你晤谈之事。吕君拟总结我数十年教学经验，故趁赴京之便，访问我以前在保定中学、浙大、华大任教时几位弟子。

来书及七绝句诗，早已收悉。诗情意真挚。因近来校中事忙（如报重点学科、评定职称、送一名博士生赴美国等），故稽迟作覆。

你出国讲学推迟到明年，正好多作准备。我的一名博士生已赴美国西雅图华盛顿大学接受国际联合培养（经国家教委批准）。其导师是 David R. Knechtges 与 Jack L. Dull 两位教授（D. R. Knechtges 教授正在将《昭明文选》译成英文）。华盛顿大学是否就是你的母校？

上月接南京大学讣告，郭洽周先生遽归道山。五十馀年交谊，遽尔幽明永隔，中怀怆恸，成挽诗一章，附

寄一阅。

此覆，即颂

文安

缪　钺启　（1987年）10月31日

令尊先生前代为问安。

徐璇同志均候。

（原信复写件，家藏。下同。）

三

于美吾弟：

去年12月3日及今年1月10日两次手书，均已收悉。　令尊先生不慎跌伤，影响神志不清，闻之甚为惦念。深望静摄调养。

承询吕一飞论文发表情况。他的论文，修改成专书，将由安徽黄山书社出版，预定今年发稿。他的论文提要已在《文献》杂志（北京图书馆编辑的）今年第一期中刊出，你可觅看。

你的《中西诗歌比较研究》一书，今年初可以出书，望能先睹为快。《灵谿词说》样书已寄来，共四十二万馀字，款式尚大方。大批装订出来将在二月中。届时该社将

直接寄给你与　令尊先生。

新作《满庭芳》词有不合律处。“钱塘、寻旧迹”，“塘”字应叶韵。“听江潮奔涌”句应作“｜－｜－－”，可改为“听奔涌江潮”。结尾数句佳。

我今年工作将较忙，因为有两名博士生撰写论文，我要进行批改。

近作寄日本友人大平桂一君绝句两首，附寄一阅。此覆，即颂

冬祺

缪　钺启　（一九八八年）元月十七日

令尊先生前代我问安。

徐璇同志均候。

四

于美吾弟：

前后两函，均已收悉。

吾弟美国之行，又将延期，此事只好耐心等待。你这次赴美将去哪个大学，是否你昔年在美国攻读的华盛顿大学？该校有一位美国汉学家 David R. Knechtges 教授（汉名康达维），其人汉文学造诣甚佳，从事英译《昭明文选》，

能用汉文写文章，不知你曾听说过此人否？

你已收到出版社寄给的《灵谿词说》，希望你细读。这是我与叶嘉莹教授合力精心结撰之书。叶先生多读外国书，能运用西方文学理论以评析中国诗词，是我所不及也。

近作《水调歌头》一首，附寄。此颂

文安

缪　钺启　（1988年）5月31日

令尊先生前请代为问安。

徐璇同志均候。

与熊德基书

一

德基先生史席：

接奉手翰，三复捧诵，快如觌面。惠赐玉照两帧，足慰积年契阔之思，而神采奕奕，恍如二十年前在蓉相晤时也。大著两篇，均已拜读。《答客难》一文对于武则天评价诸问题，辨析明确，足以祛疑解惑，而论中国古代小农经济为基础之农业生产兴衰变化之规律一事，尤见通识，又不仅限于论武则天也。论《天雨花》作者一文，根据人间罕见之《个山遗集》，博采众籍，曲证旁通，考明作者为刘淑英，足以发潜德之幽光，断三百年之疑案。来示所谓《天雨花自叙》中有一句显有错字者，殆指"悼殒葆之殇，危楼思子"。此句确实费解，尊意谓"殒葆"盖"殒节"之误，并举颜延之文为证，颇合情理。小诗三首，另纸写呈教正，其中《移居》一首，借琐事以寓十年浩劫之

慨，先生谅有同感也。近照两张，附函寄奉存念。大著论《天雨花》文遵嘱另封寄还。专此奉覆，敬颂

著祉

缪　钺拜上　（一九八一年）四月十七日

（原信底稿，家藏。下同。）

二

德基先生惠鉴：

赐札及　大诗均已拜读，近因事忙，裁覆稽迟为歉。

反复吟诵大作诸诗，才华横溢，寄意深邃，信乎贤者之无施不可也。在河南息县咏怀一首，寓悲愤于和婉之中，且能融入新意。第五句“早岁枉□□□□”，所空四字，可能尚在推敲中。鄙意似可作“早岁枉称铁汉子”，不知如何？北宋刘安世刚直有风节，苏东坡称之为“铁汉”，与　先生为人相合，且用“铁汉”对“玉堂”亦较工稳。哀悼周总理及贺龙、陈毅诸公之诗，情思悲壮，气首沉雄，读之使人感动。“每全大体”二句尤能道出周总理之虚怀亮节、苦心孤诣。

拙著《诗词散论》，屡蒙　奖饰，极感赏音之遇。四月中在草堂举行杜甫学会年会，加拿大籍华裔学者、不列

颠哥伦比亚大学叶嘉莹教授远道来临，盘桓数日，论诗甚契。叶君言，少时即极喜读拙著《诗词散论》，心仪已久，后来在其论著中常引用拙著之语，盖所见多同也。此又一赏音之遇矣。叶君论述中国诗词之作，已出版者四种，颇多新解胜义，所作诗词亦工。赠叶君诗一首，另纸录呈　指正。

最近在《光明日报》中读尊著《略谈“史”与“论”的关系》一文，切实平允，甚惬鄙怀。专此，敬颂

著祉

缪　钺拜上　（1981年）6月11日

三

德基先生史席：

奉到长函，多是肺腑之言，读后甚为感慰。

白内障摘除手术，眼科医生认为并非难事，且效果好者约百分之八九十，惟顺利摘除后，视力恢复情况如何，要看患者具体情况而定。我去年对右眼施行手术，出院后休息三月馀，视力较前好转，生活能够自理，但仍昏花，不能看字。医生为我配一眼镜，戴眼镜后，在特定距离、特定视野内可以看字写字，但不能持久，久则目睛疲胀不

适。（譬如，写此信，要休息数次始能写完。）

先生谓生平写诗都是称心而言，无意“作”诗，其实这正是很高的境界。陶渊明诗都是自然流露，杜工部还不免有“语不惊人死不休”之“作”意也。大作《读三国志》二绝寓意深刻。苏东坡称刘安世为“铁汉”事，见清陆应阳撰《广舆记》，我未见过原书，是见到转引的。

叶嘉莹教授今年五十馀岁，六十年代末，她在哈佛任教，与舍妹婿杨联陞君同事，七十年代，她一直在加拿大不列颠哥伦比亚大学亚洲系教授中国古典文学，并指导博士学位的研究生。其人才华功力都好，所著书已出版者有《迦陵谈诗》、《迦陵论词丛稿》（1980 年上海古籍出版社印行）、《王国维及其文学批评》、《古典诗歌评论集》（以上两书均香港中华书局印行）、《杜甫秋兴八首集说》（此书我尚未见到，叶君允将寄来）。诸书析论精细，颇多胜义。叶君主张，用西方学者所擅长之思辨方法，对于中国文学批评中之词句精炼而蕴含深邃的妙语微言加以清晰明确之阐释。今年秋后，叶君在哥大休假一年，已应南开大学之聘，回祖国讲学，将来在京时，定有机缘与　先生会晤也。叶君极愿为祖国尽力，培育人才，以诗教培养青年学人之高尚情操与爱国主义思想，曾有诗云：“构厦多材岂待论，谁识散木有乡根。书生报国成何计，难忘诗骚屈杜魂。”

近作答叶君诗一首并叶君原作，均另纸写录呈　正。

萧颖士在唐代文学史上并无重要地位，外国治汉学者常是喜欢走“冷门”，找小题目，这可能与考学位有关。考博士论文往往要求窄而深。要求深是对的，不过，偏僻并不等于就是“深”；至于“窄”，必须建筑在广博的基础上，如果基础不广而过早求“专”求“窄”，则对于培养通才是不利的。

因此我联想到我国培养研究生的工作。78年。我招收了四名研究生，成绩比较好，毕业后，三名留校，编制在我的魏晋南北朝研究室内。79年，我本想招两名，结果，考生成绩差，只取了一名。80年我未招，估计到考生来源不足。果然，这年川大历史系有五个专业招研究生，因为考生成绩差，一个也没取。今年，我将招收三名研究生，据说，77级学生中颇有优秀者。我认为研究生必须基础好（如较好的语文阅读与写作能力，尤其是阅读文言书的能力，较多的文化知识，略知治学方法），否则不易培养。培养时应注重在广博的基础上求专精。先生主持所中培养研究生工作多年，定有丰富的经验，区区鄙见，不知亦有可取者否？

拙著《诗词散论》，上海古籍出版社正在重印。去冬，有编辑来蓉，与我面商，照原书样式重新排印，直行，繁体字，我又增加一篇《诗三百篇纂辑考》（亦是在浙大的旧作）。三月中，责任编辑来信说，已付排，但是至今尚未印出。在出版后，将寄奉一册呈　正。

先生上次来函问到我的别号，我字“彦威”。

学校放假，稍有空闲，故拉杂书此，以当面谈。专此，敬承

著祉

缪　钺拜上　（1981年）7月9日

（原信抄件，家藏。）

四

德基先生：

近数月中，因事务繁忙，久疏笺候。顷奉　惠札，拜诵感慰。

先生左目失明，可能是白内障已经成熟。如找医生诊察，施行摘除手术，可得相当好的效果。

承询李孟符《春冰室野乘》及《石硅厅志》两书事，已嘱助手去察访，容后奉告。大著《读三国志》二绝句，豪宕有奇气。至于“以笔杀人者为上士”一语，究出何书，我一时想不起，亦嘱助手检阅《说苑》诸书。

近一年中，我甚为忙碌。去年、今年共已招收攻读硕士学位研究生五名，今年十一月中，又招收攻读博士学位研究生。我指导研究室成员编书工作，去年冬间，已将所主编之《三国志选注》（我写了一篇前言）交与中华书局（据说，拟于今年十月中付排），而《北朝会要》，尚在抄录卡片，明年开始整理、考订。近一年中，我因应付需要，难以推却时，曾撰写《论王静安诗词》、《杜牧评传》、《陈寿评传》三篇，好在均有原来的基础，故尚可勉力写成。最近又与加拿大不列颠哥伦比亚大学叶嘉莹教授合作，共撰《灵谿词说》一书。叶教授于今年春夏间应聘来川大讲学，讲唐宋词。叶君对中国古典文学造诣很深，论词极多精义，不囿于成说，所见与我多相合或相近者。《灵谿词说》之内容是纵论唐宋至清历代词人，评其得失，述其流变；其体例亦别创一格，每立一说，先以七言绝句撮述要旨，并附以较详细之说明，冀能略具论词绝句、词话、词史诸种体裁之性质而汇集为一。两人分别撰写，随时交换意见，待积稿完备，然后复审，编定成书。“灵谿”之名取自郭璞《游仙诗》“灵谿可潜盘，安事登云梯”。但只是断章取义，与原诗之意无关，“灵谿”象征一种境界，以喻对词评赏时自有可乐之处而已。拙作《灵谿词说》四则，已在《川大学报》中刊出，另封寄呈　指正。

今年四月中，在纪念杜甫诞辰大会上所作“纪念辞”及七古诗印本一份，又近作小诗二首，并附函呈　正。

久未通信，故覙缕言之，不觉其烦也。专此，敬承著祉

缪　钺再拜　（1982年）10月6日

（原信底稿，家藏。）

五

德基先生：

元月十八日　手书及赐示大诗数首，均已拜读，至深感慰。来示说，去年收到拙稿《灵谿词说》之后，曾寄来一长函，但迄未收到。外来函件寄至川大历史系者，我都能收到，因为每天都有人从系办公室给我带来，不知　先生赐函何以失落，殊可惋惜。

尊著《唐代民族政策初探》一文，已仔细拜读。资料丰赡，论析精覈。文中谓唐太宗以汉人而习染鲜卑，所以在民族关系上能破除狭隘界域，以宽广胸怀执行开明的民族政策，此论深惬鄙怀。私见常以为，我国古代儒家所倡导的民族观念，认为，民族的界限，重在文化而不沾滞于血统，一方面讲“华夷之辨”、“夷夏之防”，一方面又主

张“夷狄而进于中国则中国之”，此两种提法是一种辩证的结合。其目的在于保存当时华夏高度的文化与经济，不使其受到戎、狄等落后部族的干扰，而另一方面又想用华夏高度的文化影响这些落后部族，而引掖其前进于华夏之域，并不因为血统的不同而永远歧视、排挤他们（譬如像今日南非种族主义者那样）。这种开明的见解后来很见效果，使中华民族不断地发展壮大，增加新鲜血液。秦汉时期，春秋、战国时的戎、狄、舒、夷等族均不见了；隋唐时期，魏晋以来内迁的诸族，如匈奴、鲜卑、羯、氐、羌等也不见了；他们都是“进于中国则中国之”。我常以为，唐朝所以能朝气蓬勃，成为盛世，魏晋以来四百年中的民族融合是一个重要因素，因为它给中华民族增添了新鲜血液。在古代君主中，在这方面有两个人最有贡献：汉族君主是唐太宗，少数族君主是北魏孝文帝。他们二人都是有远见大度，消除民族血统的偏见，以华夏——汉族的优秀文化，融合各族，在历史上是很有功绩的。我在讲魏晋南北朝史专题时曾涉及此问题，因读　尊文而略发之。　先生以为或有可取否？望进而　教之。

来示谈到，已写《漫谈诗钟》一文，待刊出后当拜读。诗钟虽是游戏之事，但可以练习作诗的构思之巧与艺术之精。我记得前人所作诗钟有很精彩者，如咏物格，楼与刘备，“其中绰约多仙子，天下英雄惟使君”。（集白居易、陆游诗句，贴切、工巧、浑成。）又如嵌字格，“磨”、“画”二字，“去日暗惊磨镜老，看人多学画眉深”。（这是黄晦闻先生所作，隐喻感慨。）承　询“元、殿、花、眼”，殿何所指，这确实费解，我一时还想不出来。

大诗四首均清峭有致。“偶因避祸欲逃名”句，“名”字入韵，与下文“真”韵不叶，改为“逃名去”，何如？

拙撰《灵谿词说》续稿，又在《川大学报》82年第四期中刊出，兹寄奉一册呈　教。小诗两首，附博一粲。专覆，敬颂

春禧

缪　钺拜上　（1983年）1月28日

（原信复写件，家藏。下同。）

六

德基先生：

近数月中，因为事忙，久未通候，而时在念中。顷奉　惠札并大作纪游诸诗，循诵快慰。

先生于初夏之际作江南之游，寻幽探胜，足称快举。　大作纪游诸诗，在叙写情思景物之时，而高怀卓识

时时流露，如“乌啄岂能共富贵，何如一舸载西施”，“广福寺前方小憩，山中时有鹧鸪鸣”，“讲学林泉扶正气〔一〕，书生大节系兴亡”，“银河千叠疑无□〔二〕，洞里行舟似跨虹”，“静中别趣悠然得，张伞寻诗过断桥”，“昂首西湖应足慰，吾侪今日展宏图”等句，均极清警，耐人寻味，而模写景物，形象鲜明，如在目前，犹其馀事也。

来函说将于十月中应约来蓉，参加唐史学会年会，闻之甚为欢忭。（月前童超君来函，亦告知此消息。）今年四月间，黄永年君来蓉，与川大历史系商酌，筹备学会开会事。川大历史系做为东道主，除补助少数经费（约一千元）外，负责一切事务工作，现已筹备就绪。会址租赁空军招待所，在市南郊，距川大不远，房屋尚整洁，大约可容百人左右。尚记六一年春夏间，先生来蓉，相聚半月，论学甚契。时隔二十年，此次重来，正值季秋天高气爽之时，将可以促膝畅谈，一罄积愫，何乐如之！老年学者，或以事忙，或以精力不及，固不必均有论文，但能发抒闳议，则与会者均受沾溉矣。

〔一〕“扶正气”，陈可贞先生所编熊德基先生诗集《鉴堂诗草》中作“拚一死”。承王曾瑜先生惠示。

〔二〕原复写件此处即为空格。

近作七律一首，祝贺唐史学会年会，并月前所作数首，均写于另纸，附呈　郢正。

快晤在迩，馀俟面罄。专覆，即颂

吟祉

缪　钺拜上　（1983年）8月31日

另封寄上《川大学报》83年2期一册，其中有拙撰《灵谿词说》续稿，请　指正。

与叶嘉莹书

一

嘉莹先生史席：

别来半月，想文旌已安抵加拿大矣。月前蓉城小聚，如接神光，委宛论心，情澜不竭。钺孤怀涉世，久叹沉冥，真识难逢，期诸梦寐，不意迟暮之年，竟获钟期之赏，而英气灵襟如左右者，尤平生蕲向之所在，私心庆幸，庶几庄生所谓万世旦暮之遇矣。嘉会难常，骊歌遽唱，中怀怅惘，怳若有亡。昔汪容甫与刘端临，闻名而思，既见而相许，不数日而遽别，离索之感，愔结于心。容甫与端临书曰："诚使学业行谊表见于后世，而人得知其相观而善之美，则百年易尽而天地无穷，今日之交乃非偶然，离别之故，又不足言也。"循诵斯言，聊自解慰，并愿与左右共勉之。

前者赠诗之第六句，拟改为"志托幽兰谱素琴"。用

“幽兰”曲名对“漱玉”词名，较为工稳，且与“琴”字有关联也。

迩来每日拜读大著，如聆娓娓清谈，虽远隔沧溟，而亲如觌面。文中精义胜解，均用朱笔标出，以备为尊著作序时含英咀华。所撰序文，拟取名为《迦陵丛稿题记》〔一〕，不知恰当否？《题记》当精心结撰，将可为吾二人珍贵遇合留一纪念。然仅此犹未足也，如蒙不弃，愿相与合作，撰写评论诗词之书，庶几如容甫所谓“诚使学业行谊表见于后世，而人得知其相观而善之美”，则尤所欣盼者矣。

四月廿七日上午，先生于飞航之前，匆促之际，辱临舍下话别。虽喜出望外，而亦在意中。灵犀之通，常情难解，感激之意，岂可言宣，此古人所谓“人生得一知己，虽死可以不恨”。愿为您诵之。

旧作十馀首，录奉清娱。惟冀秋风暂起，重返京华，则形神更觉相近矣。临颖怅悒，不罄所怀。肃此，敬颂

吟祉

缪　钺拜上　（1981年）5月13日

尚有数事相告：

《题记》内容，除阐发尊著中评论诗词之精义要旨外，

〔一〕正式发表时更名为《〈迦陵论诗丛稿〉题记》。

尚拟兼论大作诗词之美以及左右之襟怀志量（如爱国忧时之思、成育人才之志），最后则叙殷勤相契之意。此种安排，尊意以为如何？

大作西安纪行诗〔一〕中“天涯”一首拟采入“题记”中。有两个字，似可改易。“北斗京华有梦思”句中“有”字可改为“系”；“还乡值此中兴时”句中“值此”可改为“恰值”。愚见当否，请赐裁酌。

以后尚拟陆续选录旧作诗词，寄存尊处，以留永念。

（原信底稿，家藏。下同。）

二

嘉莹先生史席：

赐寄大著、赠诗、手札、照片等，均于本月十五日收到，循诵展玩，感谢无量。

日前曾寄一函，附诗词旧稿，谅尘清览。因未曾料到左右回温哥华如此之速，故于十三日始发出，有劳久盼，至深歉仄。

照片甚佳，静对凝视，宛如草堂相聚之时，永当珍藏

〔一〕即《记游绝句十一首》。

箧中。大著中诸题，钺极感兴趣，当仔细研读。已读过第一章及“后叙”。第一章妙意纷披，“知与情兼胜的秉赋”一评语，堪称静安之后世扬云。“后叙”自述治学撰文之经历及思想演变之过程，文情斐亹，真切动人，是一篇自叙佳作。

赠诗（第二首贴切真挚，意境浑融，第二联尤胜）及手札，恳恻之情，洋溢楮墨，每反复循诵，细心领会，不觉感激涕零。人之相知，贵相知心，肺腑之言，敢尘清听。钺少读古书，缅怀千载，有独往之愿，有难解之情，常思得一兼有才学识三长而又能心心相印之人，结为永契，共勉大业，而数十年中，上下求索，终成梦幻。自与嘉莹相遇，如接神光，灵台之中，顿生异感。窃以为嘉莹有难能可贵者三端：能作精美之诗词而又有渊博之学识与深邃的见解，此难能可贵者一也；既有灵襟逸韵，而又兼具英气豪情，此难能可贵者二也；少时论词即推重静安先生《人间词话》，并喜读拙著《诗词散论》，针芥相合，神交已久，此难能可贵者三也。兼具此三端，就钺个人言之，固为旷世难期之奇遇，即纵观茫茫人海，上下千年，有此种遇合者，恐亦未能多觏。然则钺对于此次嘉会珍惜宝爱之情，久而弥笃，又岂无故哉。陶渊明诗云：“托身已得所，千载不相违。”区区微诚，敬献此语。

手札称钺为“老师”。就学识论，万不敢当，而就心情言，则甚喜此种称谓之亲切。如钺之谫陋，苟能得绝代英才如嘉莹者，为绛帐增荣，相与讲习切磋，共勉大业，如曾南丰之与陈后山者，其心中之欢欣庆幸，又岂可言喻耶。

《题记》，当精心结撰，作为珍贵之纪念以仰报知己。其中评介尊著论诗精义要旨之部分，当研读全著，细心寻绎，尚需时日；至于其他部分，比较易写，兹将已写成之评介尊作诗词一段，另纸抄写，附函呈请审阅裁覆，以便修改。

奉酬一律，另纸写奉吟正。

接到赐寄诸珍品，因急于写回书，以慰悬系，故未暇录旧稿，以后当陆续抄寄。此覆，即颂

吟祉

缪　钺拜上　（1981年）5月18日

三

嘉莹先生史席：

五月十三日曾寄一函，十五日接到惠寄诸珍品，于十八日又覆一函，谅均蒙清览。六月一日又收到赐寄尊著《中国古典诗歌评论集》一册，谢谢。

我尽半月之力，研读尊著《王国维及其文学批评》、《迦陵论词丛稿》、《迦陵论诗》三书（新寄来之书，尚未遑细读），甚为钦佩。草堂小聚，未能畅谈，止是心情上之契合，细读尊著，更得到理智上之深知。窃以为尊著有下列几种特点：

一、知情兼胜　论王静安之为人及其文学批评，在精严的分析论断之中，蕴含着深挚的感情，对静安由欣赏、倾慕、惋惜以至于反省，标志着自己思想之转变，使读者想见作者之为人，宛如读《史记·屈原贾生列传》。论大晏、梦窗，也显示出胸襟宽恕，对古人处境的同情。总之，尊著在理性论析的文章中，显示出诗人的气质与襟韵。

二、中西贯通　您不但精熟中国传统的诗论，而且能采撷西方哲思、文评之要旨，故新意焕发，不主故常，能发扬静安未竟之绪，这一点是我所自愧不如的。

三、思想开拓、态度平允　您是深造自得，独抒己见，摆脱世人思想上的羁绊，故衡论古人能切于实际，合情合理，如论梦窗、碧山的身世及其隐微矛盾的心情，平恕惬当，论王静安之死因以及对《红楼梦》的评议，如拨云雾而见青天。

四、论析诗词艺术，精微透辟　这一点正是近来国内论者做得很少的，因为讲思想性可以套框框，而讲艺术，则非精熟于古诗词，且有实践经验知其甘苦者，不能言也。

五、谨严密栗　您所撰写虽是文学评论，并非考证文章，但是论据确凿，无征不信，并且必要时也运用精密的考证方法，如“温庭筠的词集”、“关于梦窗之为人的几点值得论辩的话题”诸节以及考“碧山”出处等，并且勤力搜采到罕见资料，如日本东京文库的《延祐四明志》、哈佛燕京图书馆之《清重刊宋嘉泰会稽志》等，此等处正可以看出您的冰雪聪明，无施不可。

总之，尊著所论，有的是我也曾想到的，但是不能像您阐发得那样精辟透彻，如在古代诗人中最推重陶渊明、杜甫、李商隐，论温、韦、冯、李四家词的异同高下，论王静安死因等，这一类可以说“实获我心”。有的是我未曾想到的，读后深受教益，如论析李商隐《燕台》诗，论大晏、梦窗、碧山诸词。至于论述《人间词话》诸义解，我以前也曾模糊地意识到，经过您的科学分析，更觉晶莹明澈。这一类可以说“使我心折”。

我觉得您实在是具有灵光英气的旷世奇才，希望您今后在诗词理论、中国诗评史、诗词史方面再多放异彩。

近数年来，我因视力衰损，意兴阑珊，诗思文心，颇觉枯涩。自从亲接光仪，饫聆清论，研读尊著，吟诵佳章，如冬树逢春，而盎然顿增生意，文思汩汩，如源头活水之

来，此则私心引为庆慰者也。专此，敬承

著祉

缪　钺拜上　（1981年）6月2日

四

嘉莹吾弟：

七月十八日收到从美国转来的您七月一日手书，欢欣展读，如获环宝。自从七月六、七两日前后收到您六月下旬的两次来信，获悉加邮罢工，甚为怅悒。幸而您想出来一个变通办法，由美国方君处转信。我已于七月六、七日与十二日各寄一函至方君转交，想已递到矣。

来函详谈了将来川大讲学的设想与安排，此事我也经常记在心中，上月曾与系方谈过，但未作具体筹划，因为不知道您秋间回国后已安排定的工作如何。现在函中既将情况详细相告，我将据此向校、系两方提出建议并磋商，看何时邀请您来川大最合适。我想，今年下学期，您既与南开约定，并且还要到东北讲学，恐怕不容易再插入川大之聘；明年上学期，北师大之约既仍在磋商中，则川大亦可进行。如果能争取到整个学期都在川大，那当然很理想，不然，亦可争取住半个学期。我进行的情况，将随时函告，请释悬念。

来函说，您论述古诗人陶渊明、李、杜、李义山、王静安诸家时，均投入自己的心情。这一点，我是体会到的。我在前函中曾说，读您的论著，颇似读《史记》屈、贾传。司马子长作屈、贾传，既洋溢着对屈、贾之同情，亦借以发抒自己的幽愤，故有“无韵之《离骚》”的称誉。我读您论述陶渊明、李义山、王静安的作品时，也是“读其书想见其为人”。同时，我感觉到，您读我的诗词时，也常能体会到弦外之音，所以我前函曾说您“善解人意”。

读您的著作之后，我深深体会并同情您治学的艰苦历程与坚韧魄力，以及您运用新观点讲论古典诗词，想发扬诗教、启迪后进之襟怀抱负。但是世人真知您这些特长的恐怕不多，所以我诗中说“百年身世千秋业，谁向斯编识苦辛”。而“且喜相逢濠上语，无劳独赏镜中人”，则自比于钟期之遇、温雪之交。

附上近作《题缪文远著〈七国考订补〉》七古一首。此颂

吟祉

缪　钺拜上　（1981年）7月19日

五

嘉莹弟：

我于12月16日寄24号函，正因久未接来函而惦念，次日（17日）晚即收你12月1日写的27号函，但是信中所提到的11月26日写的第26号函（附文稿），直到今天（12月23日）尚未收到，不知何故，甚为挂念。

我所寄22、23、24诸号函，谅均收到。23号函中有《题记》清稿。

22日上午给博士研究生举行复试。今年川大六个专业招博士研究生，只有报考我的专业的一名研究生考试合格，可被录取。

你的稿费将由《学报》编辑部寄至令弟处保存。

关于川大明年聘你来校事，进展情况是这样：我与系上商酌，由我写一份申请书（用系的名义），详细陈述明年继续聘你来校进行学术合作的理由。系负责人将此申请呈交校领导。校党委书记、正校长、副校长（管科研教学的）看过之后，全都同意，并加批示签字，文科处长亦同意签字。系负责人将此份批示过的申请书给我看过，并说，将以此为根据，与校外办商酌具体做法。堪以告慰。

日前《中国社会科学》双月刊（中国社会科学院主办

的，对外发行）的编辑冷君〔一〕受舒芜君之托自京来看我。（50年代初，我与舒芜君相识，他现负责《中国社会科学》文学组编辑。）问起我科研情况，希望供稿。我说，最近未写文章，只有一篇《〈迦陵论诗丛稿〉题记》，是序言性质，不知是否符合你刊的需要。冷君说，欢迎。我即命元朗抄录清稿交他带回北京。冷君到京后不久，即有信来，说，舒芜君及其他编辑看了此文，都很欣赏，准备尽快发表，明年第一期已付排，赶不上了，将安排在明年第二期中（三月出版）。我本未想到先发表此《题记》，现在有此机会，可在国内外先做宣传也是好事。

希望能收到在途中迟滞的信。此颂

著祉

钱拜上　（1982年）12月23日

（原信复写件，家藏。下同。）

六

嘉莹弟：

11月11日接到你第十一号函，当日即覆一函，以前

〔一〕即冷铨清先生。

我寄的第十二、十三号两函，想均已到达矣。

13日天朗气清，窗明几净，我重写《相逢行》的横幅，上午写了一半，下午又写了一半。我觉得通幅气韵一致。附函奉上。

冀勤君寄来《〈迦陵论诗丛稿〉题记》清样，要我校看。我看过，没有错字，即将寄回。《论诗丛稿》大约不久即可出书了。

你的《词说》，我仔细读过（看小字还是吃力，以后请按原稿复印，勿缩小）。文中谓温、韦、冯、李、晏、欧等都是使歌词逐渐诗化者，而柳永走的则是另一条道路，即是保持"词"体真正的歌曲性质的通俗道路。（我想，当时天下"有井水饮处，皆能歌柳词"，可能与此有关。）文中又进一步说明柳永词在声律之美、铺述之工以外，尚有其自抒情志之作，则接近于盛唐诗之"兴象"。从而又阐发建安诗之特质在"气骨"，而盛唐诗之特质则在"兴象"。以上这些意见，均属探骊得珠之论。文中分析柳永《八声甘州》词，亦极精细入微。昔魏了翁谓张孝祥之作有"英姿奇气"，吾于你亦云。

日本大平桂一君寄来吉川幸次郎先生的诗集《笺杜室集》，线装精印一册，装订甚为古雅。吉川先生作汉诗功力甚深，韵味醇厚，笔势劲健。集中有赠你的诗与79年所作赠我的诗。

我所主编的《三国志选注》二校样已经寄来。全书八十馀万字，分订两厚册。明年一季度约可印出。等你来蓉时即奉赠一部。

（以上是11月16日写的）

11月17日中午，收到你第十二号函及照片七张，谢谢。

陈邦炎君的两项建议很对。论黄山谷词，我可以写。论白居易、刘禹锡词，内容太少，是否可以联系其他中唐诗人填词者一起论，须再考虑。

先覆此函，馀俟续谈。此颂

著祉

钺拜上　（1983年）11月18日

七

嘉莹弟：

12月23日写第20号函，次日晨发出，其中有香港《大公报》复制品一页，刊载施议对撰《缪钺·叶嘉莹合著〈灵谿词说〉》一篇报道，想已达览。此文刊出，不仅国内人士，即香港及国外人士也知道我们合撰《词说》之事，你的许多友人和弟子将均会看到。

24 日下午收到你第十七号函，甚慰。来函说，加拿大人文社会科学研究委员会又同意向中国社科院提出，推荐你为 84 年中加文化交流的成员。闻之欣忭。预想明年夏间，我们又可以晤面，谭艺论学，何乐如之。此种决定，可以看出，加拿大当局对于你的学术造诣与工作努力的重视以及对于我们合作事业的肯定。我们更应当努力撰写《词说》，做出更多的成绩。我在写毕论姜白石词之后，将写论黄庭坚、史达祖诸人词，你也可以考虑写苏轼、秦观等。《大公报》所载的那篇报道，我拟复制多份，送给校中有关方面。你是否也可以复制多份分送，加拿大学术委员会是否也可以送一份。

近数年中，你回祖国讲学，甚得好评，认为你是海外华裔学者中极富爱国心并愿为祖国培养人才、振兴中华者。（以前杨江柱的文章及今夏《成都晚报》、《四川盟讯》中的报道，都是这样说的。）至于有少数人误解为你有名利思想，亦不足介意，识者是不会轻信的。陶渊明说："摆落悠悠谈，请从余所之。"

有一件事同你商量。月前上海辞书出版社来函说，拟编辑《宋诗鉴赏辞典》，寄来选目及编写体例，要我提意见，并希望承担撰写篇目。我曾覆一函，补充了一些篇目，其中有晏小山《与郑介夫》诗。日前接到覆函，说，完全同意我的意见，将所提篇目补充进去，并请我承担篇目。我覆函，允诺撰写十个篇目。（黄山谷五首，陈简斋三首，晏小山一首，姜白石一首，都是律诗或绝句。）我想到，晏小山赠郑介夫诗，一向未曾被人注意，是你首次重视它，并对于此诗之思想性与艺术性做了深细之阐释。你如果有空闲，即请你写这个辞目，由你署名。（体例要求每篇末都有作者署名，绝句篇目在一千字左右，还有种种规定。）如果你无暇，我即写一篇，注明采用你的意见，写毕寄给你看，你修改寄还，再送交辞典编辑部。你觉得如何做好？

成都天气已经寒冷了，我今冬身体还好，未患病（去冬曾患病），只是工作繁忙，颇感疲倦。

（以上是27日以前陆续写的）

28日接到你12月14日发的第十八号函，甚慰。论柳词文之二修改意见，照函中所示改正。惟“幸蹇”二字连用，终似牵强。

你给赵迎生君寄贺年卡并附短笺，也给川大校外办同样做了（都是直接寄去）。这样做很好。短笺复制品我看了，很得体。

你的论淮海词绝句三首写得很好。第二首点出少游少时所作《郭子仪单骑见虏赋》，尤为独具只眼，能看出少游为人的全面。

郑骞先生论词绝句三十首，真可谓“情词丽句”，很有情趣。不过，他是出于即兴欣赏的角度，与我们所作论词绝句是从词史发展的角度论述每一词人之特点及贡献者不同。你说对吗？

专覆，即颂

年禧

钺拜上　（1983年）12月29日

八

嘉莹弟：

二月七日写26号函寄出。八日收到你廿三号函，十五日我写27号函寄出。二十日收到你廿四号函，是一张短札。

承示《论词之起源绝句》之一复制改稿两张，当即在原稿上照改。

我回想近两年中我们所写的《词说》，还是逐步发展的。初写时，对这种新体裁无有经验，后来运用渐熟，所以深度广度均有所扩展。你所写论李璟、晏小山、柳永诸篇，内容充实，识解创新，很有灵光奇气。我所写论刘因、陈与义、张孝祥诸篇，亦较前深细。最近写姜白石词两篇，亦有进境，仿佛这条道路已逐渐走熟了。我即准备写论史梅溪、黄山谷两家词之文，然后再论白居易、刘禹锡之词（这两家词甚少，没有多少可论者）。我们所创的这种体裁，妙在弹性大，不受拘束，以鉴赏为主，亦可涉及考证（史梅溪之生卒年代、身世、思想，因资料甚少，似尚无人论列，我拟加以探索）、疏释、词的发展流变、词的艺术规律等。篇幅亦可长短不拘，随意抒写，视内容而定。

我论姜白石词绝句，又稍有修改，兹录于下：

江西诗法出新裁，清劲填词别派开。幽韵冷香风格异，湘皋月坠见红梅。

情辞声律能相济，“骚雅”“清空”自一途。若觅浑成深远境，令人回首望欧苏。

（以上二首合写一篇说明文）

窥江胡马伤离乱，金鼓长淮寄壮心。若比稼轩豪宕作，须知笙磬不同音。

请你替我斟酌修改。

我每逢读书撰文时，思路所至，常有些心得、疑难，如果常和你在一起，互相谈论、研究、启发，则心得可以巩固，疑难可以疏解，或进一步深入研索。但是晤语无人，这种心灵所触及者，往往稍纵即逝，何胜浩叹！

我的喉头炎病已经好了，但仍苦于工作头绪繁多，疲于应接，尤其是眼力疲惫。《北朝会要》编纂工作进行迟缓。

近作绝句一首，诗笺写录附上。末两句即追忆八二年一月中事。

我希望你在温城写毕论秦少游词之文，来蓉后，可以商讨撰写论周清真、贺方回或苏东坡之文。此颂

著祉

钺拜上　（一九八四年）二月廿四日

前信写毕，尚未寄，又接你25号函，甚慰。《中国社会科学》杂志社拟将我的《题记》译成英文发表，足见该社对于我们论学之谊之重视，且可藉此向国外传播，有利于我们合作事业之发展。诚可欣慰。

急于将此函发出，故先写此短札，馀俟续谈。

钺又启　2月24日晨

九

嘉莹弟：

3月14日收到你第27号函，当晚即写一信（第卅一号）发出，内附《当代文坛》第二期所载你的讲稿散页，

想已收到。你27号函（2月29日写）函中说，只收到我廿六号函（2月7日写），以后的信尚未收到。我于2月15日以后陆续寄了第廿七、廿八、廿九、三十诸号函，料想均已陆续到达。

《论词之起源》三文稿，已仔细读过，说明敦煌曲子与佛教讲唱之关系，并上溯齐梁，此义前人似尚未曾畅谈，实是一篇力作。

昨日接许总君来函，说，你的《学词自述》一文已在《江海学刊》第二期中刊出（《光明日报》已登该刊广告）。等许君寄来该刊后，我即剪下散页寄给你，并将函告许君，请他将稿酬及《江海学刊》这一期寄至令弟处。

近来正在考虑写论黄山谷词之《词说》，查阅《豫章黄先生文集》及各种有关资料，进行探索。我觉得黄山谷词在宋词中虽非大家（他的诗是大家）而却实在很有特点。黄作诗态度很郑重，几乎没有败笔懈笔，但作词的态度却比较随便，所以有不少"亵诨"之作。但是其佳者，确乎是"妙脱蹊径，迥出慧心。"（《四库提要》评语）黄山谷对于文学艺术都主张走自己的道路，曾说："文章最忌随人后"，又说："随人作计终后人，自称一家始逼真。"他作词也是开径独行，我行我素，瑕瑜不掩，但是能表现出他的才气性情。苏门四学士中，晁补之填词颇受苏的影响，秦少游造诣最高，但是不受苏的影响，远承西蜀南唐，近挹柳永，而自写其词心。黄山谷作词不及少游，但是他也是走自己的另一条道路。张耒不善填词，传作甚少，姑可不论。如果将秦、黄、晁三人比较论之，倒是很有意趣的。

你托梅子君转寄的《词话丛编》尚未到。你回国时，请带几个黄纸大封套（就像我给你寄信的那样大小的）来。

今天是3月21日，仍为未接到你第28号函，先写此信寄出。此颂

教祉

钺拜上　（1984年）3月21日

十

嘉莹弟：

8月14日写甲八号函，谅已达览。此信将寄发时，收到你8月1日写的甲5号函，具悉种切。

来函说，有人撰文推断王静安死因是为“殉清”，与你看法不同。我认为，你的意见是有道理的，与陈寅恪的见解有相通之处。陈寅老《清华大学王观堂先生纪念碑铭》、《王静安先生遗书序》两文中抒发了类似的意见，其言曰：

士之读书治学，盖将以脱心志于俗谛之桎梏，真理因得以发扬。思想而不自由，毋宁死耳。斯古今仁圣所同殉之精义，夫岂庸鄙之敢望。先生以一死见其独立自由之意志，非所论于一人之恩怨，一姓之兴亡。

我认为，这才是通人之论，也是静安之知己。

来函所提到的，罗继祖所写《观堂书札再跋》，我未曾注意，也许是见过此题，但记不清了。最近上海华东师大吴泽先生主编《静安全书》事，据说，将单出《静安书札》。我将随时留意，如果出书，我一定买一册，留赠给你。

我不知道你预定何时返回温城，此函仍寄康桥胡君转。即便函到时，你已回温城，她一定也会转寄给你的。

所示莲生赠你的《浣溪沙》词，多谈理致。莲生最近来信，也录示此词，并谓你的《木兰花慢》词有身世之感。

成都近来天气转凉，渐有秋意。我又开始撰写《词说》，拟将《论刘辰翁》词补写完，然后考虑两个重点：李清照、张玉田。我盼望你回温城，能写论秦淮海与周清真的词论。

此颂

秋祺

钺拜上　（1984年）8月19日

十一

嘉莹弟：

10月4日收到你14号函，9日我寄出十六号函，谅已达览。15日又收到你15号函（此函5日发出，15日收到，邮程还正常），读悉甚慰。来函中说，10月5日才收到我9月16日所寄函，邮程将近二十天，这次未免太慢了。

寄示《论苏轼词》附注校改一则，我已照改。在原稿上改容易，在誊清稿上添改不下，我只得重写一段贴补上。

舒芜先生最近来函说，《论词的起源》一文，11月中可在《中国社会科学》中刊出，并说，应我上次函请，将抽印本寄我三份。他又问，你的稿费寄何处。我将覆函嘱其寄你京寓令弟处代存。

来函又提到，舒芜先生希望你的《论苏轼词》稿及讲诗整理稿都寄给他。我想这很好。你的《论苏轼词》稿，确实是一篇精心结撰的杰作，在《中国社会科学》中发表，能够扩大《灵谿词说》的影响，显示你的学术造诣。至于你所考虑的恐怕《川大学报》索稿须留下应付的问题，我想这不要紧。如果你所撰《论秦观词》文稿能及时寄来并誊清（十二月中旬征稿），则可供明年第一期之用。万一此稿延迟，我还有《论贺铸词》、《论张元幹词》、《论文天祥词》、《论刘辰翁词》四篇稿。取出任何两篇，都有八、九千字，可供一期之用。并且《川大学报》明年只出季刊（争取出丛刊，但学校未确允经费）。二万多字的文章，一期容不下，分登两期，读者极感不便。（上次你的《论柳永词》稿一万五千字，编辑部即拟分登两期，我力主一期登完，所以编辑部才删节了三千字，你来蓉后，亲自提出意见，才又增补。）照此情况估计，你的《论苏轼词》稿，在《中国社会科学》中刊载，时间快、影响大，且能表示你与中国社会科学院的关系，有利于将来加拿大人文科学委员会与中国社科院再为你安排来华从事科研，撰写《灵谿词说》。至于《川大学报》按期刊载《词说》，也不愁缺稿。元朗誊抄你的讲稿，还差四十多页，因为他近来工作忙，所以进度慢。我拟先将《论苏轼词》文稿寄给舒芜，庶几能早日刊出，并在文稿后写一段跋语（用第三者编者的口气）如下：

叶嘉莹教授遵照中国社会科学院与加拿大社会与人文科学委员会的协定，于1984年夏间，自温哥华返回祖国，来到成都，与四川大学历史系缪钺教授进行学术合作，继续撰写《灵谿词说》，为期四十馀日。这篇《论苏轼词》，就是在此时期撰写的。至于缪、叶二教授合撰《灵谿词说》之意图与体例，具详叶教授所撰《〈灵谿词说〉前言》

中，载《四川大学学报丛刊·唐宋文学论丛》，1983年11月出版。

说明你受中加文化交流协定的资助来成都，工作是很努力而出色的，同时，也可以对《灵谿词说》进行一点宣传。

徐俟续谈。此颂

教祉

钱拜上　（1984年10月16日）

十二

嘉莹弟：

10月15日接到你甲15号函，16日写甲十七号函，寄出，谅已收到。22日收到你甲16号函（10月13日写的，邮程正常），附《论秦观词》文稿（一）及黄纸封套，谢谢。

我在10月16日函中详细陈述你的《论苏轼词》文稿应当应舒芜先生之嘱发表在《中国社会科学》中的种种有利之处，我想你能够首肯。我于18日即寄此稿（详细校改过的）至北京舒芜处，希望能于明年上半年中刊出。

关于你的《论词的起源》稿，我曾致函北京海关驻邮局办事处催询，后得该处覆函云，已于9月23日交邮局嘱其寄回，但至今一个月，尚未寄到。我拟再致函北京总邮局催询。

来函说，哈佛和麻省拟请你于明年3月底、4月初赴该校讲演。我想，这很好。你可以借此机会在美国听众中阐述一下我们合作撰写《灵谿词说》的意图、体例、观点、方法，并选讲几篇“词说”为例，以广宣传，扩大影响。所选“词说”，只是温庭筠，似乎太少，可以酌增冯、晏、欧中的一些。《前言》与《词说》如能印发更好。你在美国讲毕，回温哥华稍作安排，可于4月底、5月初来成都。

你在哈佛时寄给我的顾太清《东海渔歌》复制稿，已于日前收到，谢谢。

上海汤高才君来函说，《唐宋词鉴赏辞典》的辞条，每篇可以写一千多字至两千多字。我已经在抽暇试写。兹将写毕之“秦观《八六子》词”一篇寄给你，在体例上供你写时参考。写这类辞条，内容都是选我们已经胸有成竹的，谅不太费心，只是费时间。

我正在酝酿写《论张先词》之文，尚未动笔。因为近来工作甚忙，正在筹备下月初在蓉举行的魏晋北朝史史学讨论会，还将成立学会，又要举行三名硕士生的答辩，招考一至二名博士生。在会议期间，元朗也将做许多工作。

余俟续告，此颂

教祉

钱拜上　（1984年）10月23日

附札

你的《论秦观词》，我仔细读过，论析精细，亦可谓深得词心。我将安排元朗誊抄清稿（怕时间晚了来不及）。在体例上，我有一点意见。

这次原稿中，有些注，我觉得是多馀的。比如第1页引刘熙载《艺概·词概》云云，已经很清楚了，而文后注（1），又注出所引《艺概》的页数、版本。《艺概》并非罕见之书，何必注版本，而所注台湾再版的《词话丛编》，错字甚多，并非善本。我们以前发表过十馀期《词说》，引书都是只写书名、卷数、篇名，从来不注版本、页数，此文何必多此一举，自乱前例。所以在誊清时，我拟将此类附注，如（1）、（2）、（3）、（4）、（8）、（9）、（10）、（12）诸条都删去。（5）、（6）、（7）、（13）诸条注，则保留。至于注（11），我对原文增补为"苏籀《双溪集》卷十一《书三学士长短句新集后》（《丛书集成初编》本）"而将注（11）删去。此书较少见，故注版本。这样，原来的注（5）、（6）、（7）、（13），我改为（1）、（2）、（3）、（4）。

十三

嘉莹弟：

9月29日收到你12号函，我于30日即写一函（12号）寄京寓，想已收到。10月4日又收到你自津来函（13号）。考虑到你将于10月11日回京住几天，故此函仍寄京寓，庶几及时见到（如寄津，恐怕信到时正是你离津时）。

你最近一个时期，奔走南北，太累了，希望在津能够安居，心情稍静。

《词说》全稿（36万字），我又复校一遍，改正了一些小疏误，已经分订成若干册，日内即将寄沪，以便早日出书。自从你离蓉后，三个月中，我一直在编订《词说》书稿，现在告一段落，心中稍觉轻松。

中华诗词协会希望你编教材一事（词选评注），我劝你不要答应。评注工作是很费事的，要大量查书，仔细研寻，稍一疏忽，就会出错，至于助手，亦很难觅得合适者，如果不合适，反到误事。我对于此工作亦不感兴趣，不如写《词说》续集能发抒心得。我曾想过，与你合选一个词选本，体现我们的论词标准，但是与一般编教材不同。

来函提到，希望川大明年请你来讲学。我当然很愿意你来共同研讨。但是按规定，此事须经外办，就麻烦了。82、85两年秋冬间，历史系都曾提出申请教部请你来讲学，一切表格手续都办好，而外办加以阻挠，迄无音信。近四年中，幸亏你的努力，在加拿大申请得到热情支持，而中国社科院也愿意合作，所以四度来蓉，相互赏契研讨，完成《词说》大业。这是极可庆幸之事。

我估计你回到南开定居之后，我即将论辛词清稿复制件寄给你，还将寄其他书籍。袁世硕有信来，说，已收到我所寄你的论辛词稿复制品，即交付《文史哲》刊登。希望你致函袁君，加一编者按语，说明此篇是我们合撰《灵谿词说》之一。

此颂

秋祺

钱拜上　（1986年）10月8日

十四

嘉莹弟：

收到你自津来函（13号）后，10月8日写一函寄京寓，因为估计函到时你正在北京也。你前函说，14日回天津，所以写此函寄津，你回津后即能见到。

《灵谿词说》全部清稿，我复校毕，装订成二十个分册，每册号码都用大写数字写数目字（如“叁”、“拾肆”），每篇亦按目录顺序写明号码（如“第十二篇”），非常清楚。外附“目录”一份。用牛皮纸袋分装成几个袋，然后用布缝成一个包裹，于10月9日上午交付邮局航空寄往上海古籍出版社第二编辑室。我又写一信寄陈邦炎君（航挂），说明书稿已寄出，请他收到后，审阅，并指定责任编辑，函告我，我以后直接同他联系。

四年中共同勤劳，撰成此书，现在编成寄出，总算大功告成，只待出版（希望能在明年印出）。我心中很感轻松愉快。此书将来流传天壤，灵光常存，学林瑰宝，前无古人矣。

等接到你回津后的来函，我将陆续寄许多东西给你。

10月中旬，高校古籍整理工作会议在成都举行，我又要忙一些。

近一个多月，你南北游走，太劳累了。回津后，希望能安居讲学。此颂

教祉

钱拜上　（1986年）10月11日

十五

嘉莹弟：

25日曾发一函（十六号），次日即收到你第十六号函（你所寄十五号函迄未收到），甚以为慰。我日前所汇稿费88元及《川大学报》、《文学遗产》想已亦收到矣。元朗说，接你来函，知论辛词稿复制品已收到。

《灵谿词说》稿寄出后，上海古籍社二编室收到后即有信来，但是迄今尚未接到陈邦炎君的信，不知他如何安排。

你写的“编者按”，我看过，结尾处增补了几句，原件附还，可迳寄袁世硕君。

来函说，你明年回加拿大以前，一定争取机会来成都相聚，这正是我所欣盼的。如果加方仍同意资助我们撰写《词说》续编，是最理想的。夏间你曾说，成都科技大学外办拟请你明年来讲学，不知后来有无联系。

我现在正在酝酿撰写一篇纪念陈寅恪先生的文章。北大季羡林、周一良、邓广铭、王永兴及复旦蒋天枢诸位先生发起，拟于1990年印出纪念陈先生的论文集（这年是陈先生诞辰一百周年），来函征稿。（至迟1989年6月以前交稿。邓先生日前来蓉在我家晤谈时，也说起此事。）

我当然答应撰稿，因为我治学深受陈先生启发之益。不过，撰写纪念陈先生之文，很不容易，我拟将陈先生的七种专著再重新仔细阅读，酝酿心得。现在正在读《柳如是别传》两册。我觉得，陈先生探索古人诗词之精义微旨，其方法之精密，思力之敏锐，很值得我们学习。你如有暇时，可向南开图书馆借《柳如是别传》读一读。

日前，寅恪先生之女公子陈流求君来访，说，中山大学拟于88年举行讨论陈寅恪先生学术的会议，希望我能去参加。我说，年老体衰，不能远行，将在家中撰写纪念陈先生的论文。

前作《踏莎行》词，写一条幅寄上，请你保存。

馀俟续谈。此颂

教安

钺拜上　（1986年）10月29日

十六

嘉莹弟：

11月17日，接到你十九号函。我于11月寄十九号函，即是告诉你，陈邦炎先生提出的关于编次《灵谿词说》稿需商兑者二事。你均同意，很好。

陈函中提到此书将优先付印，争取明年出书，在国内就算很快了。我以前题诗中说“真赏长存天地间。”所谓“真赏”，有两种涵义。一是我们对于唐宋词人的真赏，另一则是我们两人相互间之真赏。此书问世，这两种“真赏”都将长存于天地之间，发抒灵光奇气。

来函提到，有一种新出的附有资料的《乐府补题》，我未见过。《文学遗产》1985年第一期登载萧鹏《〈乐府补题〉寄托发疑》一文，可参看。至于王沂孙《花外集》，四印斋所刻词中有之，不过《全宋词》所录王沂孙词，已很完备。

我近作《读〈柳如是别传〉》七律一首，在八句中，将柳之性格、才华、志业及平生要事，均融汇于内，作时颇费裁酌。不过，需要注释始能确解，故附有较详之注。另录三纸，请你评定。

小儿玄明赴甘孜州支边一年，期满回蓉，于16日到家。此颂

教祉

钺拜上　（1986年）11月17日

十七

嘉莹弟：

7 月 9 日接到你第二号函，（邮程六天，较一号函快。）甚慰。知道我的第一号函你已收到。我于 7 月 1 日、8 日又各寄一函（二号、三号），均寄王冠奎君转。二号函（挂号）附有上海古籍出版社给你的公函。你离沈时如尚未收到二号函，回京后请致函王君，将此函加封寄京寓。

你的《迦陵诗词稿》，我已将删改增补的意见批注在《诗词稿》印本上，将另封寄京，供参考。

你的第一号函于 6 月 30 日收到（邮程十一天），所寄飞机票，元朗已做了报销手续。邮程迟滞，使我们联系不便。

函询诸事，答覆如下：

一、《文选》卷三十一江淹《杂体诗三十首》，其中拟"休上人"篇有句云："西北秋风至，楚客心悠哉。日暮碧云合，佳人殊未来。"

二、《蕙风词话》卷一："吾听风雨，吾览江山，长觉风雨江山外有万不得已者在。此万不得已者，即词心也。而能以吾言写吾心，即吾词也。"

三、《三国志·陈登传》所载之"许汜"，一般版本均作"汜"（音似）。

此函挂号寄出，想你到京后即可见到。近一年中，你南北讲学，虽贡献甚大，但亦太劳累了。你回到温城后，虽然工作仍忙，但可以安居，免去奔波之苦。此颂
教祉

钺拜上　（1987 年）7 月 10 日

潭第百福

十八

嘉莹弟：

8 月 18 日收到你第七号函之后，知道你将于 17 日离京返加，19 日写一函（九号）寄温城，希望你到温城十日之后即能见到我的信。21 日又收到你临行前在京所寄短函（八号）。你回到温城，可以安居，心神稍静。

我近来考虑一个问题。清人论词，有借用《庄子·养生主》篇“以无厚入有间”之语以论词艺者，但都是略点一下，未曾详说。据蒋敦复《芬陀利室词话》，汤雨生曾说，董晋卿曾用“以无厚入有间”论词，而蒋与汤论词时，又提出“以有厚入无间”之说，与董说不同。汤雨生谓董说指出南宋金元人妙处，而蒋说指出唐五代北宋人不传之秘。蒋氏在另一则中又提出他所谓“以有厚入无间”之说，

认为，南宋词人中，只有辛、吴等少数几家能臻此境。（具见《芬陀利室词话》，在《历代词话》中，请你查看一下。）谭献《词辨》亦有“以无厚入有间”之语评周清真《浪淘沙慢》（晓阴重）词。

诸家之说都未曾详细阐发，使人迷闷。但是我想他们是有心得的，可惜未尽说出。用“以无厚如有间”论词，颇有哲理意味。（本来老庄哲理中多与美学理论相通者。）我想探索一下。请你暇时考虑，研治此问题如何深入。

《文史哲》编辑部寄来该刊 1987 年第四期，其中刊载你的《论辛弃疾词》。裁下单页，附函寄上。

辅大校友会胡恒立君如将你讲课时录音带寄来，我将仔细放听，有问题即记下来，供你参考。

以前函中曾提到，希望你写一首诗（或词），纪念《灵谿词说》编次成书。还有，希望你买十几个黄纸封套（就像这次寄信所用的）寄来，琐事奉渎，先致谢。

温城的大学九月开学，你又将进入日常工作了。此颂
教祉

钱拜上　（1987 年）8 月 30 日

十九

嘉莹弟：

9 月 25 日，收到你十一号函，心中甚慰。我所寄十一、十二、十三诸号函，谅均递到。

来函说，你在加申请时，获悉原来支持我们研究的这一项目已经取消，闻之颇为惆怅。不过，我们合撰《词说》续集之工作仍可照常进行。我又想起一个办法，国家教委 1987 年 8 月颁发的培养博士生文件中有一条规定，在开辟中外合作培养博士生的渠道中，“经有关部门同意，培养单位可以聘请外国专家来华，合作培养博士生”。我想根据这一规定，与赵书记商议，建议川大当局，在你明年四月份回祖国讲学时，邀请你匀出一段时间来川大与我合作培养博士生景蜀慧，其论文题目是《六朝诗人与政治》。这是你所擅长的。

因此，我又回想，前四个夏季，西楼雅集，在幽静环境中从容论学之乐，当时视为寻常，今后将难再得。

《川大学报》第三期已出版，其中有《〈灵谿词说〉笔谈》三篇，兹裁下散页寄上。其中周裕锴之文写得很好，分析深细，很能窥见吾二人之用心。《学报》编辑部负责人希望我们的《词说》续集诸文仍陆续在《学报》刊出。

我已将《论高观国词》一篇付之，将在第四期中刊出。你如有暇时，亦希望寄稿来，如《迦陵随笔》之短篇亦可。清人论词，时有模糊影响之谈，诚如来函所论。“以无厚入有间”之说，周济用之，据汤雨生所谈，董晋卿亦言之。周、董二人交谊密切，可能同有此意见，你的《论词丛稿》中阐述已明。蒋氏“以有厚入无间”之说，亦可能是故作惊人之论。

来函附寄照片三张、黄纸封套、邮票等，均收到，谢谢。展阅照片，宛如暑中相聚时也。

日前接南京大学讣告，挚友郭洽周（斌龢）兄不幸仙逝。洽周兄与我相交五十年，最称莫逆，一旦幽明永隔，伤恸何极。作挽诗一首志哀，附函呈　正。

暑假中，我给你看过的我所撰“浣花风景区”联语，请徐无闻君书写，已刻成。9月28日，浣花风景区筹建会为修建大门牌楼（在青羊宫）落成举行集会，请我去参加，对联悬挂在大门楹柱上，相当好看。明年你来蓉时，可去看一下。

日前施议对君来蓉参加文论讨论会（我亦接到请柬，未去），会毕来寓看我。通信已久，初次见面。畅谈两时许，本拟留彼晚饭，可以多谈，施君因另有约会，离去。

此颂

著祉

钺拜上　（1987年）10月4日

二十

嘉莹弟：

收到你廿六、廿七两号函后，我曾于3月30日、4月3日各寄一函（卅四号、卅五号），其中有我所撰《论汪元量词》文印本剪页。谅均已达览。

函中提到，川大已写毕对你的“邀请通知书”，寄国务院、教委的外事局，由外事局寄给你。

上海沈君来信说，除去已分寄《词说》精装本给我们两人之外，重印封面一千本（将题签移入框内）即将印毕，待装订成书（平装），即可分寄我们两处，并按名单分送赠书。沈君函中又说，已装订的《词说》，已分发给新华书店及各地代售的古籍书店。但是最近元朗进城时，曾到各书店去看，并未见《词说》出售，可见运输之慢也。

4月8日《光明日报》刊载下列一条消息：

首次中加大学校长会议在天津举行

第一次中国和加拿大大学校长会议于4月6日开始在天津举行。这次会议有中国南开大学、加拿大不列颠哥伦比亚大学等19所高等院校的校长和部分官员参加。校长们本着增进了解与友谊，发展合作与交流的宗旨，围绕中加高等院校的现状和发展趋势等议题召开讨论。

会议着重探讨中加联合培养博士生的途径、原则和方法。

这次会议有你们的 B.C. 大学，会议着重探讨联合培养博士生的工作。

我正想写一篇论词中浑厚之境的文章。所谓“浑厚”，就是浑融自然，而回味醇厚。譬如吃水果，我认为，荔枝之味是浑厚的，置于口中，不必用力咀嚼而自然融化，甘芳四溢，立即感觉，吃过之后，仍然馀甘满口。梨之味是爽脆的，苹果之味是松绵的，但均不够“浑厚”。浑厚应是词中最高境界，无论是豪放或婉约、清空或丽密、小令或慢词，都以能达到浑厚者为最高境。伫兴之作、神来之笔，大多是浑厚的，如苏的《水调歌头》（明月几时有），但是思索安排之作有时亦可进入浑厚之境，如周清真《满庭芳》（风老莺雏）。白描者可以浑厚，多用典故者有时亦可以进入浑厚之境，如辛稼轩《贺新郎》（绿树听鹈鴂），但是其《永遇乐》（千古江山）一词，用事多，有用力的斧凿痕，不够浑融。王沂孙的词，如《天香》（孤峤蟠烟）等，虽然思笔双绝，但读起来吃力，不够浑厚，如《摸鱼儿》(洗芳林夜来风雨)、《摸鱼儿》(玉廉寒)下片“江湖兴、昨夜西风又起……馀恨渺烟水”,《长亭怨》(泛孤艇)下片“水远,怎知流水外,却是乱山尤远。……犹识西园凄惋”。都是能达到浑成之境,让人百读不厌者。我有一种感觉,凡是浑厚之作,吸引力强,很容易背过,以后也经常记得住。以上略抒所想,此中问题尚多,希望你给我启发。拉杂书此,究不如面晤之能详尽畅谈也。

此颂

教祉

钺拜上　(1988年)4月10日

二十一

嘉莹弟:

9月9日接你第四号函(自京临行前所寄),10日写一长函寄温城,谅达。16日又收到你到温城后6日来函(五号),甚慰。我于8月30日、9月5日各写一函(四号、五号)寄温城,谅均收到矣。

你回祖国三个月,做了许多工作,回温城后,又将忙于教课,不过可以免于奔走,望时刻注意保重。

日前接南京大学王步高君来函,望我转告你,希望给

《金元明清词鉴赏辞典》撰稿。请你斟酌，如果有暇，即写一两篇，否则暂时不写。如果写稿，王函中说，望能于10月底以前寄出。

我近来研究张惠言词，有一种感想。张惠言于嘉庆元年（时三十六岁）以举人身份（嘉庆四年，他才中进士）到歙县金榜家中教书。因为金氏诸子弟好填词，于是张惠言辑录《词选》二卷，示以途径，并作《序》以发挥他对词的独特见解。歙县是僻远的山区，此事在当时鲜为世人所知，张惠言亦以为词是“小道”，“所托既末，知音盖稀”。（金应珪《词选后序》语）此后五年，即嘉庆七年，张即逝世。他没有意料到，其后由董士锡、周济之发扬阐释，遂建立常州词派理论，并指导创作，遂夺浙西词派之席，而影响深远。可见真正有价值的学说，其造端虽微，而终能发扬光大，为世所重。我们所撰《词说》，其中精义，亦将随着时光迁流，而越来越被人所理解重视也。

嘱写《诗词赏析讲录》书签，写了几个，都不满意。因为急于要发此信给你，所以等再写几个，选一两个较好的，下次函中寄奉。此颂

教祉

钱拜上　（1988年）9月18日

二十二

嘉莹弟：

3月22日收到你十八号函后，我于26日寄24号函（附论张惠言《水调歌头》词文印本剪页），谅达。

赵书记归来，我向他商谈安排邀请你夏间来川大事。他说，据校外办告知，还要重办申请手续。我已用历史系名义，写一文稿，交赵书记，呈校领导批示。

寄示《论王国维词》下半部分，我已仔细校读，正付元朗清抄。我觉得，你论析王词“阁道风飘五色旗”及“本事新词定有无”两篇，甚为精彩。一般读王词者很难有此体会。我正考虑发表问题。三万八千字之长篇，恐难在期刊中发表。最好印单行本。岳麓书社曾印行你的《唐宋词十七讲》，可能仍愿印《论王国维词》，我想去信征询一下，你以为如何？

在校读时，我发现一处小失误。87页原稿引班固《西都赋》“隋侯明月”，“隋”字误，应作“随”，下文引李善注亦同此误。又李善引《淮南子》高诱注，自“随侯见大蛇伤断”一直到“盖明月珠也”句，都是高诱注文，原稿标点误。我都改正了。

还有106页，“以爱情为托喻的悠久的传说”句中，

"托喻"上是否可加"政治"二字。因为这种托喻，多是以夫妻，或情侣，比喻君臣之际遇也。

国内，全国人代会、政协会在北京举行，已近尾声。较有民主气息，与会者能畅所欲言，提出批评与建议。但难题甚多，如物价飞涨、贪污横行、农业下降、教育危机、社会治安等问题严峻，等等。正是经纬万端也。此颂

著祉

钱拜上　（1989年）4月2日

二十三

嘉莹弟：

我于4月23、30日、5月10日连寄三函（27号、28号、29号）致康桥胡嘉阳女士转交，你到康桥后，谅已见到。今年五月，国内是多事之秋，你在康桥哈佛大学安静环境中工作，甚为得计。

你对于论王词文的两点修改意见，我已函告张奇慧君。日前接到广西梁超然寄来的一篇短文，与你商讨温词中"小山"一辞如何解释的问题。附函寄上。

我近来读古人词，体会到，"灵光奇气"是词中一种最高境界。"灵光"由于作者天赋的才华，而"奇气"则

由世变沧桑与坎坷遭遇的锻炼。《花间集》中有些词作，虽亦清婉有韵味，但缺少灵光奇气。以北宋词而论，晏小山词有灵光而乏奇气；秦少游词有灵光，晚年词作亦有奇气；苏东坡词中之上品，如《水调歌头》（明月几时有）、《八声甘州》（有情风万里卷潮来）、《贺新郎》（乳燕飞华屋）、《永遇乐》（明月如霜）等，灵光奇气，洋溢行间。灵光可以眩人眼目，而奇气则能摇荡心魂。作《论词》一首以述此意。不知你以为如何？

又作《鹊踏枝》一首，乃感时事之作，亦附上。此颂旅安

钱拜上　（1989年）5月21日

二十四

嘉莹弟：

8月22日收到你8月6日自康桥的来函（应是28号函）。知道你将于8月15日赴渥太华看望小慧一家，20日返温城。我所寄36号函（寄胡女士转）及37、38两号函（均寄温城），想均达览。

张奇慧已将《论王国维词》稿寄来，我将向出版社接洽印一单行本，不知能否成功。张君拟出国进修（赴美国

或加拿大)，你能替她想点办法否？

前寄 38 号函中附有我新撰的《迦陵诗词稿序》，请你审阅后，提出修改意见函告，以便改得更好。我又作了一首《浣溪沙》词，另纸录奉。

日前，川大中文系硕士研究生李君来访问我，说，她选择的论文题目是阐论你的文学理论，向我探询有关诸资料。她已买到《迦陵论词丛稿》、《迦陵论诗丛稿》。我对她说，你的重要论诗词著作，除以上两书外，还有几种专著：《王国维及其文学批评》、《灵谿词说》、《唐宋词十七讲》、《迦陵随笔》十五篇以及个别重要论文。我送她一本《灵谿词说》，其馀的书，她将去函购或向图书馆借出复制。我又将你的论文要目及他人评论你论著的文章要目让她都抄下以便查阅。我又向她谈了你的学诣以及文论上的创见与特长。她说，有问题时还要来问我。

来函提到的《片玉山庄词存词略序》，我未见过此文。小慧一家谅均安好。

即颂

教祉

钺拜上　(1989 年)8 月 23 日

二十五

嘉莹弟

9月5日收到你自温城寄来的30号函及《论陈子龙词》文稿复制件，甚为欣慰，故即覆此函，请释念为盼。我所寄38、39、40诸号函，谅已达览。

论陈词稿当是精心之作，容后细读，将即与《川大学报》编辑部商酌发表事，誊写清稿。

前寄《迦陵诗词稿序》是初稿，望你提意见后，我再大量修改。来函提到，你与纳兰容若同里籍，与陈子龙同生辰，真是巧合，你与明清鼎革之际两位独树一帜之词人有此联系，将来亦可以在变革之新时代成为另一位拓新之词人而后来居上也。你在词的创作中，由擅长小令而后兼工慢词这一点，《序》中已点到，说明你是由取法北宋而深入南宋，与周介存所提倡之由南趋北，曲径不同而独得则　。

勉励景生之言，当面告之。现在全国高等院校均进行清理或清查工作，景生每天忙于政治学习，故论文第二章未能如期交来。

此颂

教祉

钱拜上　（1989年）9月6日

二十六

嘉莹弟：

2月4日寄53号函，谅达。

兹有一事相告：2月8日下午，台湾《国文天地》杂志社林庆彰、邱镇京两教授来寓相见。林、邱两位是经香港至广州，于7日直飞成都的，住锦江宾馆。川大哲学系贾顺先教授（研治宋明理学）也与林君有通讯联系，所以我当时倩人请贾君来寓共谈。当时商定，9日上午，贾君陪同林、丘二位赴新都，回蓉后，再游览市区，下午来川大，我与贾君共作东道主，在川大工会食堂宴请林、丘二位，邀有关友人作陪。10日晨，林、丘即飞京。

林君对我说，《国文天地》杂志社重印《灵谿词说》以广流传，满足台湾读者的需要。我表示感谢；我想，这正好与你9月后赴台讲学相配合。林君又询及我们合撰《词说》续集的进行情况。我作了答覆。林君很重视大陆整理古籍的工作，他买了五本《全宋文》，并询问川大古籍所编纂《全宋文》情况。宴会时，我邀请古籍所曾、刘两君参加。

庚午年开始，我又增一岁，身体继续老化。双腿站立不稳，行动时虞倾跌；左眼模糊增强，影响右眼视力，做工作时觉力不从心。我常想，自82年至86年每年夏间相聚论学写文，实在难得，可惜将为魏文帝所谓“恐永不复为昔日游也”。好在《灵谿词说》书成问世，亦可以自慰也。

《文献》编辑部希望你写一篇论治学历程的文章，供该刊发表。远望海天，多多保重。此颂

教祉

钱拜上　（一九九〇年）二月十四日

二十七

嘉莹弟：

3月11日写56号函（附近照、无题诗）寄出，谅达。3月13日，收到你3月5日写的44号函。此函邮程只八天，算是快的。

来函建议，将《论王国维词》稿在《川大学报》分两期刊登。我已致函《学报》编辑部，转达此意，尚未接回信。

我近来细读陶诗，觉得渊明确实不是静穆，他的胸中块垒还是很多，不过不像阮籍那样显露而已。近作《读陶渊明〈饮酒〉诗》一首，另纸写奉吟正。

近来国内出版一种期刊（季刊），名《汉字文化》，是

袁晓园女士主编的，得到当政者的支持。此刊物的主旨是阐述汉字之优越性，胜于西方之拼音文字，并认为，“汉字拼音化”是绝对行不通的；汉字简化不是好办法，只能通行于大陆；不能通行于香港、台湾以及国外，对于文化交流不便，主张“识繁写简”（即是认繁体字，印品都用繁体，自己写东西可用简体）。我认为，这个刊物的主张是好的。

此颂

教祉

钱拜上　（1990年）3月21日，春分

二十八

嘉莹弟：

5月14日，曾寄60号函（附《论元好问词》复制件）由胡嘉阳女士转。24日收到你寄来的《论纳兰词》文稿及短札，27日又寄61号函，至你Cambridge新寓，此两函谅均达览。

《论纳兰词》文稿，我反复读了两三遍，很受裨益。此文写法，摆落一般学术论文形式而别开生面，结合自己数十年的生活经历与研究、讲授词学的经过，将自己对纳兰词的体认，分成三个层次，逐步深入，娓娓而谈，亲切有味，比较一般客观评论的文章更有感发力。

不过，有一个问题，我要提出与你商榷。文中有两个联想。其中惟信禅师之“三般见解”与施友忠之解释，比较易懂，与论纳兰词之三种体认也容易结合。至于引德国姚斯的“三个阅读层次”之说（又加了葛德谟），这一部分，我读了两三遍，都不很理解，至于将姚氏之说结合到论纳兰词，更显得牵强，徒增纠葛。你的文稿中也说，中西文论的传统不同，纳兰词与姚氏所举例证伯特莱尔的《烦厌》也风格迥异，所以借用姚氏理论模式“生硬地套在对纳兰词的讨论上，自不免有许多似是而非之处”。（14页），你这些意见都很对，那么，为什么又要套用姚氏理论呢？我想，我读了都不能理解，恐怕许多读者对此也是不易理解的。请你考虑，此问题如何处理。

还有，你近来写的文章都很长，是否可以精简一些。因为写文章与讲书不同，讲书可以重复、丁宁，而写文章则要精约。《文心雕龙》特设《镕裁》一篇，意即在此。写文章如能精约，自己可以省些笔墨，读者也感到清爽，是两益之事。一得之愚，望能俯察。

此外，有几个小问题：一、题目“论纳兰词”，似可改为全称“论纳兰性德词”，文稿中可用简称“纳兰词”。

二、篇末题诗“偶对遗编闲评跋”，“闲”字平声，不合诗律，是否可改为“作”字。三、篇末五十几条注，可另作处理。譬如本文已写明谭献在其《复堂词话》中云云，即不必再加注：“谭献《复堂词话》，台湾，广文1980年版。”既是重复，而且《复堂词话》是普通的书，大陆读者很易觅得，何必注台湾版本。这类“注”都可以删去。必要的注可保留，最好用括弧注在本文中，读者方便，也是我们《词说》的一贯体例。况且这篇文章的写法既然是别开生面的，何必在“注”方面又遵守西方学院式论文的模式呢？（还有一个小问题，学术论文引用资料，应尽可能用最原始的、第一手的。譬如关于叙述纳兰生平事迹，注出处时，最好引《碑传集》卷138，徐乾学《通议大夫一等侍卫进士纳兰君性德墓志铭》，在这方面，我拟作适当的调整。）

因为有以上诸问题，此文稿，我尚未命元朗清抄。因为清抄一篇两万多字的文稿，还是相当费力的，抄后再加，就更费事了。望考虑后示覆为荷。此颂

旅安

钱拜上　（1990年）6月3日

二十九

嘉莹弟：

一个月未接到你的信了，正在惦念。6月30日收到6月17日来函（应是49号，你忘记写了），很高兴。你去缅因州开会十馀日，谅很劳累，会中情况如何？6月17日，我寄63号函，附照片、《洞仙歌》词，谅达。

关于《论纳兰词》，遵照来示，准备处理如下：

一、文稿前面大标题是“论纳兰性德词”，副标题是“——从我对纳兰词之体认的三个不同阶段谈起”。

二、我通知《川大学报》编辑部，明年第一、二期，将《论王国维词》刊登毕，再考虑《论纳兰性德词》文稿的问题。《学报》能刊登最好，否则我可以介绍给《中国文化》杂志。

三、“偶对遗编闲评跋”句，“闲”字不改；解释姚斯理论的一段，作为文后附注。

及门郑小容博士将赴美国西雅图华盛顿大学探亲。我托她带去稿纸200张，郑将从西雅图寄给你。

我所写《陈师道词论与词作述评》一文，最近在《川大学报》刊出，寄上剪页，请诧正，保存。

送郑小容七律一首，另纸录奉。此颂

著祉

钱拜上　（1990年）7月3日

三十

嘉莹弟：

9月7日，奉到8月27日自温城寄来的信（应是52号），并放大镜片，有利于看书，谢谢。上月接到你51号函后，知道你这半个月中行踪无定，故写一短函（67号），于8月22日胡嘉阳君处转，想已收到。

读来信，知道你将于9月14日赴台湾，在清华大学讲学。“民亦劳止，汔可小休。”

近做《浣溪沙》一首，兼寓感时、忆旧、怀远之情，另纸录奉。

台北“国文天地杂志社”重印《灵谿词说》，我迄未见到。你到台后，可向该社要几本。

兹有一事可告慰者。我所撰《元遗山年谱汇纂》，1935年由南京正中书局印出，共二册。五十年来，流传渐稀。我处仅存一部，颇有涂改，友朋索阅，无以应付。他们来信都说，各地图书馆中也找不到。最近，姚奠中教授主编之《元好问全集》（印3000册）已出版，其中“附录”中收入我的《元遗山年谱汇纂》，从此，《汇纂》又可广泛流传，不致湮没了。姚先生于数年前准备编《元遗山全集》，曾来信说，清人撰元谱者，有翁、施、凌、李四家，而以李光庭《广元遗山年谱》为最好，同时，又说，我的《元遗山年谱汇纂》晚出，能集诸家之长，最为详赡，故拟将李谱与我的《汇纂》收入其所编《元集》“附录”中。我回信表示同意，并请他设法在各图书馆中觅得一清洁印本，以便照排。后来姚先生函告，他居然找到一部（大概是在宁、沪一带图书馆中），遂据此排印了。此《谱》占《元集》的三卷（58—60）。今年8月中，在山西忻州市举行“元好问诞生800周年国际学术研讨会”。我不能去，将最近发表的《论元好问词》复制件寄去。会后，他们函告我，在大会中，成立了“中国元好问研究学会”，一致推选我为名誉会长。

去年所撰《历代蜀词全辑题记》一文，已在《文献》中刊出。兹寄上复制件，请诿正。

景蜀慧论文已脱稿，约十三四万字，待印出后，即寄请审正。

馀俟续谈。此颂

教祉

钺拜上　（1990年）9月11日

三十一

嘉莹弟：

一个多月未接你来信了，5 月 2 日，收到 4 月 15 日写的第 4 号函，知道你已收到我于 4 月 1 日寄的 3 号函。但是，我于 3 月 5 日寄 1 号函、24 日寄 2 号函，不知收到否？这次来信中没有提到。我甚为惦念。1 号函中有《中国文化》杂志所载我的《〈迦陵诗词稿〉序》复制品，不知你见到否？ 4 月 21 日我寄 4 号函，其中有我继续抄录的《迦陵诗词稿》6 页，此函不知已递到否？

来信说，遗失了一个书包，其中有你新撰的一篇长文稿以及我为你抄写的《迦陵诗词稿》，你的《论王国维词》文剪页，殊可惋惜。

惠示两篇旁人整理的你的讲演稿，已拜读。窃以为，此类稿件，将来可辑为"演讲录"，出专书，不宜作为论文发表，因为中多"口语"，而且有些意见与你已发表的论文是重复的。《论纳兰词》文稿，篇幅太长。四万字的《论王国维词》稿，是我与《川大学报》编辑部恳切磋商后，才同意分两期刊载的。我不便再要求他们发表另外一篇长达四万字的《论纳兰词》稿。大陆各期刊，都希望发表一万五千字以内的文稿，《川大学报》亦不例外。我最近写了一篇《论朱淑真生活年代及其〈断肠词〉》的文稿，内容分三个部分：一、朱淑真生活年代考辨；二、朱淑真生平事迹；三、朱淑真《断肠词》论析。内容很丰富，但是我写稿时力求精简，全文仅长一万字，小注一千字，共一万一千字。（我去年曾写《朱淑真生活年代考辨》一文，约五千字，将在91年《文献》二期刊出。但是在写《词说》文稿时，我并未将此文照抄，而是精简为两千馀字。）我记得，去年你曾来函告知，《论纳兰词》已在台湾《中外文学》期刊中发表。你如果拟在大陆发表，需要联系能容纳长文的期刊。

我觉得，你到台后实在太劳累了，太忙碌了。精神、体力都消耗太大。你以前在温哥华、哈佛教书、撰文时，不是这样。而且忙了容易出错，遗失书包即是一例。我希望你于台湾讲课结束，仍回哈佛或温城，可以安定下来。

我近来体气也日益衰竭，不但腿软，精力、视力也下降，工作效率，大逊于数年前（86年以前）。加以气氛压抑，惟常读陶集自遣。《秋柳》诗中所谓“彭泽归来逃世网，宅边五树正毵毵”，即是我迩来心情之写照也。此颂

教祉

钺拜上　（1991年）5月3日

三十二

嘉莹弟：

8月17日，收到你8月5日自美国康桥（Cambridge）寄来的8号函（你初抵哈佛寄来的邮件，未收到），知道你已在康桥定居，从事撰述，甚慰。来函说，已收到我10、11两号函。8月5日，我又寄12号函（附《宋代文化浅议》），谅已蒙青及。

来函所询纪晓岚的故事，我记不清出于何书。我选录你的诗稿，寄《当代诗综》编辑部者，共15首，兹将目录附上。

8月8日，我又摔一跤。我踏在小沙发上，取书，失去重心，向左倾跌在地。幸而沙发矮，摔得不重，仅左股受伤。以后当更小心。

在指导景生论文时，我对曹、阮、陶诸人，又重新研究，而对陶体会更深。最近我又对谢灵运再深入研究，觉得大有可为。谢氏的人生哲学、政治思想、活动，都是非常复杂，充满矛盾，有不少现象，需要深入研究。谢氏的思想，主要是玄学、佛学，玄学主张虚静，佛学主张超世，但是谢氏一生热衷躁进，卒致杀身，恰与玄学、佛学所要求者相反，这岂不是一个很大的矛盾。再则谢的政治活动，如同押宝，而两次押宝都失败。谢氏的诗，除去一般人所称赞的山水、玄理、繁丽、险峻之外，我更注意其中幽愤因素。谢氏的名章、隽句，都是有幽愤的，而其幽愤又与曹、阮、陶不同。我正拟在这方面进行探索。

附上近作《无题》一首。敬颂

著祉

钺拜上　（1991 年）8 月 19 日

三十三

嘉莹弟：

11 月 22 日，接到你 15 号函，知道我所寄诸函均已递到。来函告知，你于今年 4 月中，当选为加拿大皇家学院院士，可谓实至名归，我向你深致祝贺。11 月 25 日，北京大专院校海外校友联合会将在京为你举行庆祝，届时当自有一番盛况。

来函询及陶渊明曾为桓玄、刘裕僚佐之事。这是事实，有陶自己的诗为证。陶为桓玄僚佐在晋安帝隆安三、四、五年（399—401）中，这时桓玄是晋臣，尚未篡位（桓篡位在 403 年），况且陶的外祖孟嘉曾为桓温幕僚，两家有世谊。至于陶为刘裕镇军参军，在元兴三年（404）。这时刘裕起义军，讨灭桓玄，重扶晋室，是忠义之臣。但是陶为刘的幕僚，时间很短。及刘裕权势日重，将移晋室，陶遂于义熙元年（405）弃官归隐，不再出仕，后来两次被征为著作郎，不就。其去就之迹是很皎然的。

我近来细读你的《中国词学的现代观》一书，有一种感想。自从王国维接受西方康德、叔本华哲学、美学之观点，论词，撰《人间词话》，在研究词学中别开新域。你采取近现代西方新的文学理论，反照中国词学，发抒创新之见，可谓继静安之后又一次新的开拓。应当有人写篇文章对《词学现代观》一书进行评价，扩大影响。写此文，必须是兼通中西文学者，始能胜任。不知在京、津有无合适人选。刘柏丽君能当此任否？

南开拟设立“中国文学比较研究所”（“中国”是否应是“中西”），请你主持其事。如果实现，应是大好事。

前函提到的，北京中国艺术研究院刘梦溪教授（《中国文化》主编），其人识解通敏，不知你在京有机缘与他会晤否？

中华诗词学会编印的《中华诗词》第二辑已出版，谅已见到。（负责编辑是王澍、施议对、毛大风）此辑选录你的作品二首，实在太少了。我已致函王澍君（《灵谿词说》出版后，王君曾赋诗称赞），告知你在南开讲学，请他直接与你通讯，征求你的诗词稿八首至十首，将来在《中华诗词》第三辑中辟《迦陵诗词稿》专题刊载。

我近来仍然每天练习走路。月前两次倾跌，都是行动快之故，所以最近特别小心，一步站稳，再迈一步，虽然行动甚慢，但可保持稳定。

此间工作一切如常，元朗、蜀慧都忙于编写《北朝会要》文稿。此书如脱稿，我将减轻一大负担。我培养的一名博士生方北辰，于十一月廿二日飞瑞典作学术访问，为期三周。

此颂

教祉

钺拜上　（1991 年）11 月 24 日

（原信原件，由叶嘉莹先生提供。下同。）

三十四

嘉莹弟：

1 月 6 日接到 19 号函。你托景蜀慧送给赵迎生君的贺年卡已递到，赵君嘱代致谢，并贺新年及取得加皇家学院院士荣称。

92 年来临，我又增一岁，虚岁是八十九了。我惟求清心省事，颐养天年，但仍不免外界琐事干扰。我所住的五层楼，房产科拟在每一家的厨房、卫生间向外扩展增修，春节后将施工。这样，将有四、五个月时间的扰攘，使我与内子都不得安宁。

系上决定，将于今年十月开会，预祝我九十诞辰，并任教七十周年，并征集论文，于93年印出论文集。一定向你发请柬。不过，那时你已在国外，未必能惠临，希望你写一篇词学论文于10月以前寄来，以便收入论文集中。

前函所寄《词学现代观》的书签，写得不好。最近买来新笔，又写了两个，附上，请选用。

惠寄顾先生法书印本，已收到，谢谢。元朗可以临写。

编《词说》续集事，我考虑，以简体横排为宜。因为这样做，将已发表的单篇用剪页或复制即可，无须重抄。你的意见如何？

由于自然规律，我老境日增，双腿软化，行动困难，读书易倦，文思迟滞，力不从心，难以写出评价《词学现代观》之文。近来好读庄子、陶诗、苏诗等，熟玩庄生逍遥、齐物之说，忘怀得失，静观世变，兼可摄生。

来函说，5月中赴兰大讲学，拟便道来蓉。我很高兴，又可面晤畅谈一切。系中亦表示欢迎，正研究接待方式，拟用讲学名义。待商定后，我再函告，征求你的意见。

年老体衰，更感到健康是人生最大的幸福。请你多保重。此颂

教祉，并贺

新禧

钱拜上　（一九九二年）元月八日

三十五

嘉莹弟：

2月3日（除夕），收到你廿一号函，甚慰。你在南开检查身体，可以心中有数，多加保重，养神节劳。以后望安居治学，勿多作游走。

春节期间，我的子女在京、津者都归来，阖家团聚，吃团年饭，共十七人。堪以告慰。

我的体气、心力虽继续衰弱，但内脏无病，眠食正常，请勿念。只是近来腰部发僵，右腰酸痛，更加行动不便。我已向系上说明，从今年起，我的工作都分别交与接班人，系上同意。我近来只是心气虚弱，无勇气，胆怯，怕事，惟愿清心静养，但仍时有琐事干扰。

回顾与嘉莹相识十年，既有心灵上的赏契与慰藉，又有词学研究方面的丰硕成果，是平生最可庆幸之大事。

兹有小事奉商。系上于十月中为我举行庆寿及学术讨论会时，将组织几个发言，评介我各方面的成就。我的诗词创作及古典诗词的研究，你相知最深。我想请你写两篇评介稿，不必长，一千字稍多即可。谅能蒙惠允也。

你近来曾与台北正中书局通函否？

愿吾二人均注意保养身体，延年益寿。

此颂

教祉

钱拜上　（1992年）2月14日

以前我对于台静农先生不甚了解，近读《台静农散文选》（人民日报出版社），我觉得，他是一位学识渊博、修养深厚的学者。

带病书此，请恕草率。去年拟研究陶、谢诗，今已无能为力矣。

三十六

嘉莹弟：

4月10日收到26号函。

4月13日，寄上《词说》续集全稿，是经过整理的。只此一份。请你妥善保存。关于此书出版事宜，请你全权处理，我精力不济，无力关注。

我前寄 28、29 号两号函，谅达。

我近来病况日重，行动艰难，生活都难以自理，真不知前途如何。“人生到此，天道宁论。”

我尽量争取能再多活几年，只是身体日渐虚弱。奈何！幸而饮食尚好。

无力再写了。此颂

教祉

钱拜上　（1992 年）4 月 14 日

与华东师范大学中国史学研究所书

华东师大中国史学研究所：

奉到　惠札，敬悉　贵所为开展对于王国维先生学术的总结和研究，将于今年秋间与明年秋间分别召开国内的与国际的学术会议，闻之甚为欢慰。

静安先生在文学、哲学、古文字、古器物、古声韵、古代历史等等方面均有深诣创获，而能辟新领域、开新风气，享有国际盛誉。而近三十年来，在国内声尘寂蔑，文史各系青年大学生甚至有不知王国维其人者，深可叹息。　贵所此举，实为学林盛事，可喜可贺。

辱承征稿，至感　盛意。我平生很敬佩静安先生，并爱读其著作，深受教益。四十年代初，我曾撰《王静安与叔本华》一文，对静安先生之为人及其思想见解，略有所论述。近因久患目疾，视力衰损，读书写字，均感困难，拟就平日心得撰写一篇论静安诗词之短文，于十月前寄奉。

我推荐一位对于王静安先生有多年深入研究的学者，

就是加拿大籍华裔学者叶嘉莹教授。叶先生于六十年代末期曾在美国哈佛大学任教，近十年中，任加拿大哥伦比亚大学亚洲学系教授，曾著有多种论述中国古典诗词之书，已出版者四种，其中一种即是《王国维及其文学批评》(香港中华书局1980年6月出版)，书中分析论断，颇多精解胜义。叶先生今春来成都参加杜甫学会年会，数次晤谈，读其著作，故了解情况。叶先生已返加拿大，其通讯处是：

……

我建议，贵所可以寄函与叶先生联系，邀其参加会议，撰写论文。离成都时，叶先生谓，今年秋后，正值在哥伦比亚大学休假之期，已应南开与北师大两校之聘，将重回祖国讲学，则届时参加会议，更为方便也。

总之，贵所发起举行研究王静安先生的学术会议，是学术上拨乱反正的盛举，我极感兴奋，甚为赞同。从此，静安先生在学术上的卓著业绩以及治学的新精神、新方法，可以在国内发挥作用，有利于四化建设。我预祝这两次会议取得圆满成功。

(原信底稿〔一〕，家藏。)

〔一〕此札底稿无结尾，据先生《发信记录》，发信时间为1981年6月15日。

与周本淳、钱煦书

一

本淳同志：

奉到　惠寄《徐州师范学报》，读过　你的近作《随校随感录》一文，从各方面指出近来校点古书中疏误之处，并阐述其致误之由，精覈密栗，功力深至，极为欣慰。标点古书固可以方便读者，然若疏误过多，反足以贻误后学，出版社应慎重处之。我因久患目疾，视力衰损，难以翻检群书，亲自撰写，近惟培养研究生，并指导研究室中成员，编写《北朝会要》、《三国志选注》、《魏晋南北朝史论集》诸书而已。小诗一首，录呈　吟正。以后如有新著，尚望时时　惠示。此颂

夏祺

缪　钺启　（一九八一年）七月十六日

钱煦同志均此致候。

（原信复印件，由钱永红先生提供。）

二

本淳
钱煦同志如晤：

接奉钱煦同志手札及本淳同志惠赠校点《唐音癸签》，谢谢。

两位同志九月中来函，均未收到。我于七月十六日寄本淳同志一函（附《移居》诗），不知收到否？今年秋夏间，四川、汉中地区遭受严重水灾，交通阻隔，邮件迟滞，甚至失落，亦意中事也。

本淳同志治学精勤严密，深可嘉赏。中央三十七号文件，主张大量整理、出版古籍，继承并发扬中国文化之优良传统。本淳同志大可有为。

瑑如先生遗诗即将刊出，闻之甚为欣慰，望能先睹为快。

我因视力衰损，读写困难，在必要时始亲自撰写，平日仅指导研究室中成员编写书籍。最近我主编之《三国志选注》已脱稿，交中华书局付印。又从事主编《北朝会要》，工作量颇艰巨。

附上我与日本吉川幸次郎先生赠答诗手写稿复制件两份，分赠两位同志。今年春夏间，日本东京举行汉学会，川大历史系教师尹君适在东京，参加此会，来函要作品。我即将与吉川先生（吉川先生生前即是此汉学会会长）赠答诗三首写一横幅寄去。会中复制多份，分送与会者。尹君寄予我一份。我又在川大复制，分送友人。

专此奉覆，即颂

冬祺

缪　钺启　（1981年）12月23日

三

钱煦同志：

惠书奉悉。本淳同志荣任师专副校长，正可以发挥才能，培养人才，倡导学风，闻之甚以为慰。

今年四月，浙大庆祝八十五周年校庆。去年我曾接到校庆筹委会来函征文。我作了四首五律，已经寄去。兹倩人抄录一份，附寄　惠存。

寄示两词，意思都好，只是格律、辞句方面，有尚须斟酌之处。

《临江仙》词首句“校庆佳音震寰宇”，末三字不合律，盖此处应作“平仄仄”也。（欧阳修《临江仙》词首句“柳外轻雷池上雨”，可证。）可以改为“寰宇满”。

《满庭芳》词，下半阕好，用笔跌宕，情韵亦佳；上半阕稍嫌质直。有两处不合律：“争四化”句，应作“平平仄”，“四”字不合律。（秦少游《满庭芳》词“斜阳外”，又一首“东风里”，可证。）改为“中兴业”，何如？可与上文“神州再造”相应。“难忘，当年事”句，应作“平平，平仄仄”。“年”字不合律。（秦少游词“消魂，当此际”可证。）可以改为“当日事”。

我近来工作颇忙。去年招了两名研究生，今年又要招博士研究生一或二名，硕士研究生两名。

专此奉覆，即颂

近祉

缪　钺启　（1982年）3月2日

本淳同志均此致候

四

本淳同志：

七月十日　惠札及寄示《简介舒雅杜甫诗序记》手稿并近作印本两种，均已奉悉。月前寄来琢如先生遗诗印本，早已收到珍藏矣。现在想已会毕返校。

简介舒雅之文，可谓发潜德之幽光。当即交《草堂》学刊编委会，将可于83年第一辑中刊出（《草堂》学刊年出两期，82年第二辑已付排）。吾　弟愿来成都参加杜甫学会，甚为欢迎，下届当嘱秘书处具柬邀请，以谋良晤。现在国内学会，大抵都是两年开一次。今年是纪念杜甫诞辰之年，所以又开一次年会，下届年会将在84年举行。

印本两文，推勘考证，极为精密，足见功力深至。现在这方面的人才甚不易得。川大历史系拟成立整理古籍研究室，亦有乏才之叹。系中中年教师仅有刘琳君作《华阳国志校注》（四川人民出版社正在印刷〔一〕），缪文远君（四川人）作《七国考订补》（上海古籍出版社将刊行）与《战国策系年》（中华书局将刊印），较有成绩。其馀尚待培养。你在淮阴师专，希望能在这方面多培养后进。

谭季龙先生于四月来蓉，小聚数日，极慰离怀。谭先生归沪后，我寄诗二首。兹附上一份，请惠正。

我近来工作仍甚忙。某出版社两年前即约我再编辑一册论文集付印，迟迟未完成，月前又来敦劝。我拟在旧著《诗词散论》（此书上海古籍出版社重印，年内即可印出）、《读史存稿》所收诸文之外，再选二十馀篇，文史兼具，名曰《冰茧庵丛稿》。此覆，顺颂

撰祺

缪　钺启　（1982年）8月4日

钱煦同志均此致候。

〔一〕后于1984年7月由巴蜀书社出版。

五

本淳同志：

久未通候，时在念中。　惠书及诗，均已读悉。

作五言长律，难于气机流转，笔势跌宕，你的新诗能做到这一点，用典、修辞，亦均工整，允称合作。其中个别辞句有可商者，已在原稿上批写，附还，请裁酌。

近作小诗二首，乃应赵瓯北后嗣之约为其先德举行纪念者。琢如先生生前喜读瓯北诗，所作亦颇受其影响，1938年，吾初至宜山，与先生相识，即大谈欧北诗，至今记忆犹新，故此诗第二首及之，纪念前修，兼怀故友也。复写一份，附函寄上。去年唐史学会在蓉举行年会，我作诗祝贺，兹亦寄上手写稿复制品一份。

杜甫学会今年举行讨论会，邀请参加人选，学会秘书处已早作安排。因为草堂招待所房间床位有限，故后来有盛意愿来参加者，秘书处均婉谢矣。

专覆，即颂

吟祉

缪　钺启　（1984年）3月20日

钱煦同志均此致候。

六

本淳同学弟：

去年秋冬间你来到成都，晤谈半日，深慰平日相念之怀。惟惜你们是集体行动，不能多留数日，再倾积愫也。

日前文廿同志来寓，送来你与钱煦同志赠送给我的“双沟”佳酿，正好供春节饮用，领受感谢。

去年接到你的《西游杂诗》，就旅途闻见，写景抒怀，吊古慨今，极有意义，其中佳者几可与定庵《己亥杂诗》媲美。《观草堂联语有感》一首，春秋笔法，实获我心。“才子加流氓”，鲁迅先生对此君早有定评矣。

我近来工作仍甚忙，指导的研究生（包括博士生、硕士生）即有七八人之多，尚须主持研究室编写专著的项目。我所主编的《三国志选注》，已由中华书局出版，共分订上、中、下三册。兹检一部另封寄赠给你。《北朝会要》正在进行中，工作量甚大。

你是否还记得以前在浙大教法国文学的黄尊生先生？我近年来与他通信。他隐居香港，年已九十，而精神尚好，日前寄示其所作《述怀》诗。我追念自分别以后四十年中，国事沧桑，友朋离合，作七言歌行一首；又立春日感到今年是推行改革之年，虽尚有阻力，而总形势是可以乐观的，赋《鹧鸪天》词一阕，并附函将复写稿寄上。

专此，顺颂

春禧

缪　钺启　（一九八五年）二月十四日

钱煦同志均此致候并道谢。

七

本淳、钱煦同志：

文廿同志来蓉，递到　惠函及双沟酒两瓶，远蒙　嘉贶，甚为感谢。暑热，惟起居佳胜。

《妇病行》及《摊破浣溪沙》词，均已细读。遵义贵筑，旧地重游，自有许多感想。

我近来精力渐不如前，而工作繁忙，只可就力所能及者为之。我已不再招收硕士研究生，现在只有博士生二名（其中一名，即将毕业），今冬拟再招一名，明年将不再招。我所主持之《北朝会要》编纂工作，进行迟缓。我与加拿大籍华裔学者叶嘉莹教授合撰之《灵谿词说》，已撰写完毕，编次成书，可以付印。全书共四十一篇，约四十余万字。

迩来耆旧凋零，友人夏瞿禅、王仲荦先生先后逝世，中怀悽怆，赋挽诗数首，附寄　一阅。

专覆，即颂

俪祉

缪　钺启　（一九八六年）七月十六日

八

本淳同学弟：

久未致书，时在念中。献岁发春，遥惟身体健康，撰述日新为祝。

顷蒙　惠寄吾　弟校点之《诗话总龟》及《唐才子传校正》两书，整理古籍，功力日深，读后欣慰无已。

去年承嘱代查方志资料一事，因川大图书馆中图书迁移新馆，看胶卷仪器未安排好，不能取用，遂致延迟。工作效率低，今日国内各机构之通病也。

我今年精力渐衰，尽量摆脱各种琐事，近来主要工作是培养博士生数名。近作《玲珑四犯》词一首，追忆昔游，叙写在遵义情事，附寄清览。专此，即颂

春禧

缪　钺启　（一九八八年）二月廿四日

与胡可先书

一

可先同志：

来函及文稿均已收悉。

你青年好学，想致力于文史之业，翻检群书，考索问题，颇堪嘉许。你所考订者，大体还是细致的。至于杜牧《上宣州崔大夫书》中的“崔大夫”，你不同意拙著《杜牧年谱》的说法，认为不是“崔郸”而应是“崔龟从”，则尚有可商之处。

你的文稿中，据杜牧上书所谓“往年应进士举，曾投献笔语，亦蒙亟称于时，今十五年矣”之语，认为“杜牧应进士举在大和二年，‘往年应进士举’指此；‘曾投献笔语’，即将考进士时所著《阿房宫赋》托吴武陵投于主考崔郾者，以此后推十五年为会昌元年。”

按唐人所谓“应进士举”，指未中进士以前从事应考的活动，其时间并不限于中进士的那一年。（唐人常有应进士举十年、八年，甚至于数十年始中进士者，故有“五十少进士”之谚。）杜牧中进士在大和二年春正月（唐朝考进士常是正月考试，二月放榜，故杜牧及第后作诗有“东都放榜未花开”之句），如照你文稿所推论，则所谓应进士举的时期，只有这不到一个月的时间，这是不符合历史事实的。即便是吴武陵将《阿房宫赋》推荐给崔郾，也不会是在大和二年正月。因为早在大和元年七月，文宗已下敕：“今年权在东都置举。”（《旧唐书·文宗纪》）则崔郾受命主试，离京赴洛，亦必在大和元年冬间，而不可能等到大和二年正月才由长安启程。然则吴武陵于群官给崔郾饯行时向他推荐杜牧，亦必是在大和元年。

唐代士人应进士举时，可以将作品投献于有文学声望的朝官，请其推荐，谓之“知己”，并不限于一人。杜牧应进士举时，争为“知己”者即不下二十人。若以杜牧上书中所谓“曾投献笔语”即是专指献于吴武陵，未免拘泥。再说，从杜牧文中所谓“往年应进士举，曾投献笔语，亦蒙亟称于时”数语看来，显然是说他当年曾将“笔语”献于崔大夫，并蒙他称道。如果杜牧只将“笔语”投献于吴武陵，他又何必向崔大夫提起此事呢？崔大夫又焉能称道他的“笔语”呢？

至于推算“今十五年矣”的年数，也难以否定“崔大夫”为崔郸之说。从开成二年（837）上数十五年，应是穆宗长庆二年（822）。这一年杜牧二十岁，他已经读过《尚书》、《毛诗》、《左传》、《国语》、十三代史书，深明古今治乱（《注孙子序》），他这时开始“应进士举”（准备考进士），是很合情理的；在应进士举时，向“知己”投献“笔语”，也投献给崔郸，也是很合情理的。

如果说，杜牧上崔大夫书是会昌元年因假满百日，恐失官职而请求援引，亦与当时情事不合。杜牧《上宰相求湖州第二启》中说：“会昌元年四月，兄慥自江守蕲，某与凯同舟至蕲。其年七月，欲归京师。明年七月，出守黄州。”可见杜牧虽假满百日，但是仍可回京任员外郎，并于次年出守黄州。

至于崔郸任宣歙观察使时未带御史大夫衔，何以称为“崔大夫”，倒是一个需要探索的问题。不过，根据上文所论述的诸种情况，此“崔大夫”应是崔郸。杜牧《自撰墓铭》谓“以弟病去官，授宣州团练判官”，则杜牧于开成二年入崔郸宣州幕是明确的。

你这篇文章并非考证樊川集中所有的人名，所以题目似可改为《〈樊川文集〉人名笺证小札》。还有，你的文稿中对于杜牧行年都是根据拙著《杜牧年谱》，有一些材料

也是从拙著中转引的，所以应当在文章中交代一下。这是撰写学术文章的惯例。希望你继续努力。专此奉覆，顺颂
冬祺

缪　钺启　（1981年）12月20日

（原信复印件，由胡可先先生提供。下同）

二

可先同志：

数月前奉到　寄示大著，早已拜读，因工作繁忙，迟未作覆为歉。

大作考辨《忍死留别献盐铁裴相公二十叔》诗非杜牧所作，证据详明，可为定论。

你读书切实，思力锐敏，前途极有希望。毕业后，分配在何处工作，望　惠示以便联系。青年学人对于将来文教事业关系重要，希望你努力为之，做出更多更好的成绩。

旧作《诗词散论》，由上海古籍出版社重印，年内可以印出，届时当寄奉一册。专此，并致
敬礼

缪　钺启　（1982年）8月23日

三

可先同志：

来函及《川大学报》一册，均已收到。我近来校内外工作头绪繁多，异常忙碌，故久未通信。你在中学任教，是否尚有馀暇从事研讨。我现在指导六名研究生，五名是硕士学位研究生，一名是博士学位研究生，都是攻读魏晋南北朝史专业的。因为我在川大的工作单位是历史系，不便于招收治中国古典诗词的研究生，否则我可以招收你作研究生，以图深造。

近撰《治学补谈》一文，发表在《文史哲》期刊中，兹寄上一册，供参考。此颂

夏安

缪　钺启　（1983年）6月14日

四

可先同志：

来函及所寄《唐代文学论丛》均已收悉。

你的《杜牧诗辨伪》，考辨精细，此项工作还可以继续作，因为《别集》、《外集》中混入不少伪作，当时辑录

者识别甚为粗疏也。

来函说，你准备报考研究生，很好，因为这样不但可以深造，而且在工作上也前途广阔。川大校方要给我配备研究古典诗词的助手（我现在助手虽不少，但都是研治魏晋南北朝史的，在古典诗词方面无能为力），我本想提出调你来川大，后来据说，中学教师不易调（尤其是外省者），只有在研究生中想办法。所以我又提出调一个外校的明年暑假毕业的研究生（也是我所了解的，业务能力相当好），川大校方已与该校进行联系。可见研究生出路比较广阔。

我近来工作特忙。自十月中旬后，即筹备并参加在蓉举行的魏晋南北朝史学会，接着又组织三名硕士生的论文答辩，十一月下旬又招考博士生，已录取两名，这才稍得空闲。

近作律诗一首，附寄一阅。

专覆，即颂

冬祺

缪　钺启　（1984年）12月10日

五

可先同志：

你的来函与文稿早已收到，最近又收到你寄赠的《中华文史论丛》一册，谢谢。

来函提到，你考研究生，专业课成绩很好，惟因外语差，未能录取，殊可惋惜。川大古籍整理研究所，我任名誉所长，所中有名额增加专职研究人员，但是人事部门说，中学教师难以进行，隔省者尤其难。

此间文献专业亦招研究生，历史文献专业导师由我挂名，另有助手指导（因为我的魏晋南北朝史研究生已有六七人，工作太忙）。明年上半年仍然招生，将增加名额，你如有兴趣，可以报考。希望准备外语多下功夫，能得四五十分即可，你的专业课当然是成绩很好的。此覆，即颂

夏安

缪　钺启　（1985年）5月30日

六

可先同志：

惠札及《杜牧论稿》均已收到。你将近年来研究杜牧之文章编为一集，很好，对于研究杜牧者很有助益。其中有些文章我早已看过，有的未见过者，容当细读。此书将在何处出版，不知你已有所接洽否。如果还未接洽，我可以为你探询一个愿出此书的出版社。我可以写一个书名题

签，至于作序，因为我工作繁忙，视力衰损，未敢允诺。

你将调至徐州师范学院中文系工作，闻之甚慰，将更可以发挥你的专长。此信到时，不知你是否已赴徐州，如果已赴徐，将会转给你。此覆，即颂

秋安

缪　钺启　（1985年）8月31日

七

可先同志：

来函收悉。你到徐州师院任教，对于研治学术将更为方便。

我已致函北京人民文学出版社古编室友人，推荐你所著《杜牧论稿》由该社印行，并抄一目录寄去。我函中提到，因为我以前有三种关于杜牧的专著皆由该社出版，所以你这部《论稿》仍由该社承印将更有意义。现在等他们来信后，我再通知你如何联系。此覆，即颂

秋祺

缪　钺启　（1986年）10月9日

八

可先同志：

10月9日曾寄一函说，我已向人民文学出版社推荐你的《杜牧论稿》。最近接该社编辑来函说，他们愿意考虑出版你的著作，希望看到你的书稿，再作决定。你可以将《杜牧论稿》的清稿（改正错字）径寄“北京朝内大街166号人民文学出版社古典文学编辑室林东海同志”。以后他们将和你直接联系。至嘱至嘱。此祝

冬祺

缪　钺启　（1986年）11月13日

九

可先同志：

久疏音问，时切驰念。顷奉手书，甚以为慰。

你参加《唐才子传笺证》工作，很好。你的《杜牧论集》寄给人民文学出版社后，最近社中是否曾同你联系，告知出版日期。

我与加籍华裔学者叶嘉莹教授合撰之《灵谿词说》，已于去年夏间编订成书，共四十一篇，约四十万字，已交

付刊印。我近来主要时培养博士研究生，现在有四名，其中一名将于今年三月中举行论文答辩。

来函说，你曾写了一篇评论拙作《丛稿》之文，不知在何处发表？

此覆，即颂

新年百福

缪　钺启　（1987年）1月6日

十

可先同志：

来函奉悉，所寄《贵州文史丛刊》亦收到。你撰《全唐诗外编杂考》，甚为翔实，对于徐松《登科记考》的补正，已补出八百馀人，足见功力日深，闻之甚慰。

你的《杜牧论稿》，人民文学出版社决定出版，已定入计划。此事林东海同志也曾函告给我。如果进行得快，88年底可望出书。

我近来精力渐衰，而工作头绪仍多，只得量力而行。自1978年至1985年，我已培养了十名硕士研究生，以后即不再培养硕士生。现在只培养数名魏晋南北朝史的博士生，其中一名已于今年三月通过答辩，取得学位。

近作律诗一首，附函寄上。此颂

文安

缪　钺启　（1987年）11月11日

十一

可先同志：

11月11日曾寄一函，谅蒙　惠督。

张田、王西平两君合著之《杜牧评传》已在陕西出版社出版，相当详赡，并附录一些资料，殊便读者，其中也征引了你许多意见。不知你已见到此书否?

我昔年曾想撰写一部《樊川文笺证》，仿沈钦韩笺证王荆公文之例，不注重诠释辞句，而着重笺证每篇文章撰写的年月、写作时的历史背景、杜牧个人处境、思想情况以及与文章有关的各种人事关系。总之是以史证文。现在我精力渐衰，而且工作头绪繁多，已无暇及此。不知你对此事有兴趣否。如果做，不必求速，可从容为之。

我记得半年之前你曾写信告诉我说，已经撰写了一篇评论拙著《冰茧庵丛稿》之文，投寄《读书》杂志编辑部。现在时逾半年，尚未见刊出。你是否可以将该稿索回，转寄给我，我可介绍给四川省社联办的《天府新论》双月刊中发表。

　　此颂

文安

缪　钺启　（1987年）12月3日

十二

可先同志：

　　来札及《徐州师院学报》，均已收到。

　　你与吴汝煜同志合撰《全唐诗人名考》，对于细读《全唐诗》者，甚有裨益。李远《赠宏文杜校书》一诗，经你考出，乃是大和中赠杜牧之作，我以前读书搜集有关杜牧资料时，未曾注意及此。

　　《文献》第一期所载你的《登科记考匡补》一文，我已见到。《文献》与我很熟，每期赠送一册。该刊第三期将刊载拙撰《〈全宋文〉序》。此间古籍所编纂《全宋文》，甚努力，今年上半年将先印出两册。在全国编纂四个大"全"（《全宋文》、《全宋诗》、《全明诗》、《全清词》）中，这是首先出书者。此颂

著祺，并贺

春禧

缪　钺启　（1988年）2月8日

十三

可先同志

来函奉悉。

你的杜牧研究文稿，又重加修订，即可出版，闻之甚慰。所示《前言》及吴汝煜先生所撰《序》，均切实简要。文稿中多是考证之作，改名为《杜牧研究丛稿》较为合适。我已写了题签，并署名，附上。

神交数年，尚未晤面。如有来西蜀开会之机缘，得谋良晤，极所欣盼也。你所撰评《冰茧庵丛稿》之文，数月前，《天府新论》即刊出，想早已寄奉矣。

我与叶嘉莹教授合著之《灵谿词说》，已由上海古籍出版社刊行。现在正在合撰《词说》续集。已撰成者陆续在《川大学报》中发表（已发表了五篇），贵校图书馆中谅有此学报，可以检阅也。

近作长短句五首，附上。此颂

著祉

缪　钺启　（1988年）12月2日

十四

可先同志：

月前承蒙惠顾畅谈，并受厚贶，甚为感慰。你方在英年，治学精进，前途无可限量。

顷奉惠札，知已安返徐州。尊撰《〈清明〉诗作者和杏花村地望蠡测》一文，读后甚佩。1983 年，我曾撰《关于杜牧〈清明〉诗的两个问题》一文，先发表在《文史知识》1983 年 12 期，后收入 1985 年出版之《冰茧庵丛稿》中。拙文认为《清明》诗非杜牧所作，而“杏花村”之地望难以确考，当时未注意《樊川续别集》。尊文考定《清明》诗乃许浑所作，而“杏花村”地望应在蒲州（山西永济），论证详明，可为定论。

我近来正忙于为及门景蜀慧博士论文答辩事进行筹备，相当忙碌。杜甫学会开会已毕，会后，秘书处负责同志向我陈述会中情况。会中决定，以后《杜甫学刊》由钟树梁先生任主编。钟先生是我的好友，希望你以后能为《学刊》供稿。

近作《虞美人》词，附上。此颂

文安

缪　钺启　（1988 年）2 月 8 日

与赵守俨书

守俨先生左右：

七九年春，蓉城会晤，极慰夙怀。时光流逝，倏逾两载，遥惟起居佳胜，撰述日新，为颂为慰。

贵书局约钺主编之《三国志选注》，黾勉二年，业已脱稿，又撰《前言》一篇，于上月托童超君携赴北京送交尊处，敬乞 审正。谅蒙 惠督。

根据三十七号文件之精神，此种整理古籍加以简明注释之书，颇合需要。如能早日审定出版，至所感盼。专此，顺颂

著祉

缪 钺拜上 （一九八一年）十二月廿二日

（原信底稿，家藏。）

与霍松林书

一

松林先生史席：

接奉 手书，拜诵感慰。

唐诗学会，由 先生发起，在西安举行，诚为盛事。辱承 厚意，恳邀参加，并拟于开会时间上给予方便，尤深感激。惟铖久患目疾，行动艰难，且今年四月下旬四川文艺界将在成都草堂举行杜甫诞生一千二百七十周年纪念会，嗣后即开杜甫学会年会，而会前会后，铖皆有许多工作，无法脱身赴西安参加唐诗学会，甚为歉疚。唐诗学会请自己安排时间，不必考虑铖能否前往。

关于撰写论文事，铖已应山东大学之约，撰写《杜牧评传》，尚未脱稿，无暇再另写文章。铖右目施行手术后，戴特配眼镜，可以勉强看书写字，但不能持久，久则胀痛，故平日工作，多用口说，而亲自撰写，则颇为吃力也。

附上近作七古、五律、七律各一首，敬乞　郢正。又前年与日本吉川幸次郎先生赠答诗复制品一份，并奉　清娱。

以后春秋佳日，　先生如惠临成都，庶能面聆清论，多承　教益，至所企盼。肃此奉覆，即颂
著祉

缪　钺拜上　（一九八二年）元月二日

（原信复印件，由霍松林先生提供。）

二

松林先生吟席：

奉到　手翰，拜读感慰。拙作诸诗，辱蒙奖饰，愧不敢当，尚望声应气求，时承　教益。

贵校唐诗讨论会寄赐请柬，钺累于目疾，行动艰难，不能远行（“古籍整理小组”通知三月中、下旬在京开会，钺亦请假，只将对“规划”的意见寄去），赋七绝二首，以示祝贺，日前寄上，谅尘　玄览。今年杜甫学会不仅开年会，尚将于第一天纪念杜甫诞辰一千二百七十年。　先生忙于授课，不便久离，如能来蓉小住两三日，参加纪念活动，并谋良晤，以慰夙怀，亦至所感盼。近作五律四首，

并旧作二首，并呈　郢正。专此，敬承

著祉

缪　钺拜上　（1982 年）3 月 15 日

（原信抄件，家藏。）

三

松林先生吟席：

陈昌渠同志转到　惠札并大诗，拜诵感慰。本月十五日曾上一函，并拙诗六首，谅已呈　玄览矣。

尊作寄杜甫学会诗三首，辞意精切，韵致清逸，谨代学会致谢，如蒙写宣纸惠寄，届时在会中悬挂，以增光彩，尤所感盼。近作四绝句，附录笺末，以博　一粲。专此奉覆，并颂

著祉

缪　钺拜上　（一九八二年）三月廿五日

（原信复印件，由霍松林先生提供。下同。）

四

松林先生史席：

上月下旬奉到　手翰并与仲翔先生唱和诗，拜读甚慰。

大作“翡翠兰苕”两句，改字甚妥。此间正在准备编印杜甫诞辰纪念专刊（与《草堂》学刊并行），拟将大作绝句三首选入“赠诗”栏内，以光篇幅。不过，“赠诗”题目要求与纪念会有关，故钺拟将大诗题目改易如下：

壬戌暮春，在成都举行纪念杜甫诞辰一千二百七十周年大会，远承相邀，因事不克赴会，谨赋小诗三章，略表祝贺之意与向往之忱。

请　先生斟酌润饰，赐函示知，以便遵照抄录。专此，敬承

著祉

缪　钺拜上　（1982年）6月13日

五

松林先生吟席

久疏笺候，时在念中。四月中在成都举行杜诗学会，极望得谋快晤，而先生以事忙未克南游，殊增怅悒。

顷奉　惠简及　大作《松林词》、《唐宋诗文鉴赏举隅》，拜领感慰。《松林词》清疏宕逸，才情并茂。承　嘱作评语，兹仅就玩诵所得，于其中六首僭识浅见，恐无当于高明，另纸录奉。因不知所评诸词与　先生抄寄施君者是否相同，故未便迳寄施君，而仍寄呈　左右，请斟酌再寄施君。《摸鱼儿》词甚佳，惟下半阕“蒲帆误入天际”句，按词律，“帆”字应作仄声（稼轩词，“脉脉此情谁诉”），是否可以斟酌改易。

大著《唐宋诗文鉴赏举隅》，妙绪纷披，容当细读，定多启发。

小诗一首，附呈　吟正。此颂

著祺

缪　钺拜上　（1984年）6月29日

《松林词评识》 缪　钺

点绛唇（倦理瑶琴）：情味隽永，极耐寻绎。

高阳台（宝殿灯昏）：伤今怀古，凄怆缠绵，玉田嗣响。

木兰花（卷愁不尽炉烟袅）：纯用白描，清空如话，天伦至性之语，固不假雕饰而自工也。

瑞龙吟（台城路）：清真原作，层层脱换，笔笔往复，极尽回环宕折之致，合作亦深得此妙。

青玉案（中原万里来时路）：夏敬观谓，贺方回词，豪迈之处，有时下启稼轩。此作用贺词《青玉案》原韵，而豪壮近稼轩，殆能通两家之驿骑者。

摸鱼儿（一番番李婚桃嫁）：疏宕有奇气。

与小南一郎书

一

小南一郎先生：

去年奉到　大著数种，甚佩　先生治学精勤，功力深至。近又奉新年贺柬，谢谢。

大诗古朴可诵。辱承　下问，谨将商酌意见另纸写录，寄呈　指正。

钺所主持之魏晋南北朝史研究室工作照常进行。《三国志选注》已脱稿，交中华书局刊行。现在正在编写《北朝会要》，尚拟作《魏书斠注》。

近作七古一首、五律一首，附函呈　正。专此，敬颂著祉

缪　钺拜上　（一九八二年）元月十三日

（原信扫描件，由小南一郎先生提供。下同。）

二

小南一郎先生：

奉到三月卅一日惠书，敬悉种切。嗣后又收到赐寄日译本《三国志》，其中有两篇为 先生译著，并承函告，全部《吴书》之日译，亦出于 先生大笔。功力深至，甚可敬佩。

此间魏晋南北朝史研究室中三名成员，在我的指导帮助下，撰写《三国志选注》，选文四十馀篇，注解则博采诸家，间下已意。此稿于去年冬间完成，已交中华书局付印。待出版后，当寄奉 指正。

四月下旬，四川文艺界人士在草堂集会，纪念杜甫诞辰一千二百七十周年。我宣读纪念辞并七言歌行。兹将印本附函呈 正。惜吉川幸次郎先生已归道山，不能光临指导也。我将与吉川先生唱和诗三首写一横幅，并附引言，装裱悬挂于会堂中以资纪念。引言是这样写的：

日本吉川幸次郎教授精研汉学，于杜诗造诣尤深，著述宏富，士林宗仰。一九七九年四月，率中国文学研究所访华团远来成都，进谒草堂杜工部祠。余追陪谈谯，论诗甚契，曾赋七律一首相赠。吉川先生归国后，寄诗见怀，余又奉和。方期隔海相望，书疏往返，可以长获教益。不意翌年春日，先生遽归道山。追念旧踪，弥增怆恸。因写录相与赠答诗三首以存草堂故实，兼志人琴之痛焉。

专此奉覆，顺颂

著祉

缪　钺拜上　（一九八二年）五月五日

三

小南一郎先生史席：

数月以来，久疏笺候。秋气生凉，遥惟　起居佳胜，撰述日新，为颂为慰。

月前承蒙　惠赐大著《佛教伝播の一様相》、《颜之推〈冤魂志〉をめぐって》〔一〕两文，近又奉到惠赠吉川善之先生遗著《杜甫诗注》第五册，至深感谢。

我近来撰述情况，奉告如下：由我指导研究室三位教师编写的《三国志选注》，中华书局正在付印，印出后，当寄呈　谟正。我又从已发表过之文章中选辑二十七篇（内容均是论述文学与历史者），编成一本论文集，名曰

〔一〕大平桂一先生惠示，该文全称为《颜之推〈冤魂志〉をめぐつて——六朝志小说の性格》，小南一郎先生曾因此论文获东方学会奖。

《冰茧庵丛稿》，由上海古籍出版社承印，估计明年可能印出，届时亦当寄奉　指正。研究室集体编纂之《北朝会要》，仍在进行。我又与加拿大不列颠哥伦比亚大学叶嘉莹教授合撰《灵谿词说》，纵论唐宋至明清历代词人，评其得失，述其流变，估计两三年后始能完稿。

另封寄上《纪念诗人黄仲则》两册，其中一册奉赠　先生，另一册赠大平桂一先生，请　费神转交。此册乃黄仲则裔孙为纪念其先人而编印者，其中有拙诗七绝四首。大平桂一先生少年英发，论诗甚有见地，请　代为致候。大平先生月前赐寄《法隆寺》一册，已函覆致谢，谅早蒙鉴及矣。

专此，敬颂

著祉

缪　钺拜上　（1983年）8月28日

（原信复写件，家藏。）

四

小南一郎先生：

十月十八日惠书及　大作《道教の旅から》一文，均已奉悉，谢谢。

今年十月中，唐史研究会在成都举行年会， 贵国唐史研究者访华团十四位先生先期到成都。我国唐史研究会学者十馀人亦赶来，与 贵国学者举行座谈，交流情况与经验，晚间设宴招待，甚为欢洽。访华团团长为堀敏一先生，秘书长为菊田英夫先生。

我作了一首祝贺年会诗，兹将复制件一份附呈 指正。另一份请转交大平桂一先生。

吉川善之先生之哲嗣忠夫先生，托人送来其所复制的我所写与善之先生唱和诗稿数张。晤面时，请 代致谢意。

专此奉覆，即颂

著祉

缪 钺拜上 （一九八三年）十一月十三日

（原信扫描件，由小南一郎先生提供。下同。）

五

小南一郎先生：

久未通候，遥惟 尊况佳胜为慰。日前奉到 大著《楚辞集解》，拜领感谢。年前由我主编，本研究室三位教师作注之《三国志选注》，已由中华书局印行，兹寄奉一部，敬乞 诧正。专此，敬颂

著祉，并贺
年禧

缪　钺拜上　一九八四年十二月廿七日

六

小南一郎先生：

久疏笺候，遥惟　兴居佳胜，撰述日新为祝。

月前赐寄　大作，均已拜领。顷奉11月25日手书，敬悉种切。

车淑珊女士勤敏好学，以美国学者而熟悉杜诗版本，诚非易事。在京都承蒙接待，甚慰。不知她已返美国否？

十一月中，成都举行“三国与诸葛亮”国际学术交流讨论会，甚望　先生来蓉，给大会增加光彩，我们也可以畅谈学术。　先生因事忙未能与会，殊觉怅悒。狩野直祯先生来蓉与会，曾晤谈，并在武侯祠合影留念。同合影者尚有西川常子先生（明治大学副教授，正在川大进修，也参加大会）。

近作《灵谿词说·论文天祥词　论刘辰翁词》在《川大学报》发表。兹寄上散页，请　指正。又近作诗词各三首，并附呈　吟正。专覆，敬承
著祉

缪　钺拜上　（一九八五年）十二月九日

七

小南一郎先生：

7 月 26 日　手书及　大作《壶型の世界》论文，均已拜读，甚为感慰。

今年十一月，中国魏晋南北朝史学会将在桂林举行年会，我因年老体衰，不能远行，我的弟子中，将由数人赴会。我曾建议大会筹备处邀请　先生（并告知先生通讯处）。不知请柬收到否？　先生有暇光临否？

来函提到，尊译《三国志・吴书》部分已出版，并嘱出版社寄赠一册。但迄今，该社尚未将尊译之书寄来。

我现在指导的一名博士生景蜀慧，兼喜文学，能作诗词。我指导景生学习陈寅恪先生文史互证之法从事研究，其论文题目是《魏晋诗人与政治》。我曾作七绝五首示之，指明研究纲领。兹另纸录奉　吟正。此覆，即颂

著祉

缪　钺拜上　（1989 年）9 月 19 日

八

小南一郎先生：

奉到10月4日　手书，敬悉　先生因故未能应邀来华出席在桂林举行的魏晋南北朝史学会年会，深感惋惜。不过，这种情况不久将会变化，中日文化交流仍将正常发展。

兹有事奉恳。川大古籍所与北大古籍所商定，拟于明年十月在四川召开宋代文化讨论会，想邀请外国学者来参加。请你考虑， 贵国汉学家中有哪些学者对于宋代文化（包括史学、哲学、文学）有深入的研究，请介绍几位，将他们的姓名、职务、通讯地址函示，至所感盼。

专此，敬颂

著祉

缪　钺拜上　（1989年）11月15日

与邓小军书

小军同志：

来函奉悉。你投考安徽师大研究生，专业各科考试成绩甚好，虽外文较差，也可能仍有录取之希望。

你近来读陈寅恪先生著作，颇有心得，甚以为慰。望继续努力。所索拙撰杜甫诞辰纪念辞，兹捡一本附函寄上。

我近来校内外工作繁忙，故仅覆此短札，乞谅。专此，即询

近佳

缪　钺启　（1982年）5月7日

（原信照片，下载自“孔夫子旧书网”。）

与吴绍烈书

一

绍烈先生：

月前胡昭曦君自沪上归来，出示手教，辱蒙　关切，并征索拙作诗词稿，至深感慰。

贵研究室拟选编当代人旧体诗词集，兴灭继绝，发扬诗教，诚为盛事。兹遵　嘱将解放前所作诗词选录三十馀首，寄呈　教正。（解放后所作不多，且尚待改定，故未选录。）

胡君谓　贵校教学科研工作，成绩显著，甚可敬佩。此间历史系亦拟成立古籍整理研究室，以后尚望加强联系，时聆　教益。专此奉覆，即颂

著祉

缪　钺拜上　（1982年）5月11日

（原信底稿，家藏。下同。）

二

绍烈先生：

月前文旌来蓉，辱承　枉过，得聆　清论，极慰　夙怀。想乘船东下，历览三峡风光，早已安抵沪上矣。

在蓉时谈及诗词选本取名之事，钺后又加寻思，窃以为取名《江河集》，似乎口气稍大，最好再略示谦挹，不知尚考虑过何种名称。

承　索拙书，兹写小诗三首应　命，附函呈　正。

诗词选本二辑何时开始集稿，钺将抄录近作诸诗，以供采择。

（1982 年）9 月 8 日〔一〕

三

绍烈先生：

惠函奉悉。蒙　代购七紫三羊豪笔，甚感　盛意。

来函谓，《江河集》所录诗词，拟补益“三百”之数，

〔一〕此札底稿无结尾，仅署月日。据先生《发信记录》，发信时间在 1982 年。

嘱选抄叶嘉莹先生作品寄供采用。故遵　嘱选抄叶嘉莹先生诗词作品十一首，附函寄上。

来函又提到，希望我题诗刊入《江河集》正文之前，我想，如果要题诗，最好请局外人（即是尚未有作品选入《江河集》之人），以客观的态度，容易着笔。如果是我题诗，不易措辞也。

专此奉覆，敬承

著祉

缪　钺拜上　（1982年）10月17日

（原信照片，下载自"孔夫子旧书网"。下同。）

四

绍烈先生：

12月19日惠书奉悉。

《江河集》由甘肃人民出版社承印，明年可以出书，闻之甚慰。编辑过程中的种种曲折，也是今日常见之事。　先生编辑此书，征稿，选定以至于交涉出版，极费苦心，扬厉风雅，至堪钦佩。对于叶先生作品的处理，亦颇妥适。

承　示《江河集》第二辑将从事筹备集稿。我可以选抄解放后部分作品寄供采择，并按所示诗篇分体，词作按岁月的格式抄写。但不知抄写时是用繁体字或简体字，是写直行或横行，何种方式将来便于排印。请先　惠示。叶先生处，我将函询她愿意发表哪些作品，然后录寄。

拙著《诗词散论》，解放前曾由开明书店出版，解放后迄未重印。最近由上海古籍出版社重印，已竣事，待书寄到后，当奉寄呈　教。专覆，并祝

新年百福

缪　钺拜上　（1982 年）12 月 28 日

新作小诗二首，附函呈　正。

五

绍烈先生：

奉到十三日　手书，具悉　先生在大连时曾跌伤髌骨，治疗痊愈后始归沪。迩来想　康复胜常，为颂为慰。本月十日寄奉《唐宋文学论丛》一册，谅已蒙　惠督矣。

承　嘱补抄词稿。近年来作词甚少，兹抄录两首附上。

来函提及《当代词综》征稿事。数月前，《当代词综》编辑部施议对同志曾与我联系，已寄去词稿与小传矣。承蒙　锦注，并以奉闻。此颂

著祉，并贺
年禧

缪　钺拜上　（1982年）12月28日

六

绍烈先生：

手书奉悉

转示孙逊先生手札，已遵嘱书写题签两个，并附致孙先生一札，请　费神转交为祷。

《江河集》第三辑编排，窃意仍按第一辑体例为妥。所选每一位作者的诗或词，均按撰写年月顺序排列（不必按古诗律诗分）。附作者小传也好，不知小传字数限定多少。

吉川幸次郎先生已于1980年逝世，其诗集已在日本出版。叶嘉莹先生今夏来蓉时，当代致尊意，并询问可否在加拿大销售事。

专此奉覆，即颂

著祉

缪　钺启　（1986年）3月24日

（原信底稿，家藏。）

七

绍烈先生：

奉到九月廿八日惠书，知文旌已由兰皋返沪。《上海诗词》创刊号及稿费，均已收到，请释念。

日前接路志霄先生来函并寄赠该校古籍所整理出版之书三种，已覆函致谢矣。

关于传统诗词用韵问题，鄙意以为不宜做过多的更张，更不能牵就今日普通话之读音（如果将入声字读成平声入韵，将非常不协调）。至于侵、覃韵，收m闭口音（闽、粤方音仍是如此），普通话中虽与真、寒韵读音几乎相同，然细揣之，侵韵之“深”、“寻”、“音”、“琴”、“阴”等字，自有一种凄清之音，与真、文韵诸字有别。大凡传统之文艺，都有其多年发展形成的一套规格，融浑协调，不可轻易变动。譬如昆曲道白必用苏白，京剧道白则用韵白（鄂皖间方音），至于平剧道白（这种剧种是晚起的）始用京白。如果演昆曲《游园惊梦》之杜丽娘用北京话作道白，则必将引起听众之笑噱也。

我现在指导的一名博士生景蜀慧，虽治史学，亦爱好诗词，其所拟论文题目是《魏晋诗人与政治》，即拟仿陈寅恪先生文史互证之法进行探索。景君练习作诗词，尚有清气。兹嘱其抄录三首，附函奉呈　审正。

近作《八声甘州》词，呈　正。词中“一读《钱神论》，落叶都愁”，自来词人似尚无此沉痛之句，盖未尝经历如此时世也。

此颂

著祉

缪　钺拜上　（1988年）10月18日

（原载刘衍文、艾以主编：《现代作家书信集珍》，汉语大词典出版社1999年版，第581—582页。）

与吴在庆书

一

在庆同志：

元月中奉到　手书，你提出几个问题，很有意义。详细讨论，非简言可尽，我目力衰损，写字困难，迟未作覆，至以为歉。

顷又接　惠札及《厦门大学学报》一册。你的文章，辨析精密，引证详审，对杜牧卒年五十之说，论证更为坚实，关于《杜秋娘诗》系年一事，提出新见，足资启发，等我暇时再加考虑。

你英年锐进，造诣不凡，殊堪嘉尚。如有学术出差来蓉之便，冀得面晤畅谈。四月下旬，四川文艺界集会于草堂，庆祝杜甫诞生一千二百七十周年，我宣读纪念辞与七言歌行，兹寄上印本一份，以供存念。专覆，即颂

近祉

缪　钺启　（一九八二年）六月十日

（原信复印件，由吴在庆先生提供。）

二

在庆同志：

来函及论文提要均收悉。你校又将你的论文全稿寄来，我已经写了审查意见寄回，肯定了你的论文有较高的质量，为研究生论文中不可多得之作，并且提议可以授予你硕士学位。我想系上可能已经给你看了。

来函所询杜牧《忍死留别献盐铁裴相公二十叔》诗疑非杜牧作。关于此问题，月前徐州师院胡可先君寄给我他所作的一篇文章，辨析此篇非杜牧所作，其说可信，可参看。胡君之作刊载于《徐州师范学院学报》1982年1期。你毕业后，将在何处工作，望示知。

初开学，事务繁忙，匆匆作覆，即祝

秋祺

缪　钺启　（1982年）9月2日

三

在庆同志：

久未通信，遥想你近来工作顺利，身体健康。

听友人说，你所撰论述杜牧之文，其中一部分已在《厦大学报》中发表。如有存本，希望　惠寄一册。

近作《〈迦陵论诗丛稿〉题记》，在《中国社会科学》双月刊本年第二期中发表。厦大图书馆中谅有此期刊，暇时幸　赐览观为盼。专此，即颂

文安

缪　钺启　（1983年）4月27日

四

在庆同志：

奉到　手札及文稿，具悉种切。前寄文稿打印本，亦早收到。

月前张田（在西安任《人文杂志》编辑）等两位同志自西安来看我，讨论有关杜牧的问题，因为他们正拟撰写《杜牧评传》。关于杜牧卒年，他们同意“大中六年”说，言次，我推荐你的文章考订杜牧卒于大中六年十二月，最

为精凿，要他们参考征引。他们说，不知《厦大学报》是否刊出你的文章，所以我写信问你此事，准备，如果刊出，即寄〔一〕转寄张田同志。《厦大学报》既未刊出，我想可以另想办法。

你的文稿两万多字，不适于一般刊物发表，并且其中有些部分尚待修订，但是考订杜牧卒年这一节，完整精密，可为定论。我建议你将这一节写录成专篇，题目可作“关于杜牧卒年”，或作“进一步考订杜牧卒年”，寄来给我，我转寄张田君，在《人文杂志》（双月刊）中发表，我也可以加一个按语。希望你即抄清稿寄来。（关于杜牧卒年，虽然大多数人同意“大中六年”说，但是也还有一些书刊采用岑仲勉先生的“大中七年”说。）

新寄来的文稿等我细看后再作覆。你治学精进，深可嘉尚，只要作品质量好，总会有知赏者，不愁无有发表之处。去年冬天，我招收一名攻读博士学位的魏晋南北朝史专业研究生。如果我招考攻读古典诗词的博士研究生，我倒很想能够录你（因为我在川大的工作单位是历史系，不便于跨系招研究生），将来可以帮我一同整理杜牧的著作。人民文学出版社屡次表示，希望我补订《杜牧诗选》，但

〔一〕“寄”，疑应作“可”。

是因为我在此无有助手，无法进行。我早想写一部《樊川文笺证》，亦因困于目力，不能独立进行。

我与叶嘉莹教授合撰《灵谿词说》，自去年秋间起，陆续在《川大学报》中按期发表。厦大图书馆定有《川大学报》，谅你可以看到。即将于六月出版的《川大学报》83年二期中刊载我的《灵谿词说》(续)，其中有论杜牧《八六子》词者，将来你可以看到。又近作《〈迦陵论诗丛稿〉题记》在《中国社会科学》杂志本年第二期中刊出，也希望你看一看。馀俟续谈，匆此，即祝

近祉

缪　钺启　(1983年)5月11日

五

在庆同志：

本月11日曾寄一函，谅蒙　青及。当天我收到你的信，心中很同情，匆匆写了一封回信。后来仔细一想，其中有一个疏误。你考证杜牧卒年之文，去年发表在《厦大学报》"文学专号"中，曾寄给我一本。我写前函时，匆忙中遗忘，遂建议你写一清稿寄来发表在《人文杂志》，这是我的疏失。关于此事，我将致函西安张田君，在图书

馆中寻觅《厦大学报》。

你的近作《谁从绛蜡银筝底，别识谈兵杜牧之》一文，我已看过。这篇文章写得相当好，论证详明，辨析有力。文中个别辞句不妥处，我做了修改；以整篇文章论，尚可再求简练。可以多读王静安、陈寅恪、鲁迅诸先生之文，受到启发。你这篇文章，如果愿意发表，可稍加删润（删去前后重复的辞句），写清稿寄来，我寄给张田君，请他发表于《人文杂志》中。

关于《杜秋娘诗》系年问题。如果说，诗序中明明指出："郑注用事，诬丞相欲去〔一〕己者。"在甘露之变以前的大和七年，郑注势焰煊赫之时，杜牧不便这样说，所以此诗只能作于大和九年冬李、郑被杀之后。这个意见固然持之成理。但是，我又有一个想法。唐人写诗，不一定都立刻传抄公布，也可能写毕置之箧中。杜牧对于郑注一向是反感的，他这个诗序，因有责难郑注之辞句，可能写后并不外传，或者是后来加入的。（关于第一种情况，譬如"四害"横行时，有人激于义愤，写出谴责他们的作品，而密不外传，等到粉碎"四人帮"后才传出来，我们不能因此怀疑这些作品一定不是在"文革"期间所作。关于第

〔一〕此处脱"异"字。

二种情况，如姜白石《扬州慢》词的小序，就是后来加上的。）如果这样，则大中七年说似亦可成立。我这个想法不一定全对，但亦可供参考。

专此，即颂

夏安

缪　钺启　（1983年）5月11日

六

在庆同志：

数次来函及文稿均已收到。你的《杜牧卒年再考》一文，张田同志来信说，将在《人文杂志》中发表。《谁从绛蜡银筝底，别识谈兵杜牧之》一文，等有机会，我将为你介绍发表的地方。《读〈樊川文集〉札记》考证细致，可以陆续集稿。来函说，将扩大研究范围，此意甚好。可即在中晚唐诗人中进行研究，除诗文专集外，希望你将两《唐书》及有关重要史书细读一下，因为文史是密切联系的。山东大学《文史哲》期刊第三期刊载我所写的《治学补谈》，其中论到“文史结合”的研究方法，希望你觅得一读。

周先生不能来出席唐史学会，想托你代表，如能实现，很好。学会的规定，是四月中学会秘书长来蓉拟定的，是否可以变通，最好由周先生致函陕西师大历史系唐史学会秘书处商酌。

我近来事情很忙，所以迟迟未写回信。

寄上最近出版的《川大学报》一册，其中我所撰《灵谿词说》论及杜牧词、韩偓词，可以一看。此祝

夏祺

缪　钺启　（1983 年）7 月 21 日

七

在庆同志：

来函及所寄考证令狐楚推荐张祜的文稿均已收到。

你这篇文章考证精细，我想替你推荐发表，请你暂勿向报刊投稿。你想研究刘禹锡，很好。张田同志已将《人文杂志》寄给你了吗?

匆覆，即祝

近好

缪　钺启　（1983 年）12 月 5 日

八

在庆同志：

久未通函，想　近况佳胜。

你以前寄来的考订张祜事迹一文，我推荐给《川大学报》编辑部，他们准备采用，不过，认为其中有应删节与补充者。编辑部曾写信与你洽商，据说，迄今未接回信。你是如何考虑的，请函覆《川大学报》编辑部为盼。此祝

近祉

缪　钺启　（1984年）2月20日

九

在庆同志：

来函及文稿，早已收悉。

你的《令狐楚荐张祜时间考》一文，已在《川大学报》第二期中刊出，想编辑部早已寄给你了。

我近来仍然很忙，各种工作（包括校内校外）纷至沓来，疲于应接。

上海师院吴绍烈先生编选《江河集》第一辑，近已出版。此书选录“五四”以来旧体诗词，比较审慎，其中选

录拙作诗词十六首。兹寄奉一册。

此祝

秋祺

缪　钺启　（1984年）8月16日

十

在庆同志：

两次来函及照片，均收到。

你想参加唐代文学学会，我写了一个推荐书，附函寄上。《河南大学学报》编辑部拟编选《五四以来旧体诗词选》，数年前（大约是81年）即同我联系，我也寄去诗词稿十馀首，但因为没有联系好出版社承印，所以久未能出书。月前，他们来信说，已觅得愿意承印之出版社，定稿时，选录我的诗词十二首。何时印出尚不知道。

叶嘉莹先生所著《迦陵论诗丛稿》，月前已由中华书局出版，已经寄给我。其中甚多精义创见，而《后记》一篇详述她治学的甘苦与心得。你可以购买一读。还有，山东教育出版社最近即出《中国历代著名文学家评传》第一、二两册（以后将续出），第二册中有我所撰《杜牧》评传。你可以觅得一读（厦大图书馆定有此书）。

你作的诗，情义虽好，但是写法平直，且有不合韵律处。（第八句“后学仰止向景行”，平仄错了，应作“平平仄仄仄平平”。还有，“行”字虽有时可读“杭”，但是“景行”是一个成辞，“行”应读“杏”。）作诗不可平铺直叙，应当开合顿宕，用笔应当如飞、如跃，不可一步一步地在地上走。你要学诗，应当多读古人名篇，要能背诵。高步瀛《唐宋诗举要》，有评有注，便于诵读。

川大未能〔一〕《学报》寄给你，等我向编辑部询问。此颂

秋祺

缪　钺启　（1984年）8月16日

十一

在庆先生：

前奉　来函，因工作异常繁忙，故迟未作覆。

我所指导的研究生有七、八名之多。去年冬间，两名硕士生毕业，今年上学期，有〔二〕将有三名毕业，要给他

〔一〕“能”，疑应作“将”。或此处脱“将”。

〔二〕“有”应作“又”。

们修改论文。去年冬间又招收两名博士生，今年三月入学，连原有的一名博士生，共三人，指导费力。研究室集体编写工作，《三国志选注》，将由中华书局出版，共上、中、下三册，而《北朝会要》正在进行。我分担的《灵谿词说》部分，尚需继续撰写。诸事纷至沓来，几乎日无暇晷。一名美国耶鲁大学攻读博士生最近来蓉，从我研究杜诗，下半年将有一名瑞典博士生来从我研治魏晋史。

你寄来的《刘禹锡事迹考辨》一文，颇翔实。兹奉还，请你保存。

近作七古一首附上。此颂

冬祺

缪　钺启　（1984年）8月16日

十二

在庆同志：

暑热，惟起居康胜为慰。

年前你寄来的两篇文章，都是精心用力之作，我读后存置箧中。现在寄还，请你自己保存。

今年六月中，我的三名硕士生毕业。因为精力不及，我以后不再招硕士生而只培养博士生，略弛负担。现在已有三名博士生，暑假后，将再招收一或二名。

我与叶先生合撰之《灵谿词说》，仍在继续进行。估计明年可将论唐宋词部分写完（约四十馀篇），编排成书。

专此，即颂

撰安

缪　钺启　（1985 年）8 月 13 日

十三

在庆同志：

85 年 12 月 20 日手书奉悉。今日是 86 年元旦，遥祝你身体健康，德业日新。

你近来忙于编写工作，勤劳可念。尚望劳逸结合，善于安排。

1984 年的《唐代文学年鉴》已出版，其中有刘琳同志所写评介我的文章，想已见到。

我近来工作头绪仍繁。我与叶先生合撰之《灵谿词说》，将于今年编次成书以备付印。现在正在按计划撰写未完成的部分。

近作小诗一首附上。此颂

新禧

缪　钺启　（1986 年）1 月 1 日

十四

在庆同志：

惠函及寄示大作《试论杜牧的党派分野》一文，均已读悉，殊见用心。

你近年来从事《古代文学家辞典》的编写，可以翻阅大量资料，进行考证，藉以增进学力，是很有意义的。

我近来精力渐衰，但仍量力而行，从事培养博士生及科研工作。附上近作小诗一首。此覆，即颂

文安

缪　钺启　（1987年）9月15日

十五

在庆同志：

月前你因事来蓉，惠临舍间，得以畅怀论学，深感快慰。

顷接手书，具悉已返抵厦门。　大著《〈唐才子传·韩偓传〉笺证》一文，考订翔实。待《天府新论》（编辑）来寓时，我将当面交付。

近写条幅一帧奉赠，乞惠存。

我有一名博士生，申请赴美国华盛顿大学进行联合培养，已由国家教委批准。迩来筹备工作甚忙，故匆覆此函，即颂

著祉

缪　钺启　（1987年）9月15日

祖课先生处均此致候

十六

在庆同志：

来函奉悉。函中提及傅璇琮先生拟请我写条幅事。我与傅先〔一〕虽未曾识面，然读其著作，深佩他研治唐代文学，精思博览，造诣超卓。请致函傅先生，即函嘱巴蜀书社委托一位同志与我联系，我可以将已写毕之条幅交付给他，借赴京之便，代交傅先生也。

此覆，即颂

文安

缪　钺启　（1987年）10月14日

〔一〕此处脱“生”。

十七

在庆先生：

来书奉悉。我给傅璇琮先生所写的条幅，早已写毕。来函所提到的邓南同志，是在巴蜀书社工作的，我与他熟识。但是迄今他并未来寓取我所写的字。寒假时，你的学生藉回蓉之便来取亦可。此颂

文安

缪　钺启　（1987 年）11 月 30 日

十八

在庆同志：

前后两函均已奉悉。你将随祖谋先生出席唐代文学讨论会，闻之甚慰。嘱写之题记，写毕附上。此颂

暑祺

缪　钺启　（1988 年）7 月 26 日

祖谋先生处均此致候。

十九

在庆先生：

惠函奉悉。新作《考辨》之文，容暇时细读，因为近来忙于筹备博士生答辩工作（9 月 5 日举行）也。

祖课先生拟读《灵谿词说》，兹寄上一册，请转交，请指正，此颂

文安

缪　钺启　（1988 年）8 月 29 日

二十

在庆同志：

月前收到　惠函，最近又收到　惠寄贺年卡，谢谢。

我最近仍忙于修改博士生论文，冬寒，精力不济，只好量力而行。

数月前你寄来的一篇关于杜牧的考证文章，颇为详覈，我没有意见。兹附函寄还，此颂

文安，并贺

新年之禧

缪　钺启　（1988 年）12 月 26 日

二十一

在庆同志：

月前曾上一函，并寄还尊稿，谅蒙惠督。

苏州大学罗时进君寄来其所撰《杜牧自撰墓志铭探微——兼论作者卒年问题》一文（发表在《人文杂志》），征求我的意见。该文认为杜牧卒年应在大中末。我认为其说不能成立，曾写一函致罗君，加以辨析。兹将此函复制件寄你一阅，不知尚有可补充者否。此颂

春节之禧

缪 钺启 （1989年）2月8日

二十二

在庆同志：

6月9日来函及大著《杜牧论稿》，均已收到，谢谢。

来函所述《杜牧论稿》印行情况，责任在厦大出版社负责人，与你无关，你不必感觉不安。他们所以未用我的题签，大概因为这一套"南强丛书"封面题签都是用印刷体字之故，至于为何将我的题识删去，则殊不可解。大概"南强丛书"中其他书稿均无题识，他们为强求一律，所

以这样做，这也未免太沾滞了。照一般情况，出版时〔一〕印书时，如题签、题识等，都是尊重著者之意见（如我联系的中华书局、三联书店、人民文学出版社、上海古籍出版社等都是如此）。厦大出版社负责人可能是新手，对于国内出版社的一般规定，不太了解，故有此种生硬做法，这也不必介意。厦大出版社迄今并未给我来信，也未寄书。

大著《论稿》中诸文，有的我曾经读过的，有的是初次读到的。综览全书，你近数年中确实在研究杜牧时下了很大的功夫，考订精审，阐释敏锐，较之拙著两种，非但补其不足，亦可谓后来居上，读后甚感欣慰。我向来指导学生，都希望他们将来能够胜过我。你虽然没有长时间当面从学于我，但通函讨论，情谊深厚，所以我也是这样期望于你的。

近作《叶嘉莹〈迦陵诗词稿〉序》及诗、词各一首，在《中国文化》杂志第三期刊出。兹附上复制件一份。《中国文化》杂志，在大陆、香港、台湾三处发行，内容丰富，影响较广，不知厦大图书馆中有此期刊否？

此覆，即颂

文安

缪　钺启　（1991年）6月24日

祖谟先生均候。

〔一〕“时”，应作“社”。

二十三

在庆同志：

7月7日惠书及赐寄《唐才子传校笺》第四册，均已收到，谢谢。

厦大出版社王依民同志日前来函致歉意，态度诚恳，并寄赠《杜牧论稿》二册，我已覆函致谢。

我最近又招收博士生一名。今年春天毕业的博士生景蜀慧君，其论文《魏晋诗人与政治》，各专家评价甚高，周一良先生谓其“新见迭出，超越前人”。此论文十四万字，已向台湾文津出版社接洽，由该社出版，今年底可印出。景君已调至川大历史系工作。

我与叶嘉莹教授合撰的《灵谿词说》续集，在《川大学报》陆续发表了十多篇。《川大学报》，在厦大图书馆中当可觅得。叶先生近著《唐宋名家词赏析》，共四册，台湾大安出版社印行。你如有朋友在台湾，可以托他购买。

前年，我曾撰《杜牧卒年再考辨——覆罗时进君书》一文，文末附录你寄来的一封考证。此文于年前投寄中华书局的《文史》杂志。最近该刊编辑部寄来校样，将在第35期中刊出。此颂

夏安

缪　钺启　（1991年）7月18日

二十四

在庆同志：

惠函奉悉。我的生日是12月6日。不过，今年10月中，川大将开会预祝我九十诞辰。你与学檬校长拟联名拍电向我祝寿，最好是在9月中拍电来。

学檬校长日前来蓉，晤谈甚欢。其学识、风度均佳，是一位好的大学校长。你能在学檬校长领导下工作，实属幸运。

你如能于8月中来川，可谋快晤。

此颂

文安

缪　钺拜上　（1992年）7月8日

学檬校长前，请代为致候。

与陈邦炎书

一

邦炎先生左右：

月前蓉城会晤，得慰夙怀，饫闻清论，深获教益。顷奉　手翰，并赐寄《陈寅恪先生编年事迹〔一〕》一册，谢谢。寅恪先生治学精严，持躬高峻，读之深受感发。

钺论文集稿事，辱蒙　关注，至感。只因以前在报刊发表之作品，其中一部分，手边无有印本，搜寻费事，故迟迟未能集稿也。

嘉莹先生在此间讲唐宋词，甚受欢迎。暇时相与商讨切磋，已分别写出《灵谿词说》稿一部分。知关　锦注，并以奉　闻。专覆，即颂

著祉

缪　钺拜上　（一九八二年）六月十四日

（原信复印件，由陈邦炎先生提供。）

〔一〕“迹”，应作“辑”。

二

邦炎先生：

月前　赐书，早已奉悉。秋凉，遥惟　兴居佳胜为慰。

拙著《灵谿词说》四则，已在《川大学报》中刊出，兹寄奉　指正。叶嘉莹先生《灵谿词说》（论温、韦、冯、李四家），刊载于《川大学报》增刊“中国古典文学专号”中，即将出版，届时当即寄上一册。此外，我又续写了《词说》（论范仲淹、吴彦高诸人词），将刊载于《川大学报》本年第四期；叶先生最近又从温哥华寄来新作《词说》（论晏殊词），将刊载于《川大学报》83年第一期。《川大学报》编辑部拟以后陆续刊载吾二人所撰《词说》。这些都只是初稿，将来全书定稿时，可能还要增补修改。知关　锦注，故覼缕陈之。

兹有小事奉恳。七月中，葛杰同志寄来拙著《诗词散论》校样。我校改后寄还，并说，希望照改无误，即可付印。（最后清样，如时间允许，寄来我看一下亦可。）现在不知进行情况如何。请　费神探询示覆，至所感荷。专此，敬承

著祉

缪　钺拜上　（1982年）10月10日

三

邦炎先生：

月前寄上《川大学报》一册，其中有拙撰《灵谿词说》，敬乞　指正，谅蒙　惠督。兹再寄上《川大学报》增刊“中国古典文学论丛专辑”一册，其中有叶嘉莹教授之《灵谿词说》，请　惠存。以后吾二人所撰《词说》，将陆续在《川大学报》刊载，届时再行奉寄。专此，敬承

著祉

缪　钺拜上　（一九八二年）十一月三十日

四

邦炎先生：

两次　惠简及　赐赠《词学研究文集》一册，均已收悉，谢谢。

拙著《诗词散论》在　贵社重印，曾承蒙关注。最近已收到印本，已检一册，题款，奉呈　指教，寄葛杰同志处转交，谅蒙　惠督。拙撰《灵谿词说》续稿，在《川大学报》82年第四期刊出，附呈　诿正。83年第一期将刊载叶先生新撰之《词说》论欧、晏两家者。至于其所撰

《词说前言》，尚未定稿，暂不拟发表，待以后商定。

关于钺整理旧作再编论文集事，承蒙 垂询，至感 盛意。两年前，上海人民出版社曾劝我再编一本论文集，当时因解放前发表之文手边多无存本，又目疾尚未好转，看字困难，故迁延未动手。近来想从事整理，初拟选目约三十篇，尚未全定。（有的文章须作大量修改者，因精力来不及，将暂不选入。）解放前诸文，托友人在各处寻觅复制，已大部分收到，尚有个别篇，如《鲍明远年谱》（载《河南大学文学院季刊》1931年上学期，清华大学《文学月刊》第三卷一期〔1932年5月〕转载），迄今尚未觅得。旧文整理，亦颇费事，校改错字，核对引文，统一体例，有许多篇都要重新抄录，而这些事，我的助手无能为力，都需要我自己做。我希望能在今年上半年整理完毕。辱承 锦注，故覼缕陈之。专此奉覆，敬颂

著祉

缪 钺拜上 （一九八三年）元月九日

五

邦炎先生史席：

日前奉到 贵社总编室来函，俯允承印拙著《冰茧

庵丛稿》，至深感慰。已覆一函，附寄《丛稿》目录及《自序》。至于书稿，待整理完毕后，即行寄奉，届时尚乞　多赐指教。

尊体违和，闻之甚念，谅已调养痊愈矣。3月下旬曾寄上《川大学报》本年第一期一册，其中有叶先生所撰《词说》论晏、欧二家词者。第二期将刊载拙著《词说》（论杜牧、秦少游《八六子》词、论韩偓词、论岳飞词等）。叶先生正拟撰写论南唐中主、柳永诸家词之《词说》。知关　锦注，故以奉闻。专此，即颂

痊安

缪　钺拜上　（1983年）4月3日

六

邦炎先生：

久未通信，冬寒，遥惟　兴居曼福。

去年12月上旬曾寄上《唐宋文学论丛》一册，由王勉同志转交，谅早尘　玄览。

今年四月下旬，杜甫学会将举行“杜甫夔州诗学术讨论会”，闻学会秘书处已发函邀请先生。极望届时能拨冗　光临，可以畅谈一切。

《川大学报》83年第四期已出版，其中有叶嘉莹先生所撰《灵谿词说》论晏小山者，并附载《〈灵谿词说〉撰写计划》。兹寄奉一册，请　赐览观。去年叶先生来函谓，先生建议，《词说》中应增加论白居易、刘禹锡、黄山谷诸人词作者。此意见甚好，嗣后当补入。

川大校中已将《灵谿词说》专著订为学校重点科研计划项目之一，85年将撰毕论唐五代两宋词部分，即可印出上册。

专此，敬颂

著祉，并贺

年禧

缪　钺拜上　（1984年）1月5日

七

邦炎先生史席：

二月五日　手书及惠赐《梦窗词浅议》，均已奉悉，谢谢。

四月中此间举行之“杜甫夔州诗讨论会”，先生如无要事，仍祈　文旌西来，得谋良晤，并聆清论也。

大作论梦窗词一文，首先廓清古今人对于梦窗词之偏见误解；然后指出梦窗词艺术之特点在“以丽密变幻之笔抒写深微窈冥之思”，于瑰丽深曲中而有空灵飞动之妙；在情思内涵方面，则驳辨晚近论者认为梦窗词脱离现实之偏见，而举例论证梦窗生当南宋末季伤时忧国之怀；即对于其悱恻言情之作也做了惬心贵当之论析。此文诚不愧为吴梦窗“后世扬子云”之论也。

《川大学报》第一期已出版，其中有拙作《灵谿词说》（续七），“论苏、辛词与《庄》、《骚》”、“论陈简斋词”、“论张于湖词”三篇。兹寄奉一册，敬乞　指正。小诗二首，附博　一粲。王冕同志处，将另寄《学报》一册。专覆，敬颂

著祉

缪　钺拜上　（1984年）3月25日

八

邦炎先生：

惠书及大作词稿，均已收读。

大作诸词辞旨渊懿，功力深至，极耐循诵。承　嘱择加评语，仅就管见所及，于七首词作，略识数言，陈义疏浅，恐未必有当也。评语，另纸写录寄上。

上月此间杜诗讨论会，在草堂举行。　先生以事忙未能惠临，同人等深感怅悒。拙撰诗会“开幕词”印稿一份，附呈　诓正。

根据中加文化交流协定，叶嘉莹教授仍于今夏来成都与钺进行学术合作，共撰《灵谿词说》。已于五月十一日飞抵成都。钺已出　尊札相示。叶先生于四月中旬离温哥华，先至日本九州大学讲学，回祖国后，在北京应国务院外事局之约讲诗，又至哈尔滨在黑龙江大学讲诗词，又至巩县参加杜诗校注讨论会。一月之中，数地往返，甚为劳顿，待稍休息后，将致函于左右也。

专覆，即颂

吟祉

缪　钺拜上　（1984年）5月15日

嘉莹先生嘱笔致候

杜诗讨论会期间，贵社何满子、徐树仪、罗炳坤诸同志来蓉，道及　先生远道相念之意，至感。

邦炎先生词稿评识　缪　钺

踏莎行（枫树凝霞）：伤时忧国之怀，出以含蕴深隐之笔，读之倍觉悽怆动人。

高阳台（桥锁平湖）：清疏顿宕，情致缠绵，殆得力于玉田者。

念奴娇（天上人间）：以托物寄兴之法发抒对于时事悲愤激昂之情，言近旨远，词中佳作。世之以浅露、直率、粗犷为填词之能事者，殆不足以语此。

贺新郎（一片花飞去）：张皋文谓，词能“道贤人君子幽约怨悱不能自言之情，低徊要眇，以喻其志”者，此词庶几近之。“道是”二语，尤见居困厄而不忘济世之怀。

贺新郎（天堑千年隔）：运用旧体裁歌咏新事物，既有时代气息，而又能保持词体之特美，允称合作。

满江红（三十年来）：抚今思昔，感慨深至，词笔亦回环宕折。

木兰花慢（望灯辉似画）：忧国望治之怀，清刚隽上之格。

九

邦炎先生：

5 月 15 日曾上一函，附上遵　嘱为　尊著词稿所作评识数则，谅早蒙　惠督。

根据中加社科院协定，叶嘉莹先生于五月十一日来蓉，与我继续撰写《词说》，为期六周。在此期间，叶先生写新稿三篇，约三万字，我写新稿两篇，约万馀字。并共同商定，于85年内，将论唐五代两宋词的《词说》稿数十篇全部续写完毕，估计约三十万字左右，拟编排整理后，为《灵谿词说》上册，于86年交付　贵社出版。

叶先生于6月25日飞京，7月1日飞返加拿大。临行前，将其《杜甫秋兴八首集说》修订稿寄奉　左右，想已收到。

《川大学报》第二期最近出版，其中有叶先生所撰《词说》论柳永词者三篇。兹寄奉一册。

杨廷福先生不幸于五月下旬病逝，殊可痛惜。曾作挽诗一首已志哀思，附呈　吟正。

专此，敬颂

著祉

缪　钺拜上　（1984年）7月5日

十

邦炎先生：

月前惠书　诵悉。秋凉，惟　兴居佳胜为慰。

《川大学报》84年第三期最近出版，其中有拙撰《灵谿词说》论黄山谷、史梅溪两家词之文，兹奉寄一册，请　指正。

叶嘉莹先生所著《迦陵论诗丛稿》，七月中，北京中华书局印出，不知此书已到沪上否？

专此，顺颂

著祉

缪　钺拜上　（1984年）10月4日

十一

邦炎先生：

去年秋间，奉到　惠札及　大作《论静安词》文稿，往复循诵，极为钦佩。因近数月中诸事丛脞（如筹备并参加魏晋南北朝史学会、组织数名硕士生论文答辩、招考博士生、安排川大古籍所工作等），遂致裁答稽迟，至以为歉。

静安先生《人间词话》，极受重视，阐论者多，而对于其《人间词》，尚未见有作全面深入之探索者。　尊文导乎先路，探骊得珠，实为词林有功之作。文中阐述《人间词》为词人之感与哲人之思交织而成之作；又为其《人间词话》理论之实践；而其深沉之哲思自然流露于精美的词艺之中，浑融为一；中西交融而以中为主，古今会合而有创新之功。凡此诸义，均造微之论，甚佩甚佩。

拙作《灵谿词说》续稿《论姜夔词》，已在《川大学报》中刊出。兹寄上一册，请　指正。

叶嘉莹先生所撰《论词的起源》一文，已在《中国社会科学》84年第六期中发表，想已见到。此文将来亦收入《灵谿词说》书中。

冬寒，诸希　珍摄，此颂

著祉

缪　钺拜上　（1985年）1月13日

十二

邦炎先生：

惠札及赐寄《迦陵论词丛稿》重印本，均已收到，谢谢。

前接叶嘉莹先生来函谓，其所著《杜甫秋兴八首集说》将由　贵社重印。此书在海外出版，大陆读者不易见到，今重印发行，为大陆读者提供方便。

拙著《冰茧庵丛稿》，迄今尚未印出，盖印刷厂迟误之故。近作七古一首，附呈　吟正。专此，即颂

著祉

缪　钺拜上　（1985年）4月4日

十三

邦炎先生：

月前奉到　惠赠《迦陵论词丛稿》重印本，曾覆一札，并寄上《川大学报》一册，谅早尘　玄览。

根据中加学术交流协定，叶嘉莹先生今夏又来到成都，与钺继续合撰《灵谿词说》。在此一个多月的时期中，吾二人将每人撰写两篇《词说》（共计四万多字）。至此，已完成论唐宋词人的十之七、八。以后半年多的时期中，吾二人将每人再写三篇《词说》，明年夏间将可以编排、修订，都为一书，名曰《灵谿词说》上册（约三十馀万字），交　贵社印行。

川大古籍整理研究所最近编印丛刊一册，其中有拙撰《识小录》。词寄奉一册，请　指正。

专此，敬颂

著祉

缪　钺拜上　（1985年）6月19日

十四

邦炎先生：

六月中曾寄上川大古籍所编印的《古籍整理研究》一册，谅早蒙　惠督。近惟　尊况佳胜为慰。

暑假中，叶嘉莹先生来蓉，合撰《灵谿词说》，写了一个“工作情况简报”。全书计划共四十馀篇（唐宋词部分），已写成三十馀篇（包括已发表及为发表者），尚欠六、七篇。在今后半年多的时期内，我与叶先生分别撰写完毕，明年夏间即可共同商定，编排成书，交　贵社出版。所写成诸篇，有部分章节将作补充修改。款式则是用直行、繁体字，如当年所商定者。学校最近为我调来一名助手（安徽师大攻读唐宋诗词取得硕士学位的研究生，业务能力强，与我平素熟习，是我推荐给学校调来的），将做清钞、整理、查对工作。全书编完，估计约三十馀万字。知关　锦注，故以奉闻。

兹寄上《川大学报》一册，其中有我所撰《灵谿词说》续稿，请　指教，近作小诗一首，附博　一粲。专此，敬承著祉

缪　钺拜上　（1985年）10月15日

十五

邦炎先生史席：

惠简及赐寄《文学典故台历》、《唐五代两宋词选释》，均已拜领，谢谢。新年伊始，遥惟　兴居康泰，撰著日新，为颂为慰。

去年夏间与叶嘉莹先生约定，《灵谿词说》将于本年内编次成书（论唐宋词部分），交　贵社刊行。按原定计划，尚缺少四、五篇，我与叶先生正在分头撰写。已发表之诸篇，略作修订，正在陆续抄录清稿（繁体、直行）。全书编成，估计有三十馀万字。施议对君已撰写了一篇评介文章，题目是《微观的体验与宏观的透视——读缪钺、叶嘉莹合著〈灵谿词说〉》，所论颇中肯，即将发表。

叶先生所写《灵谿词说·论陆游词》之文稿，已在《川大学报》85年四期中刊出，兹寄奉一册，请　赐览观。近作序文一篇，小诗两首，亦附请　指正。

专此奉覆，即颂

新禧

缪　钺拜上　（一九八六年）元月五日

十六

邦炎先生：

四月下旬，王镇远同志来蓉开会，递交　惠赠书籍，甚为感谢。暑热，比惟　尊况清嘉。

今年夏间，叶嘉莹先生仍根据中加文化交流协议之安排，来成都留居月馀，与钺共同商讨，撰写新稿，校对已清抄的旧稿，将《灵谿词说》编次成书。总计全书共四十一篇（包括“前言”、“后记”），约四十馀万字。清抄稿都是繁体直行（一九八二年曾商定者），现在还有两篇（《论辛弃疾词》、《论吴文英词》，均叶先生新撰者），尚未抄毕。待全稿抄毕，钺再细校一遍，即可寄奉　审阅。兹先将《灵谿词说》目录一份附上。

拙撰《丛稿》，先后由王勉、邓长风两位同志为责任编辑，后期工作，均由邓同志与我联系，甚为认真负责。将来《灵谿词说》付刊时，如仍请邓长风同志为责任编辑，可以驾轻就熟，与我联系方便。是否可行，敬乞　卓裁。

迩来耆旧凋零，故交夏瞿禅、王仲荦两位先生先后去世，中怀悽怆，各赋挽诗志哀，附呈　吟正。

近作《灵谿词说·论李清照词》，在《川大学报》刊出，日内即另封寄呈　诓正。

专此，即颂

著祉

缪　钺拜上　（1986年）6月30日

十七

邦炎先生：

6月30日曾上一函（又另封寄上《川大学报》一册，其中有拙撰《论李清照词》），陈述我与叶嘉莹教授合撰之《灵谿词说》已全部完稿，共四十一篇，正在清抄校对，以备寄供　贵社付印。此函寄出，迄今一个半月，未得覆示，甚以为念。

《词说》中《论辛弃疾词》、《论吴文英词》两篇是叶先生新作，原稿复制品留在我处，叶先生将原稿带回加拿大，冉行润饰修订。最近，修改意见已经寄来，正在照改清抄。其馀三十九篇清稿校对工作，已进行过半。

待全书稿整理完毕后，寄奉　贵社时，如何联系，请　示知以便照办，至所感盼。专此，敬颂

著祉

缪　钺再拜　（1986年）8月18日

十八

邦炎先生：

奉到八月廿二日手书及　大作《从诗界革命、新诗运动上探我国诗体演化的轨迹及其启示》文稿，拜读甚慰。

大作文稿，纵论古今，彰往察来，指出近百年诗体创新中之问题，而从数千年我国诗体演变中寻找规律，作为借鉴，探索今后新诗创作之正确途径，实为有功诗坛之作。只是题目似乎太长，是否可再精简一下。

承　示《灵谿词说》全稿寄到　贵社后，即指定责任编辑早日审阅发稿，早日出书。至深感谢。叶嘉莹先生最近赴沪讲学，谅已会晤矣。

叶先生近作《论辛弃疾词》、《论吴文英词》两篇文稿，数经修订，最近均已清抄完毕。我拟将全稿再校一遍，装订成许多分册，即可寄奉　贵社。至于寄书稿时是用挂号信寄，或作为包裹寄，我将向邮局了解情况，看哪种方法较为快速稳妥，再作决定。

专此奉覆，敬承

著祉

缪　钺拜上　（1986年）9月18日

十九

邦炎先生：

月前奉到　惠札及大作论新诗之文，曾于九月十八日奉覆一函，谅已早尘　清览。

《灵谿词说》全书清稿，已于今日上午用包裹（航空挂号）由邮局寄　贵社第二编室。全书稿共四十一篇，分订成二十个分册。每册有的只有一篇，有的数篇（因为每篇字数多寡悬殊）。每册号码均用大写数目字，如“壹”、“拾叁”、“贰拾”等；每篇也都有号码，如“第一篇”、“第十二篇”等。每册号码之下附注此册的篇数，如

叁 第三—第八篇　　拾壹 第廿五篇　　拾陆 第卅三篇第卅四篇

至于封面题签，由我自己写，以后再寄。

此稿收到后，请即　示覆为荷。　先生审阅后，指定责任编辑，请函告，我以后将和他直接联系。

近作七律一首，附呈　吟正。专此，敬颂

著祉

缪　钺拜上　（1986年）10月9日

二十

邦炎先生：

十一月三日手书奉悉。《灵谿词说》书稿承蒙审阅，并指定对于词学颇有研究之沈善钧先生担任责任编辑，请其优先阅读，争取年内发稿，明年出书。 盛意支持，极深感谢。叶先生闻之，谅亦同感 高谊也。

承 示需商兑者二事，考虑周密，钺均同意。已摘录 尊函要旨函告在南开讲学之叶先生，征询其意见，谅彼亦将同意。待得覆后，当即奉告。

以后如有事商酌，将与沈先生直接联系，封面题签写毕，亦寄与沈先生。

秋冬之际，灯火可亲，谅多新作也。专覆，即颂

著祉

缪 钺拜上 （1986年）11月12日

二十一

邦炎先生：

十一月十二日曾上一函，谅蒙 鉴及。叶先生来函说，完全同意 先生关于整理《灵谿词说》书稿的两点意见。

日前，钺已致函沈善钧同志，告知此事，并对于排印《词说》时之字体款式及封面设计，提出鄙见。沈同志谅已奉告　左右商酌矣。专此，敬承

冬安

缪　钺拜上　（一九八六年）十一月廿九日

二十二

邦炎先生：

《灵谿词说》得以如期出版，多赖鼎力维持，我与叶先生均深致感谢。

日前奉到　手札及惠寄赵朴初先生诗稿复印件、《上海诗词》等，拜领感谢。　大作《高阳台》二首，抚今思昔，情致绵渺，极近玉田。

叶先生来川大，与我合作培养博士生（其论文题目是《六朝诗人与政治》〔一〕）。叶先生带来其近作《对传统词学与王国维词论在西方理论之观照中的反思》（作为《灵谿词说》续集之一）一文，驰骋今古，融贯中西，内容精实，见解创新，确是一篇力作。全文长三万四千馀字，非《川

〔一〕后改为《魏晋诗人与政治》。

大学报》一期所能容纳。如投登国内其他期刊，窃以为《文学遗产》最为合适。《文学遗产》由　贵社刊行，谅与　先生多所联系，不知可由　鼎力推荐否？此颂

著祉

缪　钺拜上　（1988年）7月20日

二十三

邦炎先生：

八月廿七日手书奉悉。

承　嘱选录拙作诗词三首供《上海诗词》编辑部采用。兹抄录近一年中所作诗一首、词二首，附函寄上，请　转交该刊编辑部。

叶先生论词文稿在《中华文史论丛》刊出时，在文末最好注明：

（此文系《灵谿词说》续集之一篇）

请　转告该刊编辑部为盼。此颂

著祉

缪　钺拜上　（1988年）9月1日

二十四

邦炎先生：

久疏笺候，暑热，惟兴居佳胜为慰。

近接叶嘉莹先生自美国来函，获知先生于月前曾赴美国出席国际词学会议，加强国际文化交流，了解国外词坛情况，甚盛事也。

自 1987 年后，钺与叶先生又合撰《灵谿词说续编》，分头撰写论文。近四年中，积稿约二十篇，其中绝大部分已发表，在《川大学报》发表十篇以上，又在《中华文史论丛》及《纪念陈寅恪先生诞辰百年论文集》中各刊出一篇。《川大学报》按期寄奉先生与沈善钧同志，请求指正，谅均呈玄览

先生大作《周密评传》（刊载于《中国历代著名文学家评传》续编二），已获拜读。详瞻深透，确属力作。先生研究周草窗，功力深至，见解透辟，多有发前人所未发者，如能撰写一部评论周草窗专书，将可以嘉惠士林，增词坛光彩也。

《灵谿词说》于 87 年由贵社刊行，不久即销售罄尽。近来经常接到读者来函说，在书店中难以买到。不知是否可以考虑重印。

近作诗词数首，附函呈正，专此，敬承

著祉

缪　钺拜上　（1990年）7月29日

善钧同志均此致候。

邓长风同志出国后，不知在何处深造。

二十五

邦炎先生史席：

顷奉8月25日手书及惠寄大作《癸亥删存稿》、《从时与地看草窗词》、《关于词的素质、风貌、容量的思考》等，拜领感谢。

承告在美国开会情况，国际间交流研治词学之心得与经验，对国内词学界可收他山攻错之益。先生对草窗词研究精深，夙所钦佩。尊著《思考》一文，所阐论者，确是词学上一个大问题，值得深入讨论。我反复阅读，甚佩其中之崇论闳议，但亦有个别问题尚可商榷者。略陈鄙见如下：

一、尊文谓，前人所说词的婉媚要眇之特质，仅适用于晚唐五代词，其后词之演变，即大大超出了这个界限。这话是有见地的，也是符合事实的。不过，如果不仅看表面，而更从深一层观察，则可感觉到，即便是南宋的爱国壮词，在慷慨激昂中仍隐含婉媚要眇之美，而不同于同类的诗作，兹举壮词泰斗辛稼轩词为例。辛词《摸鱼儿》（更能消）词，发抒其忧时、抗金、怀才不遇之感，可谓豪荡激昂，但吟讽之馀，仍会感觉到其中所隐含的要眇宜修之韵味，与陆放翁发抒壮怀之诗作如《夜登千峰榭》、《书愤》等，其质素、风貌究竟不同。即以苏东坡而论，苏词是被称为能"一洗绮罗香泽之态"者，但是经后世名家评定，苏词佳处仍然是"清丽舒徐"（张炎语）、"韶秀"（周济语）、"春花散空，不著迹象"（夏敬观语）等等，也就是仍能保持词之特质者。至于苏词中之过于散文化者，如《沁园春》："当时共客长安。似二陆初来俱少年。有笔头千字，胸中万卷，致君尧舜，此事何难。用舍由时，行藏在我，袖手何妨闲处看。身长健，但优游卒岁，且斗尊前。"虽一向推尊苏、辛之元遗山，且认为此词"其鄙俚浅近，叫呼衒鬻，殆市驵之雄，醉饱而后发之，虽鲁直家婢仆且羞道，而谓东坡作者，误矣"。（《东坡乐府集选引》）可见词体虽不断变化，而其特质还是要保持在一定限度之内的。李易安作《词论》，提出词"别是一家"之说，殆亦有见于此。至于两宋词风貌质素之繁变，非婉媚要眇所能概括，这也是应当考虑的。我以前曾提出用"深美闳约"四字概括词之特质，似较为妥当。

二、尊文谓词之容量广阔，并不亚于诗，因此不同意王静安“诗之境阔”之说。按，尊文曾谓：“不同的容体各有其适于容受之物。”这话是对的。因此，词体所适于容受之物较诗为少，这也是事实。在诗中，如杜甫之“三吏”、“三别”，白居易之《秦中吟》、《新乐府》，又如杜甫之《赴奉先咏怀》、《北征》，韩愈之《南山》，白居易之《长恨歌》、《琵琶行》等等，其内容绝非词体所能容纳，这是显而易见的。即以同一兼长诗词之作者而论，其词之内涵也往往较诗为少。如宋代之苏东坡、黄山谷、陆放翁，以至于清代之王渔洋、朱竹垞、龚定庵等，莫不如是。苏东坡是运用词体表达情思能力最强的人。刘熙载曾说，苏词“无意不可入，无事不可言”。其实不然。试取苏诗与苏词比较观之，其诗之内涵较词更为广阔。即以我自己的创作经验而论，有不少情思，可以用诗写，而难以用词写，但是如发抒所谓“幽约怨悱不能自言之情”，则词又较诗为适宜也。

尊文论词，注重通变，这确是通识之论。正因为词体随时演变更新，它才能有较强之生命力。昔年与叶嘉莹教授论词，共认为，一千年来，词凡四变：一、柳耆卿（创慢词铺叙之体，拓大容量）；二、苏东坡（诗化，提高境界）；三、周清真（辞赋化，浑厚精工）；四、王静安。王氏以西方哲理、美学融入词中，开前人未有之境，可惜他后来治学方向转移，故未能多致力于词的创作。“五四”以来的新诗作者，也想借鉴西方诗歌之意境、格律，别启新途，可是因脱离传统，故所作远未成熟。

以上所陈读尊著后之零碎感想，谅多不妥之处，请先生进而教之。近作《历代蜀词全辑题记》一文，在《文献》中刊出，兹将复制件附呈诓正。专此奉覆，即颂

著祉

缪　钺拜上　（1990年）9月14日

与戴鸿森书

鸿森同志：

日前曾蒙　枉过，晤谈半日，极慰夙怀。别后想早已返抵北京矣。

关于修订拙著《杜牧诗选》事，屡承　关注。我仔细考虑，并进行探询，此间助手仍难得适当人选。因为多年来历史系毕业者大多不熟悉古典诗歌，如果要他们帮助，需要指导他们从头学起，反不如我自己做省事。我想在这一年多的时期中，尽可能挤出时间补改《杜牧诗选》。

我与叶嘉莹教授正在合撰之《灵谿词说》，承蒙　盛意，愿由人民文学出版社出版印行。我将此意转达后，叶教授表示感谢，惟以古籍出版社陈邦炎同志有约在先，不便改易。叶教授说，如有新著，将交由　贵社审阅出版。专此，即颂

撰祺

缪　钺启　（1982年）6月28日

（原信底稿，家藏。）

与苏仲翔书

一

仲翔先生道席：

蓉城会晤，极慰夙怀，饫闻　清论，尤深钦敬，顷奉华翰并　大著《读史举要》，高识闳议，通贯古今，拜读甚佩。　先生在草堂所作法书，将摄影编印于杜甫诞辰纪念册中，以增光彩。校中已放假，可以小休。近作七律二首，附呈　郢正。肃覆，敬承

著祺

弟缪　钺拜上　（一九八二年）七月十五日

（原信扫描件，由张强先生提供。下同。）

二

仲翔先生：

数月前接奉　惠书并大作《易学会通》，拜读之后，致朱碧莲君函时，曾托其代致谢意。

首夏清和，方深怀远之思，乃蒙　华翰先颁，拜诵感纫。　先生遨游河洛，吊古写怀，健笔豪情，读之神往。　尊著《风流人物无双谱》，隽永可喜，虽评骘古人，亦足见微尚之所托也。

钺与叶嘉莹教授共撰《灵谿词说》，历时四载，完稿约四十篇，今夏将编次成书，故甚为忙碌。去年所作诗词数首、小文一篇，并附　指正。

专覆，即颂

著祺

缪　钺拜上　（1986年）5月20日

三

仲翔先生史席：

新年伊始，遥惟　兴居康泰，撰述日新。

数月前，周绶章君递到　惠赠之尊著，拜领之后，即托周君代为致函道谢，谅蒙　惠督。

日前又收到　惠赠大著《钵水斋选集》，诗文书画，均甚精妙，循环展玩，爱不忍释。先生擅场书法，固所熟知，而画迹尚少见过。今观《集》中所载竹、兰、松、菊诸画幅，具见学识情怀之清超旷逸，绝非一般画匠所能为，而今世之以“狂、怪、丑”为美而自诩革新者，观此亦可以恧然知愧矣。

先生清暇之时，如能作小幅竹兰惠赠，极所感盼。小词一首，附请　正律。此祝

新年之禧

缪　钺再拜　（1990年）1月6日

与贺龄华书

龄华同志：

日前友人转告说，历史研究所将为　令先德昌群先生逝世十周年印行纪念刊，征集诗文，这是一件很有意义的工作。

抗战初期，我与　令先德昌群先生在浙大同事，过从论学，相得甚欢。追忆平生，作小诗二首，以资纪念。另纸抄录，附函寄上，即乞　惠督。专此，顺颂

秋祺

缪　钺启　（一九八二年）九月六日

（原信照片，由贺龄华女士提供。）

与郑逸梅书

逸梅先生有道：

久慕　光仪，未亲　謦欬。接奉　华翰，循诵感慰。拙书辱承　奖饰，愧不敢当。　大著《南社丛谈》，收罗广博，记叙翔实，拜读之后，深受裨益。十年浩劫，文坛凋零，　先生耆龄康健，如灵光岿然，为江南文献之宗，可喜可贺。

钺久患目疾，视力衰损，偶撰小文，不能多写，惟指导研究室成员及研究生进行科研工作，编写书籍，就力所能及者为之耳。

旧著《诗词散论》，由上海古籍出版社重印，年内可出版，届时当寄奉教正。近作小诗，附博　一粲。专覆，敬承

著祉

缪　钺拜上　（一九八二年）九月二十四日

（原信底稿，家藏。）

与吴白匋书

白匋先生史席：

久慕　光仪，未亲　謦欬。顷奉　惠赠大著《凤褐庵诗词》、《热云韵语》各一册，拜领感谢。　大作诗词，格律精严，韵致清逸。十年劫灰，文风凋敝，循诵　佳什，如在永嘉之末，犹闻正始之音，何胜欣佩。小诗三首，另纸录呈　郢正。年前与日本吉川幸次郎先生唱和诗三首手写稿复制品一份，并以奉赠。专此，敬承

吟祉

缪　钺再拜　（一九八二年）十月十五日

（原信底稿，家藏。）